梁啓超 著

飲冰室合集

專集

第六册

中華書局

飲冰室專集之二十四

中國之武士道

蔣序

今人常有言曰。文明其精神。不可不野蠻其體魄。余謂野蠻時代者。所以造成文明時代之作用也。地球當太古之時。僅有荒荒植物之世界者。不知幾何年。此植物世界時代。孕育全地球之養氣。使之濃厚。又埋藏其植物之本質於地中。而爲石炭。假令地球無此若干年植物世界之時代。恐養氣不足於用。而石炭亦且無有。其能造吾人今日文明之時代耶。然則吾人當未進人類而尙爲動物之時。角逐於山野。以力自衛。而此體力之養成。至今日尙獲收其效用。自世益文明。用力之事寡。體力遂日益柔薄。此可爲文明時代一大憂患之事。甚則或可至以體力漸銷。而人類竟至絕滅。此毫非過慮之言也。故近時學者。百計千方。時思所以維持此體力之道。若種種體操之事。與學科並重。甚哉養力之道。固若是其要也。惟我中國自秦漢以來。日流文弱。簪纓之族。佔畢之士。或至終身袖手雍容。無一出力之時。以此遺傳。成爲天性。非特其體骨柔也。其志氣亦脆薄。而不武。委靡而不剛。今日爲異族所憑陵。遂至無抵抗之力。不能自振起。而處於劣敗之列。攷其最大之原因。未始不由於此。此尙武尙武之聲。所由日不絕於憂時者之口也。

彼日本崛起於數十年之間今且戰勝世界一强國之俄羅斯爲全球人所注目而歐洲人攷其所以强盛之原因咸曰由於其嚮所固有之武士道而日本亦自解釋其性質剛强之元素曰武士道武士道於是其國之人咸以武士道爲國粹今後益當保守而發達之而數千年埋沒於海山數島間之武士道遂至今日其榮光乃照耀於地球間雖然此武士道者寧於東洋爲日本所專有之一物哉吾中國者特有之而不知尊重以至於銷滅而已吾聞之也凡有絕大之戰爭往往賴有雄偉之文字淋漓之詩歌而後其印象日留於國民心目之間否則不數年而黯晦消沈以盡故戰爭必伴文學爲今時人所屢唱蓋非文學則無以永戰爭之生命也又豈特戰爭而已凡社會中有超奇之事故傑特之人物又必賴有所以紀念留傳者而後融化其超奇傑特之氣風於全社會中漸漬積久而成爲一民族所有之特性不然有奇行焉而不彰有特操焉而不光則無以激動社會之觀念而人民將日返於昏庸陋劣之狀態婆來士曰阿裁蔑農之前雖有幾多之勇士然傳彼等者以無史家無詩人無新聞記者無歌者無泣者無讚者而遂至埋沒於土中者也噫吾聞之而悲夫吾中國之陷於不武其受病不亦猶是哉沈沈數千年歷史之中其可以發揚吾國人之武士道者何限今日而慕人之有武士道也亦猶之仰給五金石炭之材料於外國而不知吾國固所至皆鑛藏也特不知開鑿而取用之耳今飲冰主人之著是書蓋欲發吾宗之家寶以示子孫今而後吾知吾國尚武之風零落數千年至是而將復活而能振吾族於蕉顇凌夷之中復一躍而登於榮顯之地位以無貽祖宗之羞其必有賴於是矣

抑尤當進一言於此余嘗病太史公傳游俠其所取多借交報仇之人而爲國家之大俠缺焉以爲太史公遭蠶室之禍交游袖手坐視莫救有激於此故一發舒其憤懣以爲號稱士大夫者乃朱家郭解之不若非眞如墨家

者流。欲以任俠敢死。變厲國風。而以此爲救天下之一道也。觀於墨子。重繭救宋。其急國家之難若此。大抵其道在重於赴公義。而關係於一身一家私恩私怨之報復者蓋尠焉。此眞俠之至大純而無私。公而不偏。而可爲千古任俠者之模範焉。夫報復私怨。殺仇敵而快心。此蠻野時代之風。任俠者固已恥之。若捐軀以報恩。此固爲任俠者所許。而可爲任俠中道德之一種。雖然。吾以爲必有赴公義之精神。而次之乃許其報私恩焉。不然。彼固日日欲赴公義。而適以所處之地位。有不能不報私恩之事。而後乃以報私恩名焉。要之所重乎武俠者。爲大俠毋爲小俠。爲公武毋爲私武。此毋視吾言之徒涉乎理論焉。吾蓋深有見於中國之事實。而以此不可不亟辨別之一言也。吾南人焉。請言南方。夫南方鄉里之械鬬。或爲田水。或爲墳墓。合一村一族之人而起。塗膏血捨性命。至殺傷千百人而不悔。夫非不勇焉。惜乎其用之爲爭田水爭墳墓之一小故。若擴而大之。而爲保種族强國家之事。則全地球皆將仰吾人種之勇名。雖穆罕默德成吉思汗偉大之功業。又何難建設於吾人種之手。而又奚獨讓日本以武士道之名。使專美於地球也。抑吾邑諸暨。又請言其風俗。吾邑蓋居羣山中。於文字性不近。文風素劣於旁邑。而獨以强悍著稱。常人於襪邊多懷逕尺之利刃。一言睚眦。輒相見以血。錢糧多自完納。官不敢進其村催索者甚多。或兩族相鬬。陳尸數百各由其本族之宗祠。給與死者之家屬以錢。兩造相殺傷。無報官者。若他人欲借以報仇給死者錢。亦有定額。一言之下。數百千人可立集。故天下有事。則我邑必有與者。淸初革命者數起。洪楊之變。則有包立身等。庚子之亂。亦釀敎案。向嘗竊計。以爲民風若此。文化非所期。然海內風雲。則正英雄之資也。及與之語國家大事。則茫然多不省。聽之若毫不足催其興味者然。又與之引而至於五十里百里之外。則膽小如鼷。竊竊思歸。其意氣與在鄉時大異。於是乃知其不可用。夫吾雖僅言南方僅言吾邑然不過舉其知者言之耳。吾恐私鬭勇。公鬭怯。吾國人之性質。直無一不若是。夫世界日益進化者也。故人事亦不可不隨之而進化。彼日本之武士道。當維新之時。既以之覆幕尊王。而用之於國家。至今日又發展其國力。與列强爭衡。而用之於境外。若夫南洋各島之土番。跳梁山林。出而噬人。豈曰不武。然而日本之用武焉。博美名。享榮譽。握東洋之霸權。而鞏國家之基礎。貽子孫以無疆之大業焉。而南洋各島之土番。號爲野蠻。名曰兇惡。而土地削奪。種族衰耗。同一用力。而有若是其大不同者。無他。亦其用之之道。有大小焉而已。吾聞解剖英雄之性質者。其一條曰。凡英雄者。爲國家爲社會而動者也。然則由是而推績之。爲國家社會而不動者。非英雄也。不爲國家社會而動者。亦非英雄也。我國人多爲國家社會而不動。否則不爲國家社會而動。是兩皆非英雄之道也。夫我同胞號稱四萬萬。於人數居全地球種族中第一位。宜乎握全地球第一之權力矣。然我人種。非但不能握全地球第一之權力也。異族列强。得統轄吾之土地。而鞭箠吾之人民。而我人種伈伈俔俔。俯首帖耳。不稍自恥。奮怒於厥心而思振起。而徒用其武力於一身一家一鄉一邑之事。如蟻之鬭於隙中。不知有天地之大。其智識曾不過高出南洋各島之土番一等也。如是而欲不爲人之所弱。亦難矣。昔孟子告齊宣王以好大勇。無好小勇。吾亦欲以是言。進於吾人之前。夫是以惓惓焉獨置辨於此。而欲擴張我國人尚武之範圍而大之。誠審是意而讀是書。取古人武勇之精神。因時勢而善用之。其於提倡尚武者之心。必盖有合矣。

甲辰仲冬蔣智由識於日本之東京

楊敍

新會梁氏撰中國武士道一書既成。且自爲之敍。以示楊度。楊度曰。子之命是書爲中國之武士道也。豈非欲別於日本之武士道乎。其欲別於日本之武士道也。豈非以武士道之名。雖日本所有。而中國所無。然以云武士。則惟日本以爲藩士之專稱。以云武士道。則實不僅爲武士獨守之道。凡日本之人。蓋無不宗斯道者。此其道與西洋各國所謂人道 Humanity 者。本無以異。西人以此問題競爭戰鬭而死者、史不可勝述。惟其名不如武士道之名有輕死尙俠之意焉。中國古昔雖無此名。而有其實。則假彼通用之名詞。以表揚吾民族固有之天性。固無不可也。雖然。合二國之歷史比較而觀之。此中有一大問題焉。乃日本之武士道。垂千百年。而愈久愈烈。至今不衰。其結果所成者。於內則致維新革命之功。於外則拒蒙古。勝中國。併朝鮮。仆强俄。赫然爲世界一等國。若吾中國之所謂武士道。則自漢以後。卽已氣風歇滅。愈積愈懦。其結果所成者。於內則數千年來。霸者迭出。此起彼仆。人民之權利。任其剗削。任其壓制。而無絲毫抵抗之力。於外則五胡入而擾之。遼金入而擾之。蒙古滿洲入而主我。一遇外敵。交鋒卽敗。至今歐美各國。合而圖我。人爲刀俎。我爲魚肉。國民昧昧冥冥。知之者不敢呻吟。不知者莫知痛苦。柔弱脆懦。至於此極。比之日本。適爲反對。一則古微而今盛。一則古有而今無。現象之相反如此。此其故何哉。梁氏之論中國也。曰專制政體之故。楊度曰。豈獨政治。蓋亦學術之異。有以使之然者矣。夫日本本無固有之學術。自與中國交通以後。乃以中國之學爲學。直接而傳中國之儒教。間接而傳印度之佛教。舉國中人。無能出此二敎之範圍者。夫此二教者。其義相反。而其用有相足者。何以言之。孔子之道。專主現世主義。諄諄於子臣弟友之節。仁義禮智之道。經傳所載。惟於身心性命家國天下之關係。反復言之。而於有生以前既生以後皆不過問。故曰未知生焉知死。又曰吾欲言死有知乎。恐孝子順孫妨生以事死。吾欲言死無知乎。恐不孝之子棄其父母而不葬。故惟言朝聞道可以夕死。無求生以害仁。有殺身以成仁。以此數語。爲其敎戒而已矣。蓋儒敎對於生死問題。乃以局外國而嚴守中立者也。其切於人事之用。而不使人探索於空虛。自非他教所能及。故有謂儒敎爲非宗教者。若夫佛敎則不然。釋迦本以此死生問題。棄其王子之位。三衣一鉢。入山學道。彼時覩天地念無常。觀山川念無常。觀萬物。形體念無常。經十二年。而一旦於菩提樹下。豁然大悟。其後廣說妙法。普濟衆生。皆無不準此問題。以爲濟渡。以三界爲火宅。以此身爲毒蛇。特立十二因緣。以明生老病死。因果環復。苦業無窮。而以滅去無明。免此生死。爲唯一之手段。以爲身者衆苦之本。禍患之源。又以生死皆由于心。若心滅則生死皆滅。龍樹諸人繹之。亦謂所有一切法。皆是老死相。終不見一法離生死。有住皆對於生死問題。而力求其寂滅者也。此與儒敎教義。實爲大相反對。而日本學之。則反能得二者之長。而相輔相助。以了人生之義務。故其人於成仁取義之大節。類能了達生死。捐軀致命以赴之。故楠正成之將赴難於湊川也。詣明極楚俊禪師。而問以死生交謝之際。禪師答曰。截斷兩頭。當中一劍。而正成遂死。新田義貞之將死國也。以書遺子孫曰。進亦非死。退亦非生。死生終必有期。譬如由晝入夜。由夜入晝。其徹悟通達如此。故能輕棄其學佛之軀殼。以保全其學儒之精神。西鄉福澤之流。皆遵此道以成一世之偉人者也。吉田松陰有言。道盡心安。便是死所。乃諸人所共同之心得矣。故山岡鐵舟之論武士道曰。武士道之要素有四。一報父母之恩。二報衆生之恩。三報國家之恩。四報三寶之恩。三寶者。佛法僧也。而行此武士道。無他義焉。一言以蔽之。至誠無我而已。由此觀之。則日本之所謂武士道者。實儒實佛。非儒非佛。幾於參合融化。兩取其長而別成一道矣。然其學儒之弊。不至文柔不振。而流於朝鮮。學佛之弊。不至虛寂無用。而流於印度。此必非拘守一家之說者可以期此美果者也。而儒教之中。於孔孟以後。獨宗陽明。更以知行合一之說。策其以身殉道之情。此又於儒術派別之宗尚。亦有以異於我國。擇術既異。收效自殊。此皆其武士道成立之原素。而日本所以致霸於東洋者也。由是反而觀於我國。則戰國以前。學術繁盛。未定一尊。人各鼓其聰明才智。以自獻於社會。故其時實行之力。亦甚强毅。學道之士。心有所識。身必赴之。雖殺身冒死不顧焉。故中國之武士道。於彼時甚爲發達。及乎劉漢之世。罷黜百家。獨宗儒術。其後歷代霸者。利其便己。皆因襲之。專以儒教爲其國教。其間宋儒程朱之儔。稍變面目。雖不如陽明之卽知卽行。勇敢能任。然於孔子之義。無大背焉。夫以儒教之專重現世主義。言生而不言死。切事近情。教人以求仁之術。使中國而果於數千年中實行孔子之道。以至於今。則雖不能以雜霸武功。與今世列强爭雄於地球之上。亦豈不能使彬彬禮義。爲東方君子之國乎。無如自漢以來。所謂尊崇儒教者。不過表面上欺人之詞。而其實則所行者非儒教。而楊朱之教也。世之學者皆謂楊朱祖述老聃。然老聃之道。廣漠無涯。範圍至大。儒家道家法家兵家陰謀。皆自此出。楊朱之學。不足與此肩也。莊子則固儒教之達人。略文而從質者。其論生死曰。方生方死。方死方生。又曰。死者上無君。下無臣。亦無四時。從然而以天地爲春秋。雖南面王。遂不能過。此齊物論之旨。其意有所寄也。若列子則主萬物一體者。其言曰。死者人生至樂之大者也。大哉乎死。君子息。小人伏。善哉古之有死也。仁者息。不肖者伏。夫莊子以貴賤論。可以警富貴之偷生者。列子以君子小人論。以爲同有一死。則君子何必爲善。小人何必不爲惡。此於勸世之道。無所當矣。然未如楊朱之甚也。楊朱之言曰。百年者壽命之大者也。雖然達於百年者。於千人無一人焉。又曰。人之生者奚爲哉。奚樂哉。曰。鮮衣厚食之爲爾。聲音美色之爲耳。又曰。萬物所異者生也。所同者死也。生則有賢愚貴人。所以異也。死則有臭腐消滅。是所同也。又曰。十年亦死。百年亦死。仁聖亦死。兇愚亦死。生則堯舜。死則腐骨。生則桀紂。死則腐骨。一矣。孰知其異。且趣當生。奚遑死後。高橋五郎論之。謂是皆絕望之語。陷於自暴自棄。流于放情縱慾。嗚呼。推楊朱之罪。則亦何止於此。夫楊朱所持者。亦現世主義也。然於現世之中。不勉爲人生應盡之道。而徒以鮮衣厚食聲音美色爲樂。至敎人不爲仁聖而爲凶愚。不爲堯舜而爲桀紂。苟偷俄頃之歡娛。以待一死之臭腐。生前死後之是非毀譽。皆所不顧。此與孔子所持之現世主義。有大相反對。如水火不能相容者。此直人道之公敵。而不僅爲孔敎之仇讎也。然惟其與孔敎所持。皆爲現世主義。則凡孔敎之徒。既不能以佛敎之理了解死生問題。而惟於現世之中。日用尋常之事。兢兢業業。惟恐失墜。則必遇事遇物。皆爲一身苦惱之緣。於是楊朱之說。得以乘間抵隙。入而據之。學孔子則甚難。而學楊朱則甚易。學孔子則甚苦。而學楊朱則甚樂。人情莫不惡難而喜易。避苦而趨樂。於是我躬不閱。遑恤我後。遂爲中國普通社會之思想。至今日而國事之危。有如累卵。舉國上下人。盡知之。無論若何頑固之徒。未有實信今日之中國爲太平無事者。然知之而遂心焉憂之。謀所以挽救之者。舉國中無幾人焉。自公卿大夫士以至于庶人。日孜孜於社會。以謀其鮮衣厚食聲音美色之樂。不求當世之譽。不顧後來之毀。甘爲凶愚而不惜。至語以國事。則掩耳而走。瞠目而視。若與之言他國之事也者。問其意之所在。則偷生而已。畏死而已。姑保此首領。尋娛樂以待死而已矣。不惟存之於心。抑且出之於口。與楊朱之說。無絲毫之差異。蓋純粹之楊朱現世主義也。夫中國號稱儒敎之國。若以此而亡其國。抑豈孔子所能任咎者。然使中國果眞屏孔子而師楊朱。取大成至聖之號。移而奉之一毛不拔之人。則羣知中國爲楊敎之國。而非儒敎之國名實相符表裏如一則亡國之原因猶易尋其所在無如儒教之徒又曾有如韓愈等者好爲名實相反之論以炫其奇如其代周文作羑里操曰臣罪當誅天王聖明桀紂而可爲聖明則堯舜亦可爲暴戾凶愚之與仁聖可以互易共名此又楊朱之所不及料矣然中國之人方將欲陽奉孔子而陰師楊朱則亦利用此謬說而樂爲附和之千百年來此種論說流行社會又已成久假不歸之勢矣故中國今日之人明知國家之危亡猶可頌曰太平明知官吏之腐敗猶可媚曰文明明知人士之無罪猶可誣曰當誅充其量卽謂楊朱大聖孔子無道蓋亦無所不可特古昔已定之位置不敢驟易之耳夫名實淆亂表裏違反至於如此則日本人之常言孔子之道不行於中國而行於日本中國奉其名而日本行其實者豈過言哉不然孔子所謂誠意正心修身齊家治國平天下之道何於中國無一能實行之人也夫孔子之現世主義行於日本猶必假佛教以助之而後實行之力始大而況中國既無佛教之助又有楊朱之奪復有韓愈等爲我國民獻自欺欺人之術則秦漢以前輕死尙俠之武士道果何自而有稍留根芽之地者乎故中國武士道之所以銷滅者又因此似孔似楊非孔非楊之學說有以斬削之之故也夫以儒教爲正以佛教爲輔而發達此武士道者日本之所以强也以儒教爲表以楊教爲裏而斬除此武士道者中國之所以弱也此卽所謂學術不同有以致之之故也夫武士道之所以可貴者貴其能輕死尙俠以謀國家社會之福利也然而死者實人生最難之問題白隱禪師謂死生者事實也非可以空言空論自慰以慰人者故苟非其人之理想能超然於死生之外則必不能輕棄其身而欲人知此身之輕而可棄則此身以外其更無重於此者乎抑有重於此身而不與身同棄者乎由此以求之則宗教界哲學界有一大問題焉乃靈魂之死與不死是也古今學者之所論大抵出入於兩端其主靈魂有死說者有二派焉其一則謂死者

斷滅而絕無。如法儒笛卡兒言人之死也。非靈魂去其身體之結果。不過身體之機械破壞而停止運動耳。然奈布尼克反對之。以爲生物者多數之單子積合而成。其中一單子握主權而爲靈魂。他單子皆從屬而爲身體。植物之精神無死生。則人之單子亦無死生。故死者非消滅而進化也。其二則謂人死惟靈魂滅。其他不滅。如科學家朶因氏哈克斯列氏淸達兒氏之倡生物進化論也。以爲宇宙間之物體皆由元素之化合。物體有生有滅。而元素無增無減。人身組織之物體。亦猶是也。雖生活力喪失以至於死。而勢力恆存。物質不滅。然英儒西濟伊克氏買耶氏反對之。以爲今日之哲學不當反科學的而當超科學的。以目的論的見解勝機械論的見解。科學者謂人類以適于地球熱度而成形。然地球之原始如何乎。科學者謂地球由太陽分離。然太陽之原始又如何乎。以此窮科學者之說。凡此者皆謂靈魂有死說之未能盡善者也。其主靈魂無死說者。亦有二派焉。其一則謂死後有轉生。世界古時各種宗敎皆有此說。如猶太敎之言天國地獄。印度之波羅門敎佛敎之言八大地獄及修羅餓鬼畜生之各道輪迴。埃及古敎之言人死之後。轉輾於一百餘種之動物而復爲人。梭格拉底亦謂死者如船長促予出帆。生由死來。死由生來。於此有死。卽於此有生。故以哲學爲學死之學。然世人之反對此種論說者。則曰。告汝死屍蠕蛆蝟集者。汝之後身也。汝之轉生也。嗚呼。此實快論也。夫世界至今日科學日進。此等謬說自不待辨。歐美之人若此觀念者。蓋已漸少。惟南洋土蠻猶謂死爲第二之生。中國今日下等社會女子社會猶特此輪迴報應之說。以爲懲勸。則無敎育之國所必有之現象也。其二則謂死後無轉生。如普拉得之言人之精神居于肉身之中。而生束縛。故必於肉身上制下等之情慾。養本來之性質。而歸復於實體。然加藤咄堂論之。謂精神舍此肉身。必無所歸。則亦不能離肉身而存實體。凡此者皆謂靈魂無死說之未盡善者也。然則靈魂果有死乎。果無死乎。欲言有死。則世之死者無所勸。欲言無死。則死後之精神。人誰見之者。雖然。吾思之吾重思之。人之所以異於禽獸者。不獨其體魄之異也。尤在其精神之異。禽獸之知覺亦能覓食以避飢擇居以避寒自謀其體魄之生活惟其精神所及者。不過如此。雖亦有愛護其羣之德然不能發達此精神使之布於當時而傳於後世。此其所以不如人類也。若夫人類專以體魄而論。據生物學者之言。則人猨同祖其一身之構造所以異於他動物者。蓋亦幾微無幾。惟其精神可以位天地而育萬物此其所以爲高等動物也。若如楊朱之學專以其高尙純潔之精神用之於鮮衣厚食聲音美色之地。以自適其體魄。圖生前下等之樂。而不能任重致遠以謀人羣之福利則與禽獸直無以異安見其爲人類乎。故人類與禽獸之界。不以體魄之構造分之。而以精神之作用分之。可一言以判焉。曰精神戰勝體魄者爲人類。體魄戰勝精神者爲禽獸而已矣。雖然。人之精神與體魄戰。而欲求其勝。此其事亦甚難。既有體魄。則有衆苦。飢寒勞動在在迫之。於是衣食住三者之慾望以起。而此慾望者。因體魄而牽及精神。環吾一身種種困難皆爲精神之累。此仁聖凶愚堯舜桀紂所同有而不能避者也。惟桀紂則以精神殉之而成爲凶愚。堯舜則不以此變易其固有之精神而或爲仁聖。故仁人君子每遇不得已之際。輒毅然棄其體魄而保其精神。誠以理欲交戰之際。必有一勝一敗。二者既不可得兼。則甯舍體魄而取精神。以一死棄此臭皮囊之苦累焉。雖然。體魄則已死矣。其精神亦將與之俱死乎。是則不然。夫今日之世界。爲古人之精神所創造將來之世界又必爲今人之精神所創造者。此人類進化之道。純恃此以爲之元素者也。仁者之精神。恆以普濟衆生爲其畢生之義務。其身雖死。而其精神已宏被於當世與後來之社會。故孔子死矣。而世界儒教徒之精神。皆其精神也。釋迦死矣。而世界佛教徒之精神。皆其精神也。於中國言孔子則孔子死。於日本言孔子則孔子生。於印度言釋迦則釋迦死。於日本言釋迦則釋迦生。死者其體魄。而生者其精神故耳。由此推之。今世界之言共和者。無一而非華盛頓。言武功者無一而非拿破崙。言天賦人權者無一而非盧梭。言人羣進化者無一而非達爾文。蓋自世有孔子釋迦華盛頓拿破崙盧梭達爾文諸傑以來。由古及今。其精神所遞禪所傳播者。已不知有幾萬億兆之孔子釋迦華盛頓拿破崙盧梭達爾文矣。而遂以成今日燦爛瑰奇之世界。其餘聖賢豪傑之士。皆無不如此者。此無他。體魄者所以載人之精神者也。使無精神。則體魄無所用。使無體魄。則精神亦無所宿。然體魄者無百年而不死。無論若何賢哲。能以不死之丹長生之藥。避此無常之風。以常留於世界。而欲以此至促之體魄。載其至永之精神。此其道無由。於無可如何之中而欲有以補之。則惟有借來人之體魄。以載去我之精神而已。去我之體魄有盡。而來人之體魄無盡。斯去我之精神與來人之精神相貫相襲相發明相推衍。而亦長此無盡。千秋萬世。永遠流傳。非至地球末日人類絕種。則精神無死去之一日。盛矣哉人之精神之果可以不死也。故予以為非解釋死後之精神問題者。不能解釋生前之體魄問題。世之宗教家哲學家。有欲於生死問題中。求正大無弊之說者。或亦以予為知言也。梭格拉底有言。人類之進步。以個人連續之無限。而始成之者也。豈非此意也乎。雖然。此理也固猶哲理中言也。以之對於吾國國民所師奉之楊朱學說。重體魄不重精神。顧生前不顧死後者。則猶有反對之勢。彼以為死後至永之精神。留之亦將何用。生前至促之體魄。其苦已不可償。羣將笑為大愚。而無從得其相喻。然予於此更有說焉。夫楊朱之持現世主義。必以為天下萬事萬物。舉不足以敵生時體魄之樂利故耳。必非生前體魄無可樂。而必强留此以自苦惱也。夫人欲體魄之樂。則必於衣食住三者之求適意。而欲三者之適意。則必於生計使能活潑而不困窮者。此一定之勢也。然今日之世界。則正各國幷立。强國奪弱國之生計。强國國民奪弱國國民之生計。而自求其衣食住之適意以遂其體魄之樂之世界也。故於農業則力求種殖。於工業則力求製造。於商業則力求交通。而又知欲求三者之發達。以與他國之國民競爭。必非各個人之力所能濟也。於是合羣力以組織一國家。爲保護一國人民之具。環地球各國之國家。未有不內以保己國國民之生計。外以奪他國國民之生計爲其職務者也。然猶恐內政不足以及外。復重外交。設國與國競爭之機關焉。爭之不得。則兵力隨之矣。故今世各國之戰爭。非如古者爭地殺人之役也。戰勝之後。地棄之而不必取。人棄之而不必殺。惟與訂條約。取戰敗國國民之生計。攫之以歸於己而已。故兵强國盛者。其國民之衣食住。多有富美優厚安閒逸樂之象。誠有如楊朱所言鮮衣厚食聲音美色者。如英美法德日本諸國之人皆是。此吾國國民所親見而震駭之歆羨之者也。及反而觀於吾國。則自上至下。人人皆有趨利不遑之狀。爲官吏者各自營其私囊。謀歸樂於鄉里。問何以故。必曰生計之故。爲士爲商爲工爲農者。日孜孜於社會求所以自養且養妻子者日如不及。問何以故。必曰生計之故。近十餘年以來。富者降而爲中產。中者降而爲貧人。舉國之人。其於一生數十寒暑之中。能安然坐享。不憂他日之凍死餓死者。蓋四萬萬人之中不能得萬分之一也。此無他。中國之人無自保生計之國家。其生計日爲他國國家所分取。他國國民所分奪。而日陷於九生一死之地。其致此之原因雖甚繁多。然其總因則必由於我國民之公德不昌。各謀私利。於團體公共之利益毫不注意。故不能組織國家以謀公共之生計。因而個人之生計。亦以不保。力薄氣渙。坐待外人之攫。至於今日四百萬餘之土地。五十年中已失去二百三十餘萬英里矣。工商不振。每歲流出之財。已至一萬萬四千餘萬矣。各國求其工商運輸之便利。於我國內所起造之鐵路。已至四千四百四十五英里矣。其餘失去之礦產航路稅關郵政工廠等。尤所在皆是。取吾人所以爲衣食住之資本者。幾已攘奪罄盡。猶且競爭未已。不肯稍留餘利。以爲我等養生之具。吾國國民本欲各營其私利。而不顧公利。而其結果則以不顧公利之故。至私利亦不可得。所謂生前體魄之樂。不知何年可以適意。而轉死溝壑之期。反日迫一日。不得衣則將凍死。不得食則將餓死。不得住則將勞死。去生之日漸遠。去死之日漸近。十年以後。吾恐中國國中亦將如印度內地。有乞人滿路。餓殍盈谷之慘矣。嗚呼。我國民與其爲楊朱所欺。而長此謀個人獨生之樂。而不可得也。則何不謀團體共生之樂。而因以得個人之樂乎。與其羨英美法德日本諸國人之體魄娛快。生計優裕也。則何不自謀我國之生計。而亦求其體魄之安適乎。且與其待凍之至而謀衣。待餓之至而謀食。待勞之至而謀住。則何不早謀之。謀之不得。亦不過凍死餓死勞死而已也。非有他也。且與其明知必有凍死餓死勞死之一日。則何不於未凍未餓未勞而先求其死所。故在今日之世界。而居中國之地。爲中國之人。避死亦死。不避死亦死。等死也。與其爲避死而死之人。何如爲不避死而死之人。夫避死而死者。中國今日之人之死法也。不避死而死者。中國古時武士道中諸人之死法也。其死則同。其所以爲死者則大異。加藤咄堂之論死法也。分爲六種。健全者三。不健全者三。健全者。一曰。視生死如一。謂聖哲之達觀者。二曰。死於個人而生於社會。謂以死成仁者。三曰。信天命。謂當事變而不亂者。不健全者。一曰。自死以斷痛苦。謂自殺者。二曰。以死爲得未來之生。謂情死者。三曰。以死爲得精神之安慰。謂迷信死後之幸福者。吾中國武士道中諸人之死法。則皆健全而非不健全者。若夫今人。則方在偷生避死之時。卽不健全之死法。亦未暇研究之也。國民乎。其有以武士道之精神。與四千年前之人物。後先相接。而發大光明于世界。使已死之中國。變而爲更生之中國。與日本之武士道同彪炳於地球之上。稱爲黃種中第一等國之國民者乎。則或者挾虛無黨之刃以與雷電爭光也或者舉革命軍之旗以與風雲競色也或者奮軍國民之氣以使中國國旗揚威振彩於海外以與列强爭一日之雄也皆必以至誠無我之精神而能了解生死問題者斯不惟政治上之精神抑亦學術上之精神矣予聞梁氏將述武士道之死生觀别爲一書曰「死不死」不知其所論與予若何夫予之欲以佛教助儒教以日本鑒中國也與梁氏述武士道之意必相合也今質之梁氏以爲何如湘潭楊度敘

自敘

新史氏既述春秋戰國以迄漢初，我先民之以武德著聞於太史者，爲中國之武士道一卷，乃敘其端曰，泰西日本人常言中國之歷史，不武之歷史也，中國之民族，不武之民族也，嗚呼，吾恥其言，吾憤其言，吾未能卒服也，我神祖黃帝降自崑崙，四征八討，削平異族，以武德貽我子孫，自茲三千餘年間，東方大陸，聚族而居者，盖亦百數，而莫武於我族，以故循優勝劣敗之公理，我族遂爲大陸主人，三代而往，書闕有間矣，卽初有正史以來，四五百年間，而其人物之卓犖有價値者，既得此數，於戲，何其盛也，新史氏乃穆然以思，矍然以悲曰，中國民族之武，其最初之天性也，中國民族之不武，則第二之天性也，此第二之天性，誰造之，曰時勢造之，地勢造之，人力造之，司馬遷，良史也，其論列五方民俗，曰種代石北也，地邊胡，數被寇，人民矜懻忮，好氣任俠，中山地薄人衆，民俗懁急，丈夫相聚游戲，慷慨悲歌，鄭衛俗與趙相類，然近梁魯，微重而矜節，濮上之邑徙野王，野王好氣任俠，衛之風也，夫燕亦勃碣之間一都會也，人民希，數被寇，大與趙代俗相類，而民雕悍，臨菑亦海岱之間一都會也，其俗怯於衆鬥，勇於持刺，故多劫人者，大國之風也，由此觀之，環大河南北，所謂我族之根據地，安所往而非右武之天性所磅礴乎，夫形成社會之性質者，箇人也，而鑄造箇人之性質者，又社會也，故人性恆緣夫社會周遭之種種普通現象特別現象，而隨以轉移，中國自昔非統一也，由萬國（夏禹時）而三千（殷時）而八百（周初）而百二十（周東遷時史記稱孔子適周見百二十國寶書）而十二（春秋時史記有十二諸侯年表）而七（戰國時）而歸於壹，其間競爭劇烈，非右武無以自存，盖一强與衆弱遇，弱者固弱，强者亦不甚强，數强相持，互淬互厲，而强進矣，其相持者非必箇人也，强羣與强羣相持，其强之影響，徧浸漬於羣中之分子。而箇人乃不得不强。此春秋戰國間。我民族所以以武聞於天下也。抑推原所自始。則由外族間接以磨厲而造成之者。功最多焉。我族之有霸國。始於春秋。（尋常稱五霸謂霸主也吾謂霸者以國不以主故易稱霸國）霸國者。强權所由表徵也。其在春秋。曰齊。曰晉。曰秦。曰楚。曰吳。曰越。其在戰國。則晉分爲韓趙魏。吳越合併於楚。而更益以燕。此諸國者。皆數百年間我民族之代表也。而推其致霸之由。其始皆緣與他族雜處。日相壓迫。相侵略。非刻刻振厲。無以圖存。自不得不取軍國主義。以尚武爲精神。其始不過自保之謀。其後乃養成進取之力。諸霸國之起原。皆賴是也。請言齊。環齊左右者。徐萊淮夷。綦强。故太公初封營丘。萊夷即與之爭國。（見史記齊世家）其後徐偃王朝三十二諸侯焉。（見韓非子）故太公以悍急敷政。而筦子作內政寄軍令。齊富强至於威宣。蓋以此也。請言晉。晉故狄地也。故晉人曰。狄之廣莫。於晉爲都。晉之啓土。不亦宜乎。（左傳莊公廿八年）又曰。晉居深山之中。戎狄之與鄰。而遠於王室。（同昭十五年）又曰。吾先君之亟戰也。有故。秦狄齊楚皆强。不盡力子孫將弱。（同成十六年）故春秋之世。晉與狄相終始。而猶未能得志於鮮虞。鮮虞。白狄別種。而戰國之中山也。三卿分晉。而趙當其衝。故武靈王曰。中山侵掠吾地。係累吾民。先王忿之。其怨未能報也。（戰國策趙策）故以胡服騎射敎民。舉國皆執兵焉。全晉之時。其民既以仁悍稱。至趙益甚。蓋以此也。請言秦。秦最初以討戎功得封。秦仲以來五世與戎爲仇。死戎難者三焉。（見史記秦本紀）秦穆修政。乃伐西戎。滅國十二。辟地千里。秦之建國。以血肉與諸戎相搏而易之也。其後商鞅厲農戰。司馬錯伐蜀。而秦即用是以幷天下。請言楚。楚之封。與古三苗遺裔爭地。若敖蚡冒。篳路籃縷。以啓山林。其君無日不討軍實而申儆之。曰禍至之無日。戒懼之不可以怠。（見左傳宣十二年）楚之能强。皆以此也。請言吳越。吳越通上國較晚。其初代與他族競爭之烈。不可深考。要之亦我族沐甚風櫛甚雨而撫其地也。闔閭勾踐時代。所以厲其民者至矣。請言燕。燕僻處東北。自春秋初即有山戎之禍。其後北戎日益暴。而燕亦日益强。是以得幷六爲七。以顯於戰國也。太史公曰。天下冠帶戰國七。而三國邊於匈奴。（史記匈奴列傳）謂秦與趙與燕也。夫使武靈不以幽弑。樂毅不以間亡。蒙恬不以讒殺。三子者有一焉。能終其業。則黃帝以來玁鬻之患。或至是而竟消滅。而後此白登之圍。甘泉之烽火。乃至劉石金元之恥辱。或竟不至以汚衊我國史焉。未可知也。夫其對於外族之競爭既若是矣。其在本族。亦地醜德齊。莫能相尚。兢兢於均勢。汲汲於自完。故尚武之一觀念。上非此無以率其民。民非此無以事其上。蓋社會之大勢。所以鼓吹而摩盪之者如是也。六國之末。懸崖轉石之機。愈急愈劇。有勢位者。益不得不廣結材俠之民以自固。故其風扇而彌盛。名譽譽此者也。爵賞賞此者也。權利利此者也。全社會以此爲教育。故全民族以此爲生涯。轟轟烈烈。眞千古之奇觀哉。夷考當時武士信仰之條件。可得十數端。一曰。常以國家名譽爲重。有損於國家名譽者。刻不能忍。如先縠欒書郤至雍門子狄之徒是也。一曰。國際交涉。有損於國家權利者。以死生爭之。不畏强禦。如曹沫藺相如毛遂之徒是也。一曰。苟殺其身而有益於國家者。必趨死無吝無畏。如鄭叔詹安陵縮高侯嬴樊於期之徒是也。一曰。己身之名譽。或爲他人所侵損輕蔑。則刻不能忍。然不肯爲短見之自裁。不肯爲懷忿之報復。務死於國事。以恢復武士之譽。如狼瞫卞莊子華周杞梁之徒是也。一曰。對於所尊長。常忠實服從。雖然。苟其舉動有損於國家大計或名譽者。雖出自所尊長。亦常抗責之不肯假借。事定之後。亦不肯自寬其犯上之罪。而常以身殉之。如鬻拳先軫魏絳之徒是也。一曰。有罪不逃刑。如慶鄭奮揚之徒是也。一曰。居是職也。必忠其職。常犧牲其身。乃至犧牲其一切所愛以殉職。如齊太史兄弟及李離申鳴孟勝之徒是也。一曰。受人之恩者。以死報之。如北郭騷豫讓聶政荊軻之徒是也。一曰。朋友有急難。以相托者。常犧牲其身命及一切利益以救之。如信陵君虞卿之徒是也。一曰。

他人之急難。雖或無與於我。無求於我。然認爲大義所在。大局所關者。則亦銳身自任之。而事成不居其功。如墨子魯仲連之徒是也。一曰與人共事。而一死可以保祕密助其事之成立者。必趣死無吝無畏。如田光江上漁父溧陽女子之徒是也。一曰死不累他人。如聶政之於其姊。貫高之於其王是也。一曰死以成人之名。如聶榮之於其弟是也。一曰戰敗甯死不爲俘。如項羽田橫之徒是也。一曰其所尊親者死。則與俱死。如孟勝之門人田橫之客是也。一曰其所遇之地位。若進退維谷。不能兩全者。則擇其尤合於義者爲之。然事過之後。必以身殉以明其不得已。如鉏麑奮揚子蘭子之徒是也。一曰其初志在必死以圖一事者。至事過境遷以後。無論其事或成或不成。而必殉之以無負其志。如程嬰成公趙之徒是也。一曰一舉一動。務使可以爲萬世法。則毋令後人誤學我以滋流弊。如子囊成公趙之徒是也。其餘諸美德。尙不可悉數。要而論之。則國家重於生命。朋友重於生命。職守重於生命。然諾重於生命。恩仇重於生命。名譽重於生命。道義重於生命。是卽我先民腦識中最高尙純粹之理想。而當時社會上普通之習性也。嗚呼。橫絕四海。結風雷以爲魂。壁立萬仞。鬱河嶽而生色。以視被日本人所自侈許曰武士道武士道者。何遽不逮耶。何遽不逮耶。嗚呼。我民族武德之斲喪。則自統一專制政體之行始矣。統一專制政體。務在使天下皆弱。惟一人獨強。然後志乃得逞。故曰一人爲剛。萬夫爲柔。此必至之符也。作俑者爲秦始皇。始皇旣壹天下。鋤羣強而獨龍之。賈生記之曰。墮名城。殺豪俊。收天下之兵。聚諸咸陽。銷鋒鑄鐻。以弱天下之民。又曰士不敢彎弓而報怨。民氣之摧殘。自玆時矣。幸其凶燄不久。卽被決潰。而前此遺風餘烈。且尙未沬。故楚漢之間。前蹋彌劭。張良等萬乘於褐夫。田橫死絕島而不悔。貫高糜膚以白主。竇嬰擲侯以拯友。猶先民之遺志也。次摧之者。則漢高祖。叔孫通定朝儀。尊揚主威。功臣武士。皆戢戢懾伏。汗下不敢仰噎。蓋稍稍熸矣。然鄉曲豪舉游俠之雄。若朱家劇孟王孟濟南瞯氏陳周庸郭解等。聲氣尙動天下。次則景武之間。復大挫之。徙諸侯强宗豪傑及富人於諸陵。班固所謂三選七遷。充奉陵邑。蓋以强幹弱枝。隆上都而觀萬國。（見文選兩都賦）此殆猶始皇殺豪俊弱天下之意。特其操術巧拙殊異耳。羣天下血氣之士於輦轂下。使其心志佚於淫冶。其體魄脆於奢靡。晉狐偃有言。吾且柔之矣。（近儒龔自珍定盦文集有京師樂籍說一篇最能發明此義）而復選嚴酷之吏。爲司隸。爲尹。以次第鋤之。蓋景帝大誅游俠。（史記游俠列傳景帝聞之使使盡誅此屬）孝武承流。法網逾密。郅都甯成。周陽由趙禹張湯義縱王溫舒尹齊楊僕減宣杜周輩。希指承寵。草薙而禽獮之。而公孫弘主父偃之徒。復假儒術。文姦言。以助其燄。（史記游俠列傳云吏奏郭解無罪御史大夫公孫弘議曰解布衣爲任俠行權以睚眦殺人解雖弗知此罪甚於解殺之當大逆無道遂族郭解翁伯又徙豪傑實陵邑之議實發自主父偃史記平津侯主父偃列傳云偃說上曰天下豪傑皆可徙茂陵內實京師外銷姦猾此所謂不誅而害除者也云云）至是。而尙武精神。澌滅以盡矣。太史公傷之曰。自是之後。爲俠者極衆。敖而無足數者。如樊仲子趙王孫輩。雖爲俠。而逡逡有退讓君子之風。至若北姚西杜南仇東趙之徒。此盜跖居民間者耳。又鄉者朱家之所羞也。（史記游俠列傳）嗚呼千百年養之而不足。數十歲鋤之而有餘。不亦重可悲耶。蓋季布以武俠聞一世。而討伐匈奴之議。猶且以含垢忍辱勸人主。則黃帝以來遺傳之武德。既已銷磨。而我族之對外。始不競矣。要而論之。則中國之武士道。與霸國政治相終始。春秋時代。霸國初起。始形成武士道之一種風氣。戰國時代。霸國極盛。武士道亦極盛。楚漢之交。時日雖短。猶然爭霸也。故亦盛。漢初。天下統於壹矣。而猶有封建。則霸國之餘霞成綺也。而武士道雖存。亦幾於强弩之末。不穿魯縞。逮孝景定吳楚七國之亂。封建絕跡。而此後亦無復以武俠聞於世者矣。嗚呼。時勢造人。豈不然哉。夫歷九州而相君。壑四海以爲家。其進也。既厲於競爭。有以爲功名之地。其退也。復得所保護。有以爲逋逃之藪。故士之能以武自見者。非獨天性。亦形勢使然也。及天下定於一尊。爲人上者。無復敵國之足以勞其狼顧。前此强强相持之勢。忽變爲一强遇衆弱。而其所最患。弱者之復起而爲强耳。故前之奬之者。今則賤之。前之翼之者。今則摧之。事所必至理所固然也。而天下一家。山谷海澨。悉受成於天子之命吏。法網所觸。欲飛靡翼。束手待司敗而已。倔强者死焉。次焉者易其操。前輩死焉。後起者無以爲繼。夫社會之勢力。必有所承襲而始得永續性。後起者雖欲自建樹。則固於其始萌櫱之頃而收之矣。以故强武之民。反歸於劣敗淘汰之數。而惟餘弱種以傳子孫。昔人詩曰。何意百鍊剛。化爲繞指柔。君子觀此。未嘗不仰天而長慟也。然則我國苟長爲戰國時代。互均勢終不相下。是果爲國之利乎。曰利害未可知。然大勢固不許爾爾。中國之地勢。爲天然統一之地勢。而幅員如此其遼廓。戶口如此其衆多。其在幼稚時代。非厚集權力於中央。無以爲治。故專制必與統一爲緣。不得不以一强馭羣弱。勢使然也。夫使竟外無復他强以與我相遇。則長此終古。保守秩序。甯不足以致小康。其奈全世界物競之大勢。又不許爾爾。夫是以情見勢絀。而二千年來。遂以屈辱之歷史。播醜於天壤。他勿具論。卽如漢孝武者。豈非一世之雄主耶。其對外思想。雄健沈鬱。白登之恥。縟幣之辱。刻未嘗去懷也。膺懲之志。終身以之。而成功遂不逮趙武靈王者。武靈時代。全趙皆强。孝武時代。則强者僅孝武一人。而其餘皆弱也。以全體積弱之民。而從事外競。未有能幸者矣。孝武欲揚本族之威於域外。而又鋤本族之氣於域中。此所謂卻行而求前也。自茲以還。經一度梟桀之主。則武德之銷磨愈增一度。前此所謂專制者。則一人剛而萬夫柔也。後此所謂專制者。則客族剛而主族柔也。以萬夫之柔者。與一人之剛者抗。彼雖武甚。然固極少數。踣之猶易也。至於以主族之柔者。與客族之剛者抗。則彼固亦有多數焉以爲爪牙。始焉以我弱故。彼乃得以强加諸我。繼焉以彼强故。而我之弱益不可復瘳。遞相爲因。遞相爲果。引而無窮。每下愈況。以三千年前最武之民族。而奄奄極於今日。皆此之由。

故曰時勢造之。地勢造之。而又不得不終致憾於人事也。今者民智程度。漸脫離天造草昧之域。而時勢蓋一變矣。合五大洲爲一大戰國。而地勢蓋又一變矣。所未變者人事而已。西哲有言。凡可以以人力破壞之物。必還可以以人力恢復之。夫我族之不武。其第二之天性耳。若夫最初之天性。則舉今存諸族。度未有能出吾右者。此歷史所明以告吾儕也。今者愛國之士。莫不知奬厲尚武精神之爲急務。雖然孔子不云乎。我欲見諸空言。不如徵之行事之博深切明。又曰無徵弗信。弗信民弗從。又曰吾舍魯奚適矣。今之君子大聲疾呼以告其同胞曰。君其尚武。君其尚武。未之或聽也。乃襍引五洲史乘。摭偉人言行。曰某氏武。故顯其國。某族武。故長其鄰。豈不使萬里之外。聞而奮興耶。而彼久束溼薪之大多數人。猶或曰吾秦人而子語我以越之肥瘠也。甚者或曰天實厚彼。賦之武德。終非吾族所能幾也。吾故今蒐集我祖宗經歷之事實。貽最名譽之模範於我子孫者。敍述始末。而加以論評。取日本輸入通行之名詞。名之曰中國之武士道。以補精神教育之一缺點云爾。嗚呼我同胞。興！興！！興!!!汝祖宗之神力。將式憑焉。以起汝於死人而肉汝白骨。而不然者。汝祖宗所造名譽之歷史。逮汝躬而斬也。其將何面目以相見於九原也。

中國之武士道

凡例

一初撰此編，原欲以供士夫之參考。一二友人見之，謂宜稍整齊之，使適教科用。蓋欲使全國，尙武精神，養之於豫，而得普及也，故爲今體。

一武士道者，日本名詞，日人所自稱大和魂，卽此物也。以其名雅馴，且含義甚淵浩，故用之。

一本編採集春秋戰國以迄漢初我先民之武德，足爲子孫模範者，以列傳體敍次之，加以論評，以發揮其精神。

一所引古籍，皆依原文，有删節，無改竄，存其眞也。

一各章皆將引用原書注明章末，非徒以徵信而已，亦以備教科參考。因著述有別裁，往往不能全文直錄，而事之始末，或有不能不爲學生講者，則教師依所注原書檢之可也。又先秦文字，或有奥古難解者，著者斷不敢以今文竄易之，教授者繙原書當得注釋焉。

一興味爲教育兒童之要件。本編所採事實，皆最有興味，能刺激人腦識者，故以充高等小學及中學之教科，最宜。

一近來新智識輸入，教育必要之條件既繁多，故國文一科，反致欠缺，僅敎以識字綴句而已。其餘新出諸籍，又皆間雜譯語，詰鞫爲病，祖國高等文學之精神，遂將失墜。本編所采皆先秦名文，敎者宜擇其中長篇，授學徒口誦。以啓發其文學之天才。勝於讀詞勝理疏之八家文也。

一每篇末所綴評語。不過略發己見而已。引申觸類。是在敎者。

一篇首之自序。揭著書本旨。以供敎師參考。非爲學生用。敎者隨時掇其誼以詔學生。亦振厲精神之一法也。

一本編敍次。一依年代。惟以孔子爲二千年來全國思想之中心點。故遂冠諸首。以資信仰。

一本編去取。微有權衡。如專諸與荆聶同類。以其爲一私人野心之奴隸。非有所不得已。且無與全國大計。故黜之。如季布與朱郭齊名。以其亡命齷齪。且貴後無所建白。而以暮氣損民族對外之雄心。故黜之。又如魯仲連。

一文弱書生。未嘗有決死犯難之舉動。然其理想。實當時武士道之代表。故列焉。凡諸去取。皆此類也。

一漢景武以還。武士道消滅。不復有如錦如荼之人物。常光寵我歷史。故記載止於是焉。實編者無窮之遺憾也。但此後吉光片羽。亦非無人。尚思更爲續編。起傅介子。訖張汶祥。若其殺青。俟諸休暇。

甲辰十月　　編者識

中國之武士道

目錄

貫高　田叔　孟舒　趙午

朱家　劇孟　郭解

飲冰室專集之二十四

中國之武士道

孔子

魯定公十年夏。公會齊侯於夾谷。孔子攝相事。曰。臣聞有文事者必有武備。古者諸侯出疆。必具官以從。請具左右司馬。定公曰。諾。具左右司馬。犂彌言於齊侯曰。孔丘知禮而無勇。若使萊人以兵刼魯侯。必得志焉。齊侯從之。孔子以公退。曰。士兵之。兩君合好。而裔夷之俘以兵亂之。非齊君所以命諸侯也。請命有司。有司卻之。不退。孔子左右視晏子與景公。景公心怍。麾而退之。將盟。齊人加於載書曰。齊師出竟。而不以甲車三百乘從我者。有如此盟。孔子使茲無還揖對曰。而不反我汶陽之田。吾以共命者。亦如之。於是齊人乃歸所侵魯之鄆汶陽讙龜陰之田。（參合左傳定公十年及史記孔子世家）

新史氏曰。天下之大勇。孰有過我孔子者乎。身處大敵之衝。事起倉卒之頃。而能底定於指顧之間。非大勇孰能與於斯。其盟辭之力爭國權。不肯讓步。則後此藺相如相趙折秦之所由取法也。呂氏春秋慎大覽云。孔子之勁。舉國門之關。而不肯以力聞。則孔子之勇。其可以想見矣。（按左氏襄十傳云偪陽人啓行諸侯之士門焉縣發郰人紇抉之以出門者似是孔子父叔梁紇事呂覽記作孔子事未知孰是要之孔子之勇受諸遺傳矣）孝經記孔子言曰。戰陣無勇。非孝也。莊子引孔子言曰。臨大難而不懼者。聖人之勇也。（秋水篇）孟子引孔子言曰。志士不忘在溝壑。勇士不忘喪其元。論語中庸。多以知仁勇三達德並舉。孔子之所以提倡尚武精神者至矣。

新史氏又曰。韓非子顯學篇稱孔子卒後。儒分爲八。漆雕氏之儒不色撓不目逃。行曲則違於臧獲。行直則怒於諸侯。按此正後世游俠之祖也。孔門必有此一派。然後漆雕氏乃得衍其傳。孟子述北宮黝孟施舍之風。正若是。而云一似曾子一似子夏。且引曾子雖千萬人吾往矣之言以爲證。觀孔子射於矍相之圃。而揚觶辟人。曰敗軍之將。亡國之大夫。不在此位。可見孔門尚武之風。必甚盛矣。至若田常作難。宰我殉齊於庭中。（見鹽鐵論足證）（宰我非田氏黨）蒯聵犯命。子路酬衞於結纓。（見禮記檀弓及史記）又盡人所同知矣。說文訓儒爲需弱。其去孔子之眞。不亦遠乎。

今敍次武士道。一依年代。惟首列孔子者。示一國以嚮往云爾。

曹沫（或作曹劌或作曹劌）

曹沫者。魯人也。以勇力事魯莊公。莊公好力。曹沫爲魯將。與齊戰。三敗北。魯莊公懼。乃獻遂邑之地以和。猶復以爲將。齊桓公許與魯會於柯而盟。桓公與莊公旣盟於壇上。曹沫執匕首刼齊桓公。桓公左右莫敢動。而問曰。子將何欲。曹沫曰。齊强魯弱。而大國侵魯亦以甚矣。今魯城壞卽壓齊境。君其圖之。桓公乃許盡歸魯之侵地。旣已言。曹沫投其匕首。下壇。北面就君臣之位。顏色不變。（史記刺客列傳）

齊桓公伐魯。魯人不敢輕戰。去魯國五十里而封之。魯請比關內侯以聽。桓公許之。於是明日將盟。莊公與曹劌皆懷劍至於壇上。莊公左搏桓公。右抽劍以自承。曰。魯國去境數百里。今去境五十里。亦無生矣。鈞其死也。戮於君前。管仲鮑叔進。曹劌按劍當兩陛之間。曰。且二君將改圖。無或進者。莊公曰。封於汶則可。不則請死。管仲曰。君

其許之。乃遂封於汝南。與之盟。（呂氏春秋上德篇）

新史氏曰。曹子一怒以安國家定社稷。偉哉。曠古之奇功也。史遷以之與專諸聶政並列。夫專聶者。徇一人之恩仇。以死報之。俠則俠矣。而於大局何與也。若曹子者。其千古武士道之模範矣。

弘演

衞懿公有臣曰弘演。有所於使。翟人攻衞。其民曰。君之所予位祿者鶴也。所貴富者宮人也。君使宮人與鶴戰。余焉能戰。遂潰而去。翟人至。及懿公于滎澤。殺之。盡食其肉。獨舍其肝。弘演至。報使於肝。畢。呼天而啼。盡哀而止。曰。臣請爲褸。因自殺。先出其腹實。內懿公之肝。桓公聞之曰。衞之亡也。以爲無道也。今有臣若此。不可不存。於是復立衞於楚丘。弘演可謂忠矣。殺身出生以徇其君。非徒徇其君也。又令衞之宗廟復立。祭祀不絕。可謂有功矣。（呂氏春秋忠廉篇）

新史氏曰。呂氏所以論弘演至矣。晏子有言。君爲社稷死則死之。爲社稷亡則亡之。若爲己死而爲己亡。非其親暱。誰敢任之。若是夫懿公殆可非死之君也。然以一死動强鄰。使國家亡而不亡。是則非爲獨夫死。爲國民死也。

鬻拳

巴人伐楚。楚子禦之。大敗於津。還。鬻拳弗納。遂伐黃。敗黃師於踖陵。還。及湫。有疾。夏六月庚申。卒。鬻拳葬諸夕室。亦自殺也。而葬於絰皇。（杜注）絰皇冢前闕 初鬻拳强諫楚子。楚子不從。臨之以兵。懼而從之。鬻拳曰。吾懼君以兵。罪莫

大焉。遂自刖也。楚人以爲大閽。謂之大伯。（左傳莊十九年）

新史氏曰。君敗而歸。則拒弗納。何以故。以辱國故。國重於君。君而辱國。吾弗君也。鬻拳可謂知愛國之大義矣。強迫其君使恢復國威。記曰。君子愛人以德。小人愛人以姑息。鬻子其愛君以德者歟。君爲社稷死而死之。又何凜凜也。武士之精神具矣。

先軫　狼瞫

晉先軫敗秦師於殽。獲百里孟明視西乞術白乙丙以歸。　文嬴請三帥。曰。彼實搆吾二君。寡君若得而食之不厭。君何辱討焉。使歸就戮於秦。以逞寡君之志。若何。公許之。先軫朝。問秦囚。公曰。夫人請之。吾舍之矣。先軫怒曰。武夫力而拘諸原。婦人暫而免諸國。墮軍實而長寇讎。亡無日矣。不顧而唾。　狄伐箕。八月。晉侯敗狄于箕。先軫曰。匹夫逞志於君而無討。敢不自討乎。免冑入狄師。死焉。狄人歸其元。面如生。（左氏僖三十三年傳）

戰於殽也。晉梁弘御戎。萊駒爲右。戰之明日。晉襄公縛秦囚。使萊駒以戈斬之。囚呼。萊駒失戈。狼瞫取戈以斬囚。禽之以從公乘。遂以爲右。箕之役。先軫黜之而立續簡伯。狼瞫怒。其友曰。盍死之。瞫曰。吾未獲死所。其友曰。吾與女爲難。瞫曰。周志有之。勇則害上。不登於明堂。死而不義。非勇也。共用之謂勇。吾以勇求右。無勇而黜。亦其所也。謂上不我知。黜而宜。乃知我矣。子姑待之。及彭衙。既陳。以其屬馳秦師。死焉。晉師從之。大敗秦師。君子謂狼瞫於是乎君子。詩曰。君子如怒。亂庶遄沮。又曰。王赫斯怒。爰整其旅。怒不作亂。而以從師。可謂君子矣。（左氏文二年傳）

新史氏曰若先軫狼瞫者可謂春秋時武士道之代表矣先軫於秦帥一事以其關於國家大計也雖以君主太后之過舉曾不稍假借愛國之熱誠驅迫使然也事過而自覺失禮亦不肯稍自假借自愛之熱誠驅迫使然也彼有大功於國而猶若是使周亞夫而知此也則何有怏怏非少主臣之誚乎狼瞫不甘被黜以失其勇名也不肯犯上以是爲非武士之道德也左氏評之曰君子宜矣大抵當時所謂武士道者苟有一毫損害其名譽者則刻不可忍甯犧牲身命以回復名譽彼視名譽重於生命也雖然又不肯妄殺人不肯妄自殺以殺人爲亂暴之舉動自殺爲志行薄弱之徵也故必俟國家有戰事乃率先陷敵陣一死以揚國威如此者謂之大勇嗚呼是可爲百世師矣。

鄭叔詹

晉文公伐鄭鄭人以名寶行成公弗許曰予我詹而師還詹請往鄭伯弗許詹固請曰一臣可以赦百姓而定社稷君何愛於臣也鄭人以詹予晉人晉人將亨之詹曰臣願獲盡辭而死固所願也公聽其辭詹曰天降鄭禍使淫觀狀棄禮違親臣曰不可夫晉公子賢明其左右皆卿才若復其國而得志於諸侯禍無赦矣今禍及矣尊明勝患知也殺身贖國忠也乃就亨據鼎耳而疾號曰自今以往知忠以事君者與詹同乃命弗殺厚爲之禮而歸之鄭人以詹伯爲將軍（國語晉語）

新史氏曰史記鄭世家云『詹言於鄭君曰晉所以圍鄭以詹詹死而赦鄭國詹之願也乃自殺鄭人以詹尸與晉』與國語異要之詹之辨一死以救國則事實也其得放免則其智也藉曰死焉則其仁也皆我輩所當崇拜者也。

先縠　欒書　郤至

楚伐鄭。晉師救之。荀林父將中軍。先縠佐之。及河聞鄭既及楚平。桓子(即荀林父)欲還。彘子(即先縠)曰不可。晉所以霸。師武臣力也。今失諸侯。不可謂力。有敵而不從。不可謂武。由我失霸。不如死。且成師以出。聞敵强而退。非夫也。命爲將帥。而卒以非夫。惟羣子能。我不爲也。以中軍佐濟。(左氏宣十二年傳)

鄭叛晉。子駟從楚子盟於武城。欒武子(名書)曰不可以當吾世而失諸侯。必伐鄭。六月。晉楚遇於鄢陵。范文子不欲戰。郤至曰韓之戰。惠公不振旅。箕之役。先軫不反命。邲之師。荀伯不復從。皆晉之恥也。子亦見先君之事矣。今我辟楚。又益恥也。(左氏成十六年傳)

新史氏曰。邲之戰。鄢陵之戰。皆非晉之福也。先縠欒書郤至三人者。其人格皆不足道。今舉之者。不以人廢言。謂其言皆以國家之名譽爲重。可以代表當時全國尚武之精神也。晉之建國。在羣狄之間。故籍談曰。晉居深山之中。戎狄之與鄰。而遠於王室。王靈不及。(左氏昭十五年傳)范燮亦曰。吾先君之亟戰也。有故。秦狄齊楚皆强。不盡力子孫將弱。(成十六年傳)盖晉之國勢。非取軍國民主義。無以自存。故武士道之風。晉最盛焉。此所以能稱霸百年。而戰國以後。三晉之威稜。且未墜也。

慶鄭　魏絳

秦饑。使乞糴於晉。晉人弗與。慶鄭曰。背施幸災。民所棄也。近猶讎之。況怨敵乎。弗聽。退曰。君其悔是哉。　秦伯伐晉。晉侯謂慶鄭曰。寇深矣。可若何。對曰。君實深之。可若何。公曰。不孫。卜右。慶鄭吉。弗使。乘小駟。鄭入也。慶鄭曰。古者大事。必乘其產。生其水土。而知其人心。安其教訓。而服習其道。唯所納之。無不如志。今乘異產。以從戎事。及懼而變。將與人易。亂氣狡憤。陰血周作。張脈僨興。外彊中乾。進退不可。周旋不能。君必悔之。弗聽。　壬戌。戰于韓原。晉戎馬還濘而止。公號慶鄭。鄭曰。愎諫違卜。固敗是求。又何號焉。遂去之。　秦及晉平。蛾析謂慶鄭曰。盍行乎。對曰。陷君於敗。敗而不死。又使失刑。非人臣也。臣而不臣。行將焉入。晉侯歸。殺慶鄭而後入。（左氏僖十四十五年傳）

晉侯之弟揚干。亂行于曲梁。魏絳戮其僕。晉侯怒。謂羊舌赤曰。合諸侯以爲榮也。揚干爲戮。何辱如之。必殺魏絳。無失也。對曰。絳無貳志。事君不辟難。有罪不逃刑。其將來辭。何辱命焉。言終。魏絳至。授僕人書。將伏劍。士魴張老止之。公讀其書曰。日君乏使。使臣斯司馬。臣聞師衆以順爲武。軍事有死無犯爲敬。君合諸侯。臣敢不敬。君師不武。執事不敬。罪莫大焉。臣懼其死。以及揚干。無所逃罪。不能致訓。至于用鉞。臣之罪重。敢有不從。以怒君心。請歸死於司寇。公跣而出曰。寡人之言。親愛也。吾子之討。軍禮也。寡人有弟。弗能教訓。使干大命。寡人之過也。子無重寡人之過。敢以爲請。（左氏襄三年傳）

新史氏曰。有罪不逃刑一語。是當時武士道最要之信條也。先軫慶鄭魏絳。皆守斯律也。又師衆以順爲武。軍事有死無犯爲敬。可見當時軍人之理想。

李離

李離者，晉文公之理也。過聽殺人，自拘當死。文公曰，官有貴賤，罰有輕重。下吏有過，非子之罪也。李離曰，臣居官爲長，不與吏讓位；受祿爲多，不與下分利。今過聽殺人，傳其罪下吏，非所聞也。辭不受令。文公曰，子則自以爲有罪，寡人亦有罪邪。李離曰，理有法，失刑則刑，失死則死。公以臣能聽微決疑，故使爲理。今過聽殺人，罪當死。遂不受令，伏劍而死。（史記循吏傳）

新史氏曰，以死殉職守，以死殉法律，勇之至也。是眞能得法治國之精神哉。當時武士道成爲風氣，其所感被，不獨在軍人社會而已。

鉏麑　奮揚　子蘭子

晉靈公不君，趙宣子驟諫。公患之，使鉏麑賊之。晨往，寢門闢矣。盛服將朝，尙早，坐而假寐。麑退，歎而言曰，不忘恭敬，民之主也。賊民之主，不忠；棄君之命，不信。有一於此，不如死也。觸槐而死。（左氏宣二年傳）

楚平王使城父司馬奮揚殺太子建。未至，而使遣之。三月，太子建奔宋。王召奮揚，奮揚使城父人執己以至。王曰，言出於余口，入於爾耳，誰告建也。對曰，臣告之。君王命臣曰，事建如事余。臣不佞，不能苟貳。奉初以還，不忍後命。故遣之。旣而悔之，亦無及矣。王曰，而敢來何也。對曰，使而失命，召而不來，是再奸也。逃無所入。王曰，歸，從政如他日。（左氏昭二十年傳）

齊人有子蘭子者事白公勝勝將爲難乃告子蘭子曰吾將舉大事於國願與子共之子蘭子曰我事子而與子殺君是助子之不義也畏患而去子是遁子於難也故不與子殺君以成吾義契領於庭以遂吾行（說苑立節篇）

新史氏曰三人者其事實頗相類其殉其職守也猶李離之志也其有罪不逃刑猶魏絳之志也而奮揚之智足以全人父子尤偶乎遠矣

卞莊子　華舟杞梁及其母

卞莊子好勇養母戰而三北交遊非之國君辱之及母死三年冬齊與魯戰卞莊子請從見於魯將軍曰初與母處是以三北今母死請塞責而神有所歸遂赴敵獲一甲首而獻之曰此塞一北又入獲一甲首而獻之曰此塞再北又入獲一甲首而獻之曰此塞三北將軍曰毋沒爾家宜止之請爲兄弟莊子曰三北以養母也是子道也今士節小具而塞責矣吾聞之節士不以辱生遂反敵殺十人而死（新序義勇篇）

齊莊公且伐莒爲車五乘之賓而杞梁華舟獨不與焉故歸而不食其母曰汝生而無義死而無名則雖非五乘孰不汝笑也汝生而有義死而有名則五乘之賓盡汝下也趣食乃行杞梁華舟同車侍於莊公而行至莒莒人逆之杞梁華舟下鬭獲甲首三百莊公止之曰子止與子同齊國杞梁華舟曰君爲五乘之賓而舟梁不與焉是少吾勇也臨敵涉難止我以利是汚吾行也深入多殺者臣之事也齊國之利非吾所知也遂進鬭壞軍陷陣三軍弗敢當至莒城下莒人以炭置地二人立有閒不能入隰侯重爲右曰吾聞古之士犯患涉難者其去遂於物

也。來吾踰子隰侯重仗楯伏炭。二子乘而入。顧而哭之。華舟後息。杞梁曰。汝無勇乎。何哭之久也。華舟曰。吾豈無勇哉。是其勇與我同也。而先吾死。是以哀之。莒人曰。子毋死。與子同莒國。杞梁華舟曰。去國歸敵。非忠臣也。去長受賜。非正行也。且鷄鳴而期。日中而忘之。非信也。深入多殺者。臣之事也。莒國之利。非吾所知也。遂進鬬。殺二十七人而死。（說苑立節篇）

新史氏曰。此三人者。皆以身殉名譽者也。以武士立於國中。而蒙不武之名。刻不能忍也。或曰。彼於其戰也。則既已恢復其名譽。君帥重之。鄰國敬之矣。其死不亦可已乎。曰。當時之武士。以爲名譽一玷。則其恥終身不可洗滌。猶婦人見汚於强暴。非死無以自明也。是其特別之理想也。孟子曰。可以死。可以無死。死傷勇。蓋謂此焉。雖然。是可以厲末俗矣。今日寡廉鮮恥之國民。以此藥之最良。

晏嬰

齊崔杼弑其君。晏子立於崔氏之門外。其人曰。死乎。曰。獨吾君也乎哉。吾死也。曰。行乎。曰。吾罪也乎哉。吾行也。曰。歸乎。曰。君死安歸。君民者。豈以陵民。社稷是主。臣君者。豈爲其口實。社稷是養。故君爲社稷死。則死之。爲社稷亡。則亡之。若爲己死而爲己亡。非其私暱。誰敢任之。且人有君而弑之。吾焉得死之。而焉得亡之。將庸何歸。門啓而入。枕尸股而哭。興。三踊而出。人謂崔子必殺之。崔子曰。民之望也。舍之得民。　崔慶立景公。盟國人於大宮。曰。所不與崔慶者。晏子仰天嘆曰。嬰所不唯忠於君利社稷者是與。有如上帝。乃歃。（左傳襄二十五年）

崔杼既弑莊公而立景公。杼與慶封相之。刼諸將軍大夫及顯士庶人於大宮之坎上。令無得不盟者。爲壇三仞。

搯其下以甲千列環其內外盟者皆脫劍而入惟晏子不肯崔杼許之有敢不盟者戟拘其頸劍承其心令自盟曰不與崔慶而與公室者受其不祥言不疾指不至血者死所殺七人次及晏子晏子奉桮血仰天歎曰嗚呼崔子爲無道而殺其君不與公室而與崔慶者受此不祥俯而飲血崔杼謂晏子曰子變子言則齊國吾與子共之子不變子言戟既在脰劍既在心維子圖之也晏子曰劫吾以及而失其志非勇也回吾以利而倍其君非義也崔子子獨不爲天討乎詩云莫莫葛虆施於條枚愷悌君子求福不回今可嬰且以回而求福乎曲刃鉤之直兵推之嬰不革矣崔杼將殺之或曰不可子以子之君無道而殺之今其臣有道之士也又從而殺之不可以爲敎矣崔子遂舍之晏子曰若大夫爲大不仁而爲小仁焉有中乎趨出授綏而乘其僕將馳晏子撫其手曰徐之疾不必生徐不必死鹿生於野命懸於廚嬰命有繫矣按之成節而後去詩云彼己之子舍命不渝晏子之謂也（晏子春秋內篇雜上）

新史氏曰晏子可謂能愛國矣其不死莊公之難非苟活也爲國民者有死國而無死君此大義我國人罕有知之者惟晏子明辨之其在崔氏門外之數言雖梨洲之原君原臣何以加焉及入盟之際攖逆鱗冒白刃去死不容髮而詞嚴義正慷慨從容一何壯也疾不必生徐不必死晏子之所以養之於平日者素矣卒定大難以其君顯有以夫

公孫接　田開疆　古冶子

公孫接田開疆古冶子事景公以勇力搏虎聞晏子過而趨三子者不起晏子入見公曰臣聞明君之蓄勇力之

士也。上有君臣之義。下有長率之倫。內可以禁暴。外可以威敵。上利其功。下服其勇。故尊其位。重其祿。今君之蓄勇力之士也。上無君臣之義。下無長率之倫。內不以禁暴。外不可威敵。此危國之器也。不若去之。公曰。三子者。搏之恐不得。刺之恐不中也。晏子曰。此皆力攻勍敵之人也。無長幼之禮。因請公使人少餽之二桃。曰。三子何不計功而食桃。公孫接仰天而歎曰。晏子智人也。夫使公之計吾功者。不受桃。是無勇也。士衆而桃寡。何不計功而食桃矣。接一搏豣而再搏乳虎。若接之功。可以食桃而無與人同矣。援桃而起。田開疆曰。吾伏兵而卻三軍者再。若開疆之功。亦可以食桃而無與人同矣。援桃而起。古冶子曰。吾嘗從君濟於河。黿御左驂以入砥柱之流。當是時也。冶少不能游。潛行逆流百步。順流九里。得黿而殺之。左操驂尾。右挈黿頭。鶴躍而出。津人皆曰河伯也。若冶視之則大黿之首。若冶之功。亦可以食桃而無與人同矣。二子何不反桃。抽劍而起。公孫接田開疆曰。吾勇不子若。功不子逮。取桃不讓。是貪也。然而不死。無勇也。皆反其桃。挈領而死。古冶子曰。二子死之。冶獨生之。不仁。恥人以言而夸其聲。不義。恨乎所行。不死。無勇。雖然。二子同桃而節。冶專其桃而宜。亦反其桃。挈領而死。使者復曰。已死矣。公殮之以服。葬之以士禮焉。（晏子春秋內篇諫下）

新史氏曰。晏子固好勇者。乃以卑劣手段殺此三人。以挫士氣。豈不甚哉。後諸葛武侯為梁甫吟以哀之曰。步出齊東門。遙望蕩陰里。里上有三墳。纍纍正相似。借問誰家墓。田疆古冶子。力能排南山。文能絕地紀。一旦被讒言。二桃殺三士。誰能為此謀。相國齊晏子。誠惆之也。然三士者重名譽而能下人。競功名而不惜死。武士之精神。武士道之道德。皆具矣。百世下猶將見其氣象焉。表同情者。豈特一武侯哉。

北郭騷及其友

齊有北郭騷者結罘罔梱蒲葦織屨履以養其母猶不足踵門見晏子曰願乞所以養母晏子之僕謂晏子曰此齊國之賢者也其義不臣乎天子不友乎諸侯於利不苟取於害不苟免今乞所以養母是說夫子之義也必與之晏子使人分倉粟分府金而遺之辭金而受粟有閒晏子見疑於齊君出犇過北郭騷之門而辭北郭騷沐浴而出見晏子曰夫子將焉適晏子曰見疑於齊君將出奔北郭子曰夫子勉之矣晏子上車大息而歎曰嬰之亡豈不宜哉亦不知士甚矣晏子行北郭子召其友而告之曰說晏子之義而嘗乞所以養母焉吾聞之曰養及親者身伉其難今晏子見疑吾將以身死白之著衣冠令其友操劍奉笥而從造於君庭求復者曰晏子天下之賢者也去則齊國必侵矣方見國之侵也不若先死請以頭託白晏子也因謂其友曰盛吾頭於笥中奉以託退而自刎也其友因奉以託其友謂觀者曰北郭子爲國故死吾將爲北郭子死也又退而自刎齊君聞之大駭乘驛而自追晏子及之國郊請而反之晏子不得已而反聞北郭騷之以死白己也曰嬰之亡豈不宜哉亦愈不知士甚矣（晏子春秋內篇雜上　呂氏春秋士節篇略同）

新史氏曰北郭騷之於晏子與侯嬴之於平原君何異焉而騷之著稱於後世不若嬴則一見於史記而一不見也附驥益顯之義信夫抑北郭子之義非徒報晏子也而實以安齊國侯生死以存趙北郭子死以安齊重於泰山其是之謂乎其友亦第二之北郭也書闕有閒名以不章悲夫君子不輕受恩於人受則必思所以報之於戲古之人哉古之人哉而今亡矣

齊太史及三弟　南史氏

齊崔杼既盟於大宮。大史書曰。崔杼弒其君。崔子殺之。其弟嗣書而死者二人。其弟又書。乃舍之。南史氏聞大史盡死。執簡以往。聞既書矣。乃還。（左氏襄二十五年傳）

新史氏曰。忠於職任。能盡義務。不畏强禦。不枉所掌者。是謂大勇。齊大史兄弟四人及南史氏當之矣。豈徒史家之模範。實全社會人所當步趨也。轟轟男子。乃佚其名。後史之責矣夫。

邢蒯聵及其僕

齊崔杼弒莊公。邢蒯聵使晉而反。其僕曰。崔杼弒莊公。子將奚如。邢蒯聵曰。驅之。將入死而報君。其僕曰。君之無道也。四鄰諸侯莫不聞也。以夫子而死之。不亦難乎。邢蒯聵曰。善能言也。然亦晚矣。子早言我。我能諫之。諫不聽。我能去。今既不諫。又不去。吾聞食其祿者死其事。吾既食亂君之祿矣。又安得治君而死之。遂驅車入死。其僕曰。人有亂君。人猶死之。我有治長。可毋死乎。乃結轡自刎於車上。（說苑立節篇）

新史氏曰。邢蒯聵事。大類弘演。其與晏子死國不死君之義頗異。雖然。其地位固異也。晏子自信不死可以定國家。蒯聵智德不逮晏子。死而可也。其對其僕之言。深合於論理法。抑僕亦偉人矣。

程嬰　公孫杵臼

晉屠岸賈將誅趙氏。韓厥告趙朔趣亡。朔不肯。曰。子必不絕趙祀。朔死不恨。韓厥許諾。稱疾不出。賈不請而擅與諸將攻趙氏於下宮。殺趙朔趙同趙括趙嬰齊。皆滅其族。趙朔妻成公姊有遺腹。走公宮匿。趙朔客曰公孫杵臼。杵臼謂朔友人程嬰曰。胡不死。程嬰曰。朔之婦有遺腹。若幸而男。吾奉之。卽女也。吾徐死耳。居無何而朔婦免身。生男。屠岸賈聞之。索於宮中。夫人置兒綺中。祝曰。趙宗滅乎。若號。卽不滅。若無聲。及索。兒竟無聲。已脫。程嬰謂公孫杵臼曰。今一索不得。後必且復索之。奈何。公孫杵臼曰。立孤與死孰難。程嬰曰。死易。立孤難耳。公孫杵臼曰。趙世先君遇子厚。子彊爲其難者。吾爲其易者。請先死。乃二人謀取他人嬰兒負之。衣以文葆。匿山中。程嬰出。謬謂將軍曰。嬰不肖。不能立趙孤。誰能與我千金。吾告趙氏孤處。諸將皆喜。許之。發師隨程嬰攻公孫杵臼。杵臼謬曰。小人哉程嬰。昔下宮之難。不能死。與我謀匿趙氏孤兒。今又賣我。縱不能立。而忍賣之乎。抱兒呼曰。天乎天乎。趙氏孤兒何罪。請活之。獨殺杵臼可也。諸將不許。遂殺杵臼與孤兒。諸將以爲趙氏孤兒良已死。皆喜。然趙氏眞孤。乃反在。程嬰卒與俱匿山中。居十五年。晉景公疾。卜之。大業之後不遂者爲祟。景公問韓厥。厥知趙孤在。乃曰。大業之後在晉絕祀者。其趙氏乎。夫自中衍者皆嬴姓也。中衍人面鳥噣。降佐殷帝大戊。及周天子。皆有明德。下及幽厲無道。而叔帶去周適晉。事先君文侯。至于成公。世有立功。未嘗絕祀。今吾君獨滅趙宗。國人哀之。故見龜策。唯君圖之。景公問趙尙有後子孫乎。韓厥具以實告。於是景公乃與韓厥謀立趙孤兒。召而匿之宮中。諸將入問疾。景公因韓厥之衆。以脅諸將而見趙孤。趙孤名曰武。諸將不得已。乃曰。昔下宮之難。屠岸賈爲之。以君命。幷命羣臣。非然。誰敢作難。微君之疾。羣臣固且請立趙後。今君有命。羣臣之願也。於是召趙武程嬰偏拜諸將。遂反與程嬰趙武攻屠岸賈。滅其族。復與趙武田邑如故。及趙武冠。爲成人。程嬰乃辭諸大夫。謂趙武曰。昔下宮之難。

皆能死。我非不能死。我思立趙氏之後。今趙武既立。爲成人。復故位。我將下報趙宣孟與公孫杵臼。趙武啼泣頓首固請曰。武願苦筋骨以報子。至死。而子忍去我死乎。程嬰曰。不可。彼以我爲能成事。故先我死。今我不報。是以我事爲不成。遂自殺。趙武服齊衰三年。爲之祭邑。春秋祠之。世世勿絕。（史記趙世家）

新史氏曰。程嬰杵臼之義。古今稱之。吾贊蓋贅焉。獨嬰大功既成。宜可不死。顧必死者。不負初志也。當時武士道之信條則然也。於戲。孅哉。

伍子胥　江上漁父　溧陽女子

昔者荊平王有臣伍子奢。奢得罪於王。且殺之。其二子出走。伍子尚奔吳。伍子胥奔鄭。王召奢而問之曰。若召子孰來也。子奢對曰。尚爲人也仁且智。來之必入。胥爲人也勇且智。來必不入。胥且奔吳邦。君王必早閉而晏開。胥將使邊境有大憂。於是王即使使者召子尚於吳。曰。子父有罪。子入則免之。不入則殺之。子胥聞之。使人告子尚於吳。吾聞荊平王召子。子必毋入。胥聞之。入者窮。出者報仇。入者皆死。是不智也。死而不報父之仇。是非勇也。子尚對曰。入則免父之死。不入則不仁。愛身之死。絕父之望。賢士不爲也。意不同。謀不合。子其居。尚請入。荊平王復使使者召子胥於鄭。曰。子入則免父死。不入則殺之。子胥介冑彀弓。出見使者。謝曰。介冑之士。固不拜矣。請有道於使者。王以奢爲無罪。赦而蓄之。其子又何適乎。使者還報荊平王。王知子胥不入也。殺子奢而幷殺子尚。子胥聞之。即從橫嶺上太山。北望齊晉。謂其舍人曰。去此邦。堂堂被山帶河。其民重移。於是乃南奔吳。至江上。見漁者。曰。來渡我。漁者知其非常人也。欲往渡之。恐人知之。歌而往。過之。曰。日昭昭。侵以施。與子期甫蘆之碕。子胥即從漁者之蘆碕。日入。漁者復歌往曰。心中目施。子可渡河。何爲不出。船到卽載。入船而伏。半江而仰謂漁者曰。子之姓爲誰。還得報子之厚德。漁者曰。縱荆邦之賊者我也。報荆邦之仇者子也。兩而不仁。何相問姓名爲。子胥卽解其劍以與漁者曰。吾先人之劍。直百金。請以與子也。漁者曰。吾聞荆平王有令曰。得伍子胥者。購之千金。今吾不欲得荆平王之千金。何以百金之劍爲。漁者渡於子斧之津。乃發其簞飯。淸其壺漿而食曰。亟食而去。毋令追者及子也。子胥曰。諾。子胥食已而去。顧謂漁者曰。掩爾壺漿。無令之露。漁者曰。諾。子胥行。卽覆船。挾匕首自刎而死江水之中。明無洩也。子胥遂行至溧陽界中。見一女子擊絮於瀨水之中。子胥曰。豈可得託食乎。女子曰。諾。卽發簞飯。淸其壺漿而食之。子胥食已而去。謂女子曰。掩爾壺漿。毋令之露。女子曰。諾。子胥行五步。還顧女子自縱於瀨水之中而死。子胥遂行至吳。徒跣被髮。乞於吳市。（越絕書）

吳兵入郢。伍子胥求昭王。既不得。乃掘楚平王之墓。出其尸。鞭之三百。（史記楚世家）

新史氏曰。伍子胥引外族以自覆其祖國。律以愛國之義。蓋有罪焉。雖然。復讎亦天下之大義也。怨毒之於人甚矣。父寃死而不報。則亦無人心者也。以孔子之聖。猶且去魯干七十二君。當時風尙如是。於子胥何責焉。其智深勇沈。則眞一世之雄也。江上丈人。擊絮女子。悠悠行路。乃爲之死。豈崇拜英雄之心所驅使耶。然則張儉之望門投止。破家相容。（見後漢書黨錮傳）其又不足異也已。

申包胥

初伍員與申包胥友。其亡也。謂申包胥曰。我必覆楚國。申包胥曰。勉之。子能覆之。我必能興之。及昭王在隨。申包胥如秦乞師。曰吳爲封豕長蛇。以荐食上國。虐始於楚。寡君失守社稷。越在草莽。使下臣告急。曰夷德無厭。若鄰於。君疆場之患也。場吳之未定。君其取分焉。若楚之遂亡。君之土也。若以君靈撫之。世以事君。秦伯使辭焉。曰寡人聞命矣。子姑就館。將圖而告。對曰。寡君越在草莽。未獲所伏。下臣何敢卽安。立依於庭牆而哭。日夜不絕聲。勺飲不入口。七日。秦哀公爲之賦無衣。九頓首而坐。秦師乃出。（左氏定四年傳）

吳與楚戰。莫囂大心撫其御之手。曰今日距彊敵。犯白刃。蒙矢石。戰而身死。卒勝民治。全我社稷。可以庶幾乎。遂入不返。決腹斷頭。不旋踵運軌而死。申包胥竭筋力以赴嚴敵。伏尸流血。不過一卒之才。不如約身卑辭。求救於諸侯。於是乃贏糧跣走。跋涉谷行。上峭山。赴深谿。游川水。犯津關。躐蒙籠。歷沙石。蹠達膝。曾繭重胝。七日七夜。至於秦庭。鶴跱而不食。晝吟宵哭。面若死灰。顏色黴墨。涕液交集。以見秦王。（下略）（淮南子）

吳師既退。昭王復國。而賞貽於包胥。包胥曰。輔君安國。非爲身也。救急除害。非爲名也。功成而受賞。是賣勇也。君旣定。又何求焉。遂逃賞。終身不見。（新序士節篇）

新史氏曰。以愛國之義。則包胥又賢於子胥遠矣。七日七夜。不飲食。不絕哭。以拯國難。自古及今。天下萬國。未嘗有也。得一人可以光國史矣。功成不受賞。蓋認愛國爲應盡之義務。不自知其爲奇節也。於戲。其人格。又出魯仲連上矣。

要離

吳王欲殺王子慶忌而莫之能殺。吳王患之。要離曰。臣能之。吳王曰。汝惡能乎。吾嘗以六馬逐之江上矣。而不能及射之矢左右滿把。而不能中。今汝拔劍則不能舉臂。上車則不能登軾。汝惡能。要離曰。士患不勇耳。奚患於不能。王誠能助。臣請必能。吳王曰。諾。明旦加要離罪焉。摯執妻子。焚之而揚其灰。要離走往見王子慶忌於衞。王子慶忌喜曰。吳王之無道也。子之所見也。諸侯之所知也。今子得免而去之。亦善矣。要離與王子慶忌居有間。謂王子慶忌曰。吳之無道也愈甚。請與王子往奪之國。王子慶忌曰。善。乃與要離俱涉於江。中江。拔劍以刺王子慶忌。王子慶忌捽之。投之於江。浮則又取而投之。如此者三。其卒曰。汝天下之國士也。幸汝以成而名。要離得不死。歸於吳。吳王大悅。請與分國。要離曰。不可。臣請必死。吳王止之。要離曰。夫殺妻子。焚之而揚其灰。以便事也。臣以爲不仁。夫爲故主殺新主。臣以爲不義。夫捽而浮乎江。三入三出。特王子慶忌爲之賜而不殺耳。臣已爲辱矣。夫不仁不義。又且已辱。不可以生。吳王不能止。果伏劍而死。（呂氏春秋）

新史氏曰。要離之事業。非有益於國。而至湛棄其無罪之妻子。以長君之惡。君子弗稱也。但其愛惜名譽。亦有足多者焉。其卞莊華周杞梁之輿儓乎。已辱則不可以生。是爲當時武士之訓條也。

子囊

楚人將與吳人戰。楚兵寡而吳兵衆。楚將軍子囊曰。我擊此國必敗。辱君虧地。忠臣不忍爲也。不復於君。黜兵而退。至於國郊。使人復於君曰。臣請死。君曰。子大夫之遁也。以爲利也。而今誠利。子大夫毋死。子囊曰。遁者無罪。則後世之爲君臣者。皆入不利之名。而效臣遁。若是則楚國終爲天下弱矣。臣請死。退而伏劍。君曰。誠如此。請成子大夫之義。乃爲桐棺三寸。加斧質其上。以徇於國。（說苑立節篇）

新史氏曰．君子一言一動．必計其影響之所屆．事有爲一時之利者．有爲百世之利者．若乃兩者之利害不能相容．則君子之所以自處者幾窮．而首鼠之輩．往往託以自文矣．惜也．未聞子囊之敎也．旣犧牲其名譽．以捍國民目前之患．復犧牲其身命．以爲國家百年之計．非眞愛國者．能如是耶．孔子曰．好仁者無以尙之．子囊有焉．

雍門子狄

越甲至齊．雍門子狄請死之．齊王曰．鼓鐸之聲未聞．矢石未交．長兵未接．子何務死之．爲人臣之禮耶．雍門子狄對曰．臣聞之．昔者王田於囿．左轂鳴．車右請死之．而王曰．子何爲死．車右對曰．爲其鳴吾君也．王曰．左轂鳴者．工師之罪也．子何事之有焉．車右曰．臣不見工師之乘．而見其鳴吾君也．遂刎頸而死．知有之乎．齊王曰．有之．雍門子狄曰．今越甲至．其鳴吾君也．豈左轂之下哉．車右可以死左轂．而臣獨不可以死越甲也．遂刎頸而死．是日越人引甲而退七十里．曰．齊王有臣鈞如雍門子狄．擬使越社稷不血食．遂引甲而歸．齊王葬雍門子狄以上卿之禮．（說苑立節篇）

新史氏曰．西人之愛國也．有慢其國旗者．則致死焉．夫國旗則何與大計．顧爲之死者．示國之不可侮於人也．旗且不可侮．而況於國．侮且不可．而況乃動其豪末也．吾聞日本維新以前．美將軍彼理以舟至．測量其海岸線．而舉國譁然．奪攘之聲．風起水涌．其後英人偶衝犯長門藩侯之鹵簿．而士爲之死者七人．是猶雍門子狄之恥越甲鳴其君也．顧自是以還．歐美諸國．遂莫或敢侮日本．士氣之足以威鄰國也．如是乎．則雍門以一死郤越軍。又奚怪焉。嗚呼。以我國近數十年來所更之國恥。使其在春秋戰國之世。也吾知其絕吭刳腹者相屬於道矣。詩曰天之方蹶無爲夸毗傳曰夸毗。柔脆無骨也。嗚呼。以何因緣而至於此。

田基

佛肸用中牟之縣畔。設祿邑炊鼎曰。與我者受邑不與我者其烹。中牟之士皆與之。城北餘子田基獨後至。祛衣將入鼎。曰基聞之義者軒冕在前非義弗乘斧鉞於後義死不避。遂祛衣將入鼎佛肸播而去之。趙簡子屠中牟。得而取之。論有功者用田基爲始田基曰吾聞廉士不恥人如此而受中牟之功則中牟之士終身慚矣襁負其母南徙於楚楚王高其義。待以司馬。（說苑立節篇）

新史氏曰廉士不恥人。又當時武士一信仰之條件也。城北餘子。其於道德責任。備踐之矣。

成公趙

宋康公攻阿屠單父。成公趙曰。始吾不自知。以爲在千乘則萬乘不敢伐。在萬乘則天下不敢圖。今趙在阿。而宋屠單父。則是趙無以自立也。且往誅宋。趙遂入宋。三月不得見。或曰。何不因隣國之使而見之。成公趙曰。不可。吾因隣國之使而刺之。則使後世之使不信。荷節之信不用。皆曰趙使之然也。不可。或曰。何不因羣臣道徒處之士而刺之。成公趙曰。不可。吾因羣臣道徒處之士而刺之。則後世之忠臣不見信。辯士不見顧。皆曰趙使之然也。不可。吾聞古之士。怒則思理。危不忘義。必將正行以求之耳。期年。宋康公病死。成公趙曰。廉士不辱名。信士不惰行。

今吾在阿宋屠單父是辱名也事誅宋王期年不得是惰行也吾若是而生何面目而見天下之士遂立槁於彭山之上（說苑立節篇）

新史氏曰曹沫藺相如皆要挾隣主以圖恢復國際上之權利耳其眞處心積慮以圖刺萬乘之君者自成公趙始而又不肯用詭道假他力以達其志一言一動皆使可法於後世嗚呼豈不賢哉豈不賢哉功不就而以身殉之是所謂殉其志者也

申鳴

楚有士曰申鳴治園以養父母孝聞於楚王召之申鳴辭不往其父曰王欲用汝何謂辭之申鳴曰何舍爲子乃爲臣乎其父曰使汝有祿於國有位於廷汝樂而我不憂矣我欲汝之仕也申鳴曰諾遂之朝受命楚王以爲左司馬其年遇白公之亂殺令尹子西司馬子期申鳴因以兵之衞白公謂石乞曰申鳴天下勇士也今將兵爲之奈何石乞曰吾聞申鳴孝也劫其父以兵使人謂申鳴曰子與我則與子楚國不與我則殺乃父申鳴流涕而應之曰始則父之子今則君之臣已不得爲孝子矣安得不爲忠臣乎援桴鼓之遂殺白公其父亦死焉王歸賞之申鳴曰受君之祿避君之難非忠臣也正君之法以殺其父又非孝子也行不兩全名不兩立悲夫若此而生亦何以示天下之士哉遂自刎而死詩曰進退惟谷（韓詩外傳）

新史氏曰悲哉申鳴之志事不能兩全也雖然始也順親之志終也死國之職申鳴之志事其已兩全也

豫讓

晉畢陽之孫豫讓。始事范中行氏。而不說。去而就智伯。智伯寵之。及三晉分智氏。趙襄子最怨智伯。而將其頭以爲飲器。豫讓遁逃山中。曰。嗟乎。士爲知己者死。女爲說己者容。吾其報智伯之讎矣。乃變姓名爲刑人。入宮塗廁。欲以刺襄子。襄子如廁。心動。執問塗者。則豫讓也。刃其扞。曰。欲爲智伯報讎。左右欲殺之。趙襄子曰。彼義士也。吾謹避之耳。且智伯已死無後。而其臣至爲報讎。此天下之賢人也。卒釋之。豫讓又漆身爲厲。滅鬚去眉。自刑以變其容。爲乞人而往乞。其妻不識。曰。狀貌不似吾夫。其音何類吾夫之甚也。又呑炭爲啞。變其音。其友謂之曰。子之道甚難而無功。謂子有志則然矣。謂子智則否。以子之才。而善事襄子。襄子必近幸子。子之得近而行所欲。此甚易而功必成。豫讓乃笑而應之曰。是爲先知報後知。爲故君賊新君。大亂君臣之義者無此矣。吾所謂爲此者。以明君臣之義。非從易也。且夫委質而事人。而求弑之。是懷二心以事君也。吾所爲難。亦將以愧天下後世人臣懷二心者。居頃之。襄子當出。豫讓伏以過橋下。襄子至橋而馬驚。襄子曰。此必豫讓也。使人問之。果豫讓。於是趙襄子面數豫讓曰。子不嘗事范中行氏乎。智伯滅范中行氏。而子不爲報讎。反委質事智伯。智伯已死。子獨何爲報讎之深也。豫讓曰。臣事范中行氏。范中行氏以衆人遇臣。臣故衆人報之。智伯以國士遇臣。臣故國士報之。襄子乃喟然歎泣曰。嗟乎。豫子之爲智伯。名既成矣。寡人舍子。亦已足矣。子自爲計。寡人不舍子。使兵環之。豫讓曰。臣聞明主不掩人之義。忠臣不愛死以成名。君前已寬舍臣。天下莫不稱君之賢。今日之事。臣故伏誅。然願請君之衣而擊之。雖死不恨。非所望也。敢布腹心。於是襄子義之。乃使使者持衣與豫讓。豫讓拔劍三躍。呼天擊之曰。而

可以報智伯矣。遂伏劍而死。死之日趙國之士聞之皆爲涕泣。（戰國策趙策史記刺客列傳同）

新史氏曰。堅忍若豫讓者。何事不可成哉。然竟不成。豈力固不足以勝命耶。史記索隱引戰國策云。豫讓擊衣。衣盡出血。襄子回車。車輪未周而亡。案今本國策無此語。而司馬貞云云。必有所據。豈後人據史記以刪國策耶。果爾則豫讓之目的。蓋已達矣。就使不達也。而其義聲至今日。猶令讀者震盪心目。其所以感化社會者。亦深矣。夫豫子欲以愧天下後世。何知愧者寥寥也。

新史氏又曰。史記刺客列傳。首曹沫。次專諸。次豫讓。聶政。荆軻。吾敍述武士。備載諸子。而獨遺專諸何也。曹沫荆軻。皆爲國事。一成一敗。同照天壤。尚矣。豫讓聶政。俱報恩仇。恩仇者武士道之一要素也。若專諸則爲公子光伍子胥之傀儡。無意識之義俠。徒助篡逆。風斯下矣。此去取之微意也。

墨子　孟勝　徐弱

公輸盤爲楚造雲梯之械。成。將以攻宋。子墨子聞之。起於齊。百舍重繭。裂裳裹足。行十日十夜。而至於郢。見公輸盤。公輸盤曰。夫子何命焉爲。子墨子曰。北方有侮臣。願藉子殺之。公輸盤不說。子墨子曰。請獻十金。公輸盤曰。吾義固不殺人。子墨子起再拜曰。請說之。吾從北方聞子爲梯。將以攻宋。宋何罪之有。荆國有餘於地。而不足於民。殺所不足。而爭所有餘。不可謂智。宋無罪而攻之。不可謂仁。知而不爭。不可謂忠。爭而不得。不可謂彊。義不殺少而殺衆。不可謂知類。公輸盤服。子墨子曰。然乎。不已乎。公輸盤曰。不可。吾既已言之王矣。子墨子曰。胡不見我於王。公輸盤曰。諾。子墨子見王曰。今有人於此。舍其文軒。鄰有敝轝。而欲竊之。舍其文繡。鄰有裋褐。而欲竊之。此爲何若人王曰。必為竊疾矣。子墨子曰。荊之地方五千里。此猶文軒之與敝轝也。荊有雲夢。犀兕麋鹿滿之。江漢之魚鼈黿鼉。為天下富。宋所為無雉兔狐狸者也。此猶粱肉之與糟糠也。荊有長松文梓楩柟豫章。宋無長木。此猶錦繡之與裋褐也。臣以三事之攻宋也。為與此類同。王曰。善哉。雖然。公輸盤為我為雲梯。必攻宋。於是見公輸盤。子墨子解帶為城。以牒為械。公輸盤九設攻城之機變。子墨子九距之。公輸盤之攻械盡。子墨子之守圉有餘。公輸盤詘。而曰。吾知所以距子矣。吾不言。子墨子亦曰。吾知子之所以距我。吾不言。楚王問其故。子墨子曰。公輸子之意。不過欲殺臣。殺臣。宋莫能守。可攻也。然臣之弟子禽滑釐等三百人。已持臣守圉之器。在宋城上而待楚寇矣。雖殺臣。不能絕也。楚王曰。善哉。吾請無攻宋矣。（墨子公輸篇）

墨子服役者百八十人。皆可使赴湯蹈火。死不還踵。化之所致也。（淮南子）

墨者鉅子孟勝。善荊之陽城君。陽城君令守於國。毀璜以為符。約曰。符合聽之。荊王薨。羣臣攻吳起兵於喪所。陽城君與焉。荊罪之。陽城君走。荊收其國。孟勝曰。受人之國。與之有符。今不見符。而力不能禁。不能死。不可。其弟子徐弱諫孟勝曰。死而有益陽城君。死之可矣。無益也。而絕墨者於世。不可。孟勝曰。不然。吾於陽城君也。非師則友也。非友則臣也。不死。自今以來。求嚴師必不於墨者矣。求賢友必不於墨者矣。求良臣必不於墨者矣。死之所以行墨者之義而繼其業者也。我將屬鉅子於宋之田襄子。田襄子賢者也。何患墨者之絕世也。徐弱曰。若夫子之言。弱請先死以除路。還歿頭前於孟勝。因使二人傳鉅子於田襄子。孟勝死。弟子死之者百八十三人。以致令於田襄子。欲反死孟勝於荊。田襄子止之曰。孟子已傳鉅子於我矣。當聽。遂反死之。（呂氏春秋上德篇）

新史氏曰。墨子聖人也。其教澤遠矣。救世之患。急人之難。無所為而為之。孟子稱墨子摩頂至踵以利天下。誠哉其然哉。墨學非攻而尙武。魯人有學其子於墨子者。學而成。戰而死。其父懟焉。墨子譬之以是猶欲糶。糴售則慍。（見墨子魯問篇）可見墨子以戰死爲光榮。而謂求學之目的。即在於是矣。故門弟子百數。皆可赴湯蹈火。其所以爲教者使然也。故欲備軍國民資格者。不可不學墨。觀於孟勝徐弱重然諾。重義務。輕死生。嗚呼。聖人之徒哉。聖人之徒哉。

聶政　聶榮

韓傀相韓。嚴遂重於君。二人相害也。嚴遂政議。直指舉韓傀之過。韓傀以之叱之於朝。嚴遂拔劍趨之。以救解於是嚴遂懼誅。亡去游。求人可以報韓傀者。至齊。齊人或言軹深井里聶政。勇敢士也。避仇隱於屠者之間。嚴遂陰交於聶政。以意厚之。聶政問之曰。子欲安用我乎。嚴遂曰。吾得爲役之日淺。事今薄。奚敢有請。於是嚴遂乃具酒自觴聶政母前。仲子奉黃金百鎰。前爲聶政母壽。聶政驚。愈怪其厚。固謝嚴仲子。仲子固進。而聶政謝曰。臣有老母。家貧。客游以爲狗屠。可旦夕得甘脆以養親。親供養備。義不敢當仲子之賜。嚴仲子辟人。因爲聶政語曰。臣有仇。而行游諸侯衆矣。然至齊。聞足下義甚高。故直進百金者。特以爲丈人麤糲之費。以交足下之讙。豈敢以有求邪。聶政曰。臣所以降志辱身居市井屠者。幸以養老母。老母在前。政身未敢以許人也。嚴仲子固讓。聶政竟不肯受。然仲子卒備賓主之禮而去。久之。聶政母死。既葬。除服。聶政曰。嗟乎。政乃市井之人。鼓刀以屠。而嚴仲子乃諸侯之卿相也。不遠千里。枉車騎而交臣。臣之所以待之者至淺矣。未有大功可以稱者。而嚴仲子舉百金爲親壽。我義不受。然是深知政也。夫賢者以感忿睚眦之意。而親信窮僻之人。而政獨安可嘿然而止乎。且前日要政。政徒以老母。老母今以天年終。政將爲知己者用。遂西至濮陽。見嚴仲子曰。前日所以不許仲子者。徒以親在。今親不幸而死。仲子所欲報仇者請得從事焉。嚴仲子具告曰。臣之仇韓相韓傀。傀又韓君之季父也。宗族盛多。居處兵衞甚設。臣使人刺之。終莫能就。今足下幸而不棄。請益其車騎壯士以爲羽翼。政曰。韓與衞相去中間不遠。今殺人之相。相又國君之親。此其勢不可以多人。多人不能無生得失。生得失則語泄。語泄則韓舉國而與仲子爲讎也。豈不殆哉。遂謝車騎人徒。辭獨行。仗劍至韓。韓適有東孟之會。韓王及相皆在焉。持兵戟而衞侍者甚衆。聶政直入階。刺殺韓傀。韓傀走而抱哀侯。聶政刺之。兼中哀侯。左右大亂。聶政大呼。所擊殺者數十人。因自皮面抉眼。屠腸。遂以死。韓取聶政屍暴於市。縣購之千金。久之莫知誰。政姊榮聞之曰。吾弟至賢。不可愛妾之軀。滅吾弟之名。非弟意也。乃之韓。視之曰。勇哉。氣矜之隆。是其軼賁育高成荊矣。今死而無名。父母既歿矣。兄弟無有。此爲我故也。夫愛身不揚弟之名。吾不忍也。乃抱屍而哭之曰。此吾弟軹深井里聶政也。亦自殺於屍下。晉楚齊衞聞之曰。非獨聶政之能。乃其姊者烈女也。聶政之所以名施於後世者。其姊不避菹醢之誅。以揚其名也。（戰國策韓策）

新史氏曰。聶政之俠。舊史之所以稱道者至矣。吾無贊焉。勉贊一言。則曰。學聶政者當學其性情之厚而已。夫其有母存不許友以死。猶普通之義也。乃煢煢一姊。而猶顧戀之不欲以相累。乃至抉眼屠腸以絕蹤跡。嗚呼。何其藹藹然孺子耶。天下豈有天性涼薄之人而能以俠聞者哉。

趙武靈王

武靈王平晝閒居。肥義侍坐。曰王慮世事之變。權甲兵之用。念簡襄之迹。計胡狄之利乎。王曰。嗣立不忘先德。君之道也。錯質務明主之長。臣之論也。是以賢君靜而有道民便事之敎。動而有明古先世之功。爲人臣者。窮有弟長辭讓之節。通有補民益主之業。此兩者君臣之分也。今吾欲繼襄主之業。啓胡翟之鄉。而卒世不見也。敵弱者用力少而功多。可以無盡百姓之勞。而享往古之勳。夫有高世之功者。必負遺俗之累。有獨智之慮者。必被庶人之恐。今吾將胡服騎射以敎百姓。而世必議寡人矣。肥義曰。臣聞之。疑事無功。疑行無名。今王卽定負遺俗之慮。殆毋顧天下之議矣。夫論至德者不和於俗。成大功者不謀於衆。昔舜舞有苗。而禹袒入裸國。非以養欲而樂志也。欲以論德而要功也。愚者暗於成事。智者見於未萌。王其遂行之。王曰。寡人非疑胡服也。吾恐天下笑之。狂夫之樂。智者哀焉。愚者之笑。賢者戚焉。世有順我者。則胡服之功。未可知也。雖敺世以笑我。胡地中山我必有之。王遂胡服。使王孫緤告公子成曰。寡人胡服。且將以朝。亦欲叔之服之也。家聽於親。國聽於君。古今之公行也。子不反親。臣不逆主。先王之通誼也。今寡人作敎易服。而叔不服。吾恐天下議之也。夫制國有常。而利民爲本。從政有經。而令行爲上。故明德在於論賤。行政在於信貴。今胡服之意。非以養欲而樂志也。事有所出。功有所止。事成功立。然後德可見也。今寡人恐叔逆從政之經。以輔公叔之議。且寡人聞之。事利國者行無邪。因貴戚者名不累。故寡人願慕公叔之義。以成胡服之功。使緤謁之叔。請服焉。公子成再拜曰。臣固聞王之胡服也。不佞寢疾。不能趨走。是以不先進。王今命之。臣固敢竭其愚忠。臣聞之。中國者。聰明睿智之所居也。萬物財貨之所聚也。聖賢之所敎也。仁義之所施也。詩書禮樂之所用也。異敏技藝之所試也。遠方之所觀赴也。蠻夷之所義行也。今王釋此而襲遠方之服。變古之敎。易古之道。逆人之心。畔學者。離中國。臣願大王圖之。使者報王。王曰。吾固聞叔之病也。卽之公叔成家自詣之曰。夫服者所以便用也。禮者所以便事也。是以聖人觀其鄉而順宜。因其事而制禮所以利其民而厚其國也。被髮文身錯臂左衽。甌越之民也。黑齒雕題鯷冠秫縫。大吳之國也。禮服不同。其便一也。是以鄉異而用變。事異而禮易。是故聖人苟可以利其民。不一其用。果可以便其事。不同其禮。儒者一師而禮異。中國同俗而教離。又況山谷之便乎。故去就之變。智者不能一。遠近之服。賢聖不能同。窮鄉多異。典學多辨。不知而不疑。異於己而不非者。公於求善也。今卿之所言者俗也。吾之所言者所以制俗也。今吾國東有河薄洛之水。與齊中山同之。而無舟檝之用。自常山以至代上黨。東有燕東胡之境。西有樓煩秦韓之邊。而無騎射之備。故寡人且聚舟檝之用。求水居之民。以守河薄洛之水。變服騎射。以備燕參胡樓煩秦韓之邊。且昔者簡主不塞晉陽以及上黨。而襄主兼戎取代以攘諸胡。此愚智之所明也。先時中山負齊之强兵。侵掠吾地。係累吾民。引水圍鄗。非社稷之神靈。卽鄗幾不守。先王忿之。其怨未能報也。今射騎之服。近可以備上黨之形。遠可以報中山之怨。而叔也順中國之俗。以逆簡襄之意。惡變服之名。而忘國事之恥。非寡人所望於子。公子成再拜稽首曰。臣愚不達於王之議。敢道世俗之聞。今欲繼簡襄之意。以順先王之志。臣敢不聽令。再拜。乃賜胡服。（戰國策趙策）

王破原陽以爲騎邑。牛贊進諫曰。國有固籍。兵有常經。變籍則亂。失經則弱。今王破原陽以爲騎邑。是變籍。而棄經也。且習其兵者輕其敵。便其用者易其難。今民便其用而王變之。是損君而弱國也。故利不百者不變俗。功不什者不易器。今王破卒散兵。以奉騎射。臣恐其攻獲之利。不如所失之費也。王曰。古今異利。遠近易用。陰陽不同道。四時不一宜。故賢人觀時而不觀於時。制兵而不制於兵。子知官府之籍。不知器械之利。知甲兵之用。不知陰陽之宜。故兵不當於用。何兵之不可易。敎不便於事。何俗之不可變。昔者先君襄主與代交地。城境封之名曰無窮之門。所以詔後而期遠也。今重甲循兵。不可以踰險。仁義道德。不可以來朝。吾聞信不棄功。智不遺時。今子以官府之籍。亂寡人之事。非子所知。牛贊再拜稽首曰。臣敢不聽令乎。至遂胡服。率騎入胡。出於遺遺之門。踰九限之固。絕五徑之險。至胡中。辟地千里。（同上）

二十六年。復攻中山。攘地北至燕代。西至雲中九原。二十七年五月戊申。大朝於東宮。傳國。立王子何以爲王。王廟見禮畢。出臨朝。大夫悉爲臣。肥義爲相國。并傅王。是爲惠文王。惠文王。惠后吳娃子也。武靈王自號爲主父。主父欲令子主治國。而身胡服將士大夫西北略胡地。而欲從雲中九原直南襲秦。於是詐自爲使者入秦。秦昭王不知。已而怪其狀甚偉。非人臣之度。使人逐之。而主父馳已脫關矣。審問之。乃主父也。秦人大驚。主父所以入秦者。欲自略地形。因觀秦王之爲人也。（史記趙世家）

新史氏曰。自黃帝以後。數中國第一雄主。其武靈王哉。其武靈王哉。中山者。春秋之鮮虞。赤狄最大部落也。春秋上半期。狄滅邢。滅衞。滅溫。伐周。伐齊。伐晉。伐魯。使中國百年無甯息者。此族也。推而上之。則黃帝以來之獯鬻。周之玁狁犬戎。亦此族也。爲中國病者已三千年。晉人以舉國之力。滅其部落。若潞。若肥。若鼓。若廧咎如。若甲氏。若留吁。若鐸辰。若鄋瞞。而獨不能得志於鮮虞。至武靈王乃犂其庭而掃其穴也。林胡樓煩者。此後之匈奴也。爲中國患者亦千餘歲。而武靈王預摧其虺而伐其孽也。孔子曰。微管仲。吾其被髮左衽。吾以爲靡趙武靈王。則五胡之禍。竟見於戰國之際。未可知也。故武靈王實我族之大功臣也。舉朝實行胡服。得地改爲騎邑。其所以振厲尚武精神者至矣。卒能大張軍國主義。收不世之功。若於中國求斯巴達。則其時之趙當之矣。乃至微服冒險入秦庭。倏忽而來。倏忽而逝。嗚呼。武靈王其猶龍乎。

藺相如

廉頗者。趙之良將也。趙惠文王十六年。廉頗爲趙將。伐齊。大破之。取晉陽。拜爲上卿。以勇氣聞於諸侯。藺相如者。趙人也。爲趙宦者令繆賢舍人。趙惠文王時。得楚和氏璧。秦昭王聞之。使人遺趙王書。願以十五城請易璧。趙王與大將軍廉頗諸大臣謀。欲予秦。秦城恐不可得。徒見欺。欲勿予。卽患秦兵之來。計未定。求人可使報秦者。未得。宦者令繆賢曰。臣舍人藺相如可使。王問何以知之。對曰。臣嘗有罪。竊計欲亡走燕。臣舍人相如止臣曰。君何以知燕王。臣語曰。臣嘗從大王與燕王會境上。燕王私握臣手曰。願結友。以此知之。故欲往。相如謂臣曰。夫趙彊而燕弱。而君幸於趙王。故燕王欲結於君。今君乃亡趙走燕。燕畏趙。其勢必不敢留君。而束君歸趙矣。君不如肉袒伏斧質請罪。則幸得脫矣。臣從其計。大王亦幸赦臣。臣竊以爲其人勇士。有智謀。宜可使。於是王召見。問藺相如曰。秦王以十五城請易寡人之璧。可予不。相如曰。秦彊而趙弱。不可不許。王曰。取吾璧。不予我城。奈何。相如曰。秦以城求璧而趙不許。曲在趙。趙予璧而秦不予趙城。曲在秦。均之二策。寧許以負秦曲。王曰。誰可使者。相如曰。王必無人。臣願奉璧往使。城入趙而璧留秦。城不入。臣請完璧歸趙。趙王於是遂遣相如奉璧西入秦。秦王坐章臺見相如。相如奉璧奏秦王。秦王大喜。傳以示美人及左右。左右皆呼萬歲。相如視秦王無意償趙城。乃前曰。璧有瑕。請指示王。王授璧。相如因持璧卻立。倚柱。怒髮上衝冠。謂秦王曰。大王欲得璧。使人發書至趙王。趙王悉召羣臣議。皆曰。秦貪。負其彊。以空言求璧。償城恐不可得。議不欲予秦璧。臣以爲布衣之交。尙不相欺。況大國乎。且以一璧之故。逆彊秦之驩。不可。於是趙王乃齋戒五日。使臣奉璧。拜送書於庭。何者。嚴大國之威。以修敬也。今臣至。

大王見臣列觀。禮節甚倨。得璧。傳之美人。以戲弄臣。臣觀大王無意償趙王城邑。故臣復取璧。大王必欲急臣。臣頭今與璧俱碎於柱矣。相如持其璧睨柱。欲以擊柱。秦王恐其破璧。乃辭謝。固請。召有司案圖。指從此以往十五都予趙。相如度秦王特以詐佯爲予趙城。實不可得。乃謂秦王曰。和氏璧。天下所共傳寶也。趙王恐。不敢不獻。趙王送璧時。齋戒五日。今大王亦宜齋戒五日。設九賓於庭。臣乃敢上璧。秦王度之。終不可彊奪。遂許齋五日。舍相如廣成傳舍。相如度秦王雖齋。決負約不償城。乃使其從者衣褐懷其璧。從徑道亡。歸璧於趙。秦王齋五日後。乃設九賓禮於庭。引趙使者藺相如。相如至。謂秦王曰。秦自繆公以來二十餘君。未嘗有堅明約束者也。臣誠恐見欺於王而負趙。故令人持璧歸。間至趙矣。且秦彊而趙弱。大王遣一介之使至趙。趙立奉璧來。今以秦之彊而先割十五都予趙。趙豈敢留璧而得罪於大王乎。臣知欺大王之罪當誅。臣請就湯鑊。唯大王與羣臣孰計議之。秦王與羣臣相視而嘻。左右或欲引相如去。秦王因曰。今殺相如。終不能得璧也。而絕秦趙之驩。不如因而厚遇之。使歸趙。趙王豈以一璧之故欺秦邪。卒廷見相如。畢禮而歸之。相如既歸。趙王以爲賢大夫。使不辱於諸侯。拜相如爲上大夫。秦亦不以城予趙。趙亦終不予秦璧。其後秦伐趙。拔石城。明年復攻趙。殺二萬人。秦王使使者告趙王。欲與王爲好會於西河外澠池。趙王畏秦。欲毋行。廉頗藺相如計曰。王不行。示趙弱且怯也。趙王遂行。相如從。廉頗送至境。與王訣曰。王行度道里會遇之禮畢。還不過三十日。三十日不還。則請立太子爲王。以絕秦望。王許之。遂與秦王會澠池。秦王飲酒酣。曰。寡人竊聞趙王好音。請奏瑟。趙王鼓瑟。秦御史前書曰。某年月日。秦王與趙王會飲。令趙王鼓瑟。藺相如前曰。趙王竊聞秦王善爲秦聲。請奏盆缻秦王。以相娛樂。秦王怒。不許。於是相如前進缻。因跪請秦王。秦王不肯擊缻。相如曰。五步之內。相如請得以頸血濺大王矣。左右欲刃相如。相如張目叱之。

左右皆靡。於是秦王不懌。爲一擊缻。相如顧召趙御史書曰。某年月日。秦王爲趙王擊缻。秦之羣臣曰。請以趙十五城爲秦王壽。藺相如亦曰。請以秦之咸陽爲趙王壽。秦王竟酒。終不能加勝於趙。趙亦盛設兵以待秦。秦不敢動。既罷歸國。以相如功大。拜爲上卿。位在廉頗之右。廉頗曰。我爲趙將。有攻城野戰之大功。而藺相如徒以口舌爲勞。而位居我上。且相如素賤人。吾羞不忍爲之下。宣言曰。我見相如。必辱之。相如聞。不肯與會。相如每朝時。常稱病不欲與廉頗爭列。已而相如出。望見廉頗。相如引車避匿。於是舍人相與諫曰。臣所以去親戚而事君者。徒慕君之高義也。今君與廉頗同列。廉君宣惡言。而君畏匿之。恐懼殊甚。且庸人尚羞之。況於將相乎。臣等不肖。請辭去。藺相如固止之曰。公之視廉將軍。孰與秦王。曰。不若也。相如曰。夫以秦王之威。而相如廷叱之。辱其羣臣。相如雖駑。獨畏廉將軍哉。顧吾念之。彊秦之所以不敢加兵於趙者。徒以吾兩人在也。今兩虎共鬬。其勢不俱生。吾所以爲此者。以先國家之急。而後私讎也。廉頗聞之。肉袒負荊。因賓客至藺相如門。謝罪曰。鄙賤之人。不知將軍寬之至此也。卒相與驩。爲刎頸之交。　太史公曰。知死必勇。非死者難也。處死者難。方藺相如引璧睨柱。及叱秦王左右。勢不過誅。然士或怯懦而不敢發。相如一奮其氣。威信敵國。退而讓頗。名重太山。其處智勇。可謂兼之矣。

（史記廉頗藺相如列傳）

新史氏曰。欲識權利思想之爲物者。請視藺相如矣。欲識權利思想與國家之關係者。請視藺相如時代之趙國矣。太史公述相如事。字字飛躍紙上。吾重贊之。其蛇足也。顧吾讀之而怦怦然。刻入於余心者。一言焉。則相如所謂先國家之急。而後私仇也。嗚呼。此其所以豪傑歟。此其所以聖賢歟。彼亡國之時代。曷嘗無人才。其奈皆先私讎。而後國家之急也。往車屢折。來軫方遒。悲夫。

侯嬴　信陵君　朱亥

魏有隱士曰侯嬴。年七十。家貧。爲大梁夷門監者。信陵君聞之往請。欲厚遺之。不肯受。曰臣修身潔行數十年。終不以監門困故而受公子財。公子於是乃置酒大會賓客。坐定。公子從車騎。虛左自迎夷門侯生。侯生攝弊衣冠直上載公子上坐不讓。欲以觀公子。公子執轡愈恭。侯生又謂公子曰。臣有客在市屠中。願枉車騎過之。公子引車入市。侯生下見其客朱亥。俾倪故久立。與其客語。微察公子。公子顏色愈和。當是時。魏將相宗室賓客滿堂。待公子舉酒。市人皆觀公子執轡。從騎皆竊罵侯生。侯生視公子色終不變。乃謝客就車。至家。公子引侯生坐上坐。偏贊賓客。賓客皆驚。酒酣。公子起爲壽侯生前。侯生因謂公子曰。嬴之爲公子亦足矣。嬴乃夷門抱關者也。而公子親枉車騎自迎嬴於衆人廣坐之中。不宜有所過。今公子故過之。然嬴欲就公子之名。故久立公子車騎市中過客以觀公子。公子愈恭。市人皆以嬴爲小人。而以公子爲長者能下士也。於是罷酒。侯生遂爲上客。侯生謂公子曰。臣所過屠者朱亥。此子賢者。世莫能知。故隱屠間耳。公子往數請之。朱亥故不復謝。公子怪之。魏安釐王二十年。秦昭王已破趙長平軍。又進兵圍邯鄲。公子姊爲趙惠文王弟平原君夫人。數遺魏王及公子書。請救於魏。魏王使將軍晉鄙將十萬衆救趙。秦王使使者告魏王曰。吾攻趙旦暮且下。而諸侯敢救者。已拔趙。必移兵先擊之。魏王恐。使人止晉鄙。留軍壁鄴。名爲救趙。實持兩端以觀望。平原君使者冠蓋相屬於魏。讓魏公子曰。勝所以自附爲婚姻者。以公子之高義。爲能急人之困。今邯鄲旦暮降秦。而魏救不至。安在公子能急人之困也。且公子縱輕勝。棄之降秦。獨不憐公子姊邪。公子患之。數請魏王及賓客辯士說王萬端。魏王畏秦。終不聽公子。公子自度終不能得之於王。計不獨生。而令趙亡。乃請賓客約車騎百餘乘。欲以客往赴秦軍。與趙俱死。行過夷門。見侯生。具告所以欲死秦軍狀。辭決而行。侯生曰。公子勉之矣。老臣不能從。公子行數里。心不快。曰。吾所以待侯生者備矣。天下莫不聞。今吾且死。而侯生曾無一言半辭送我。我豈有所失哉。復引車還問侯生。侯生笑曰。臣固知公子之還也。曰。公子喜士。名聞天下。今有難。無他端。有欲赴秦軍。譬若以肉投餒虎。何功之有哉。尚安事客。然公子遇臣厚。公子往而臣不送。以是知公子恨之復返也。公子再拜。因問侯生。乃屏人閒語曰。嬴聞晉鄙之兵符常在王臥內。而如姬最幸。出入王臥內。力能竊之。嬴聞如姬父爲人所殺。如姬資之三年。自王以下。欲求報其父仇。莫能得。如姬爲公子泣。公子使客斬其仇頭。敬進如姬。如姬之欲爲公子死。無所辭。顧未有路耳。公子誠一開口請如姬。如姬必許諾。則得虎符。奪晉鄙軍。北救趙而西却秦。此五霸之伐也。公子從其計。請如姬。如姬果盜晉鄙兵符與公子。公子行。侯生曰。將在外。主令有所不受。以便國家。公子卽合符。而晉鄙不授公子兵。而復請之。事必危矣。臣客屠者朱亥。可與俱。此人力士。晉鄙聽。大善。不聽。可使擊之。於是公子泣。侯生曰。公子畏死邪。何泣也。公子曰。晉鄙嚄唶宿將。往恐不聽。必當殺之。是以泣耳。豈畏死哉。於是公子請朱亥。朱亥笑曰。臣乃市井鼓刀屠者。而公子親數存之。所以不報謝者。以爲小禮無所用。今公子有急。此乃臣效命之秋也。遂與公子俱。公子過謝侯生。侯生曰。臣宜從。老不能。請數公子行日。以至晉鄙軍之日。北鄉自剄以送公子。公子遂行。至鄴。矯魏王令代晉鄙。晉鄙合符。疑之。舉手視公子曰。今吾擁十萬之衆。屯於境上。國之重任。今單車來代之。何如哉。欲無聽。朱亥袖四十斤鐵椎。椎殺晉鄙。公子遂將晉鄙軍。勒兵下令軍中曰。父子俱在軍中。父歸。兄弟俱在軍中。兄歸。獨子無兄弟。歸養。得選兵八萬人。進兵擊秦軍。秦軍解去。遂救邯鄲。存趙。趙王及平原君自迎公子於界。平原君負韊矢爲公

子先引趙王再拜曰自古賢人未有及公子者也當此之時平原君不敢自比於人公子與侯生決至軍侯生果北鄉自剄（史記信陵君列傳）

新史氏曰屈指古今中外歷史其以一人之生死拯萬乘之國於瀕亡之際者有幾乎誦西史者莫不艷稱法之奇女子貞德氏若以比諸侯生何足算也侯生眞絕代佳人哉然非信陵公子之義俠亦何以得之公子固完全一武士之人格好客又其餘事耳去千乘之位而入虎穴以急朋友之難吁何可及也論者以廁諸平原孟嘗春申之列烏足以知公子

毛遂

秦之圍邯鄲趙使平原君求救合從於楚約與食客門下有勇力文武備具者二十人偕平原君曰使文能取勝則善矣文不能取勝則歃血於華屋之下必得定從而還士不外索取於食客門下足矣得十九人餘無可取者無以滿二十人門下有毛遂者前自贊於平原君曰遂聞君將合從於楚約與食客門下二十人偕不外索今少一人願君卽以遂備員而行矣平原君曰先生處勝之門下幾年於此矣毛遂曰三年於此矣平原君曰夫賢士之處世也譬若錐之處囊中其末立見今先生處勝之門下三年於此矣左右未有所稱誦勝未有所聞是先生無所有也先生不能先生留毛遂曰臣乃今日請處囊中耳使遂蚤得處囊中乃穎脫而出非特其末見而已平原君竟與毛遂偕十九人相與目笑之而未發也毛遂比至楚與十九人論議十九人皆服平原君與楚合從言其利害日出而言之日中不決十九人謂毛遂曰先生上毛遂按劍歷階而上謂平原君曰從之利害兩言而決

耳。今日出而言從。日中不決。何也。楚王謂平原君曰。客何爲者也。平原君曰。是勝之舍人也。楚王叱曰。胡不下。吾乃與而君言。汝何爲者也。毛遂按劍而前曰。王之所以叱遂者。以楚國之衆也。今十步之內。王不得恃楚國之衆也。王之命懸於遂手。吾君在前。叱者何也。且遂聞湯以七十里之地王天下。文王以百里之壤而臣諸侯。豈其士卒衆多哉。誠能據其勢而奮其威。今楚地方五千里。持戟百萬。此霸王之資也。以楚之彊。天下弗能當。白起小豎子耳。率數萬之衆。興師以與楚戰。一戰而舉鄢郢。再戰而燒夷陵。三戰而辱王之先人。此百世之怨。而趙之所羞。而王弗知惡焉。合從者爲楚。非爲趙也。吾君在前。叱者何也。楚王曰。唯唯。誠若先生之言。謹奉社稷而以從。毛遂曰。從定乎。楚王曰。定矣。毛遂謂楚王之左右曰。取雞狗馬之血來。毛遂奉銅盤而跪進之楚王曰。王當歃血而定從。次者吾君。次者遂。遂定從於殿上。毛遂左手持盤血。而右手招十九人曰。公等相與歃此血於堂下。公等碌碌。所謂因人成事者也。平原君已定從而歸。歸至於趙。曰。勝不敢復相士。勝相士多者千人。寡者百數。自以爲不失天下之士。乃今於毛先生而失之也。毛先生一至楚。而使趙重於九鼎大呂。毛先生以三寸之舌。彊於百萬之師。勝不敢復相士。遂以爲上客。(史記平原君列傳)

新史氏曰。毛遂一小藺相如也。其智勇略似之。其德量不逮。要亦人傑也已。

魯仲連

魯仲連者。齊人也。好奇偉俶儻之畫策。而不肯仕宦任職。好持高節。游於趙。趙孝成王時。而秦王使白起破趙長平之軍。前後四十餘萬。秦兵遂東圍邯鄲。趙王恐。諸侯之救兵莫敢擊秦軍。魏安釐王使將軍晉鄙救趙。畏秦止於蕩陰。不進。魏王使客將軍新垣衍閒入邯鄲。因平原君謂趙王曰。秦所爲急圍趙者。前與齊湣王爭彊爲帝。已而復歸帝。今齊湣王已益弱。方今唯秦雄天下。此非必貪邯鄲。其意欲復求爲帝。趙誠發使尊秦昭王爲帝。秦必喜。罷兵去。平原君猶預未有所決。此時魯仲連適游趙。會秦圍趙。聞魏將欲令趙尊秦爲帝。乃見平原君曰。事將奈何。平原君曰。勝也何敢言事。前亡四十萬之衆於外。今又內圍邯鄲而不能去。魏王使客將軍新垣衍令趙帝秦。今其人在是。勝也何敢言事。魯仲連曰。吾始以君爲天下之賢公子也。吾乃今然後知君非天下之賢公子也。梁客新垣衍安在。吾請爲君責而歸之。平原君曰。勝請爲紹介而見之於先生。平原君遂見新垣衍曰。東國有魯仲連先生者。今其人在此。勝請爲紹介交之於將軍。新垣衍曰。吾聞魯仲連先生。齊國之高士也。衍人臣也。使事有職。吾不願見魯仲連先生。平原君曰。勝既已泄之矣。新垣衍許諾。魯仲連見新垣衍而無言。新垣衍曰。吾視居此圍城之中者。皆有求於平原君者也。今吾觀先生之玉貌。非有求於平原君者也。曷爲久居此圍城之中而不去。魯仲連曰。世以鮑焦爲無從頌而死者。皆非也。衆人不知。則爲一身。彼秦者。棄禮義而上首功之國也。權使其士。虜使其民。彼卽肆然而爲帝。過而爲政於天下。則連有蹈東海而死耳。吾不忍爲之民也。所爲見將軍者。欲以助趙也。新垣衍曰。先生助之將奈何。魯仲連曰。吾將使梁及燕助之。齊楚則固助之矣。新垣衍曰。燕則吾請以從矣。若乃梁者。則吾乃梁人也。先生惡能使梁助之。魯仲連曰。梁未睹秦稱帝之害故耳。使梁睹秦稱帝之害。則必助趙矣。新垣衍曰。秦稱帝之害何如。魯仲連曰。昔者齊威王嘗爲仁義矣。率天下諸侯而朝周。周貧且微。諸侯莫朝。而齊獨朝之。居歲餘。周烈王崩。齊後往。周怒。赴於齊曰。天崩地坼。天子下席。東藩之臣因齊後至。則斮齊威王勃然怒曰。叱嗟。而母婢也。卒爲天下笑。故生則朝周。死則叱之。誠不忍其求也。彼天子固然。其無足怪。新垣衍曰。

先生獨不見夫僕乎。十人而從一人者。寧力不勝而智不若邪。畏之也。魯仲連曰。嗚呼。梁之比於秦若僕邪。新垣衍曰。然。魯仲連曰。吾將使秦王烹醢梁王。新垣衍怏然不說曰。噫嘻。亦太甚矣先生之言也。先生又惡能使秦王烹醢梁王。魯仲連曰。固也。吾將言之。昔者九侯鄂侯文王紂之三公也。九侯有子而好。獻之於紂。紂以爲惡。醢九侯。鄂侯爭之彊。辯之疾。故脯鄂侯。文王聞之。喟然而歎。故拘之牖里之庫百日。欲令之死。曷爲與人俱稱王。卒就脯醢之地。齊湣王將之魯。夷維子爲執策而從。謂魯人曰。子將何以待吾君。魯人曰。吾將以十太牢待子之君。夷維子曰。子安取禮而來吾君。彼吾君者天子也。天子巡狩。諸侯辟舍。納筦籥。攝衽抱机。視膳於堂下。天子已食。乃退而聽朝也。魯人投其籥。不果納。不得入於魯。將之薛。假途於鄒。當是時。鄒君死。湣王欲入弔。夷維子謂鄒之孤曰。天子弔。主人必將倍殯棺。設北面於南方。然後天子南面弔也。鄒之羣臣曰。必若此。吾將伏劍而死。固不敢入於鄒。鄒魯之臣。生則不得事養。死則不得賻襚。然且欲行天子之禮於鄒魯。鄒魯之臣不果納。今秦萬乘之國也。梁亦萬乘之國也。俱據萬乘之國。各有稱王之名。睹其一戰而勝。欲從而帝之。是使三晉之大臣不如鄒魯之僕妾也。且秦無已而帝。則且變易諸侯之大臣。彼將奪其所不肖而與其所賢。奪其所憎而與其所愛。彼又將使其子女讒妾爲諸侯妃姬。處梁之宮。梁王安得晏然而已乎。而將軍又何以得故寵乎。於是新垣衍起再拜謝曰。始以先生爲庸人。吾乃今日知先生爲天下之士也。吾請出。不敢復言帝秦。秦將聞之。爲却軍五十里。適會魏公子無忌奪晉鄙軍以救趙。擊秦軍。秦軍遂引而去。於是平原君欲封魯仲連。魯仲連辭讓使者三。終不肯受。平原君乃置酒。酒酣起前。以千金爲魯仲連壽。魯仲連笑曰。所謂貴於天下之士者。爲人排患釋難解紛亂而無取也。卽有取者。是商賈之事也。而仲連不忍爲也。遂辭平原君而去。終身不復見。（史記魯仲連鄒陽列傳）

燕將攻齊聊城。拔之。或譖之燕王。燕將保聊城不敢歸。齊田單攻之。歲餘不下。魯仲連乃爲書。約之矢以射城中。遺燕將。爲陳利害曰。爲公計者不歸燕則歸齊。今獨守孤城。齊兵日益。而燕救不至。將何爲乎。燕將見書。泣三日。猶豫不能自決。欲歸燕。已有隙。欲降齊。所殺虜於齊甚衆。恐已降而後見辱。喟然歎曰。與人刃我。甯我自刃。遂自殺。聊城亂。田單克聊城。歸言魯仲連於齊。欲爵之。仲連逃之海上。曰。吾與富貴而詘於人。甯貧賤而輕世肆志焉。魏安釐王問天下之高士於子順。子順曰。世無其人也。抑可以爲次。其魯仲連乎。王曰。仲連强作之者。非體自然也。子順曰。人皆作之。作之不止。乃成君子。作之不變。習與體成。則自然也。（資治通鑑卷六）

新史氏曰。魯仲連踔躒一書生。未嘗與聞諸侯之政。未嘗預軍事。然觀其折梁使存趙國。其詞氣之間。一何凛然其不可犯也。其權利思想。一何高尙而圓滿也。秦將聞之而爲退卻。蓋浩然之氣。有以勝之矣。非天下大勇。其孰能與於斯。爲人排難解紛而無取。此墨子所以存宋而宋莫之德也。魯仲連先生於齊於趙兩見之矣。先生眞墨者之徒哉。孔叢謂作之不變。習與體成。則自然也。然則魯仲連何爲不可學而致也。豈惟魯仲連。凡古來之豪傑。皆予我以可學之模範矣。而學者曰。我不能。我不能。獨奈之何哉。

附左太沖詩

吾希段干木。偃息藩魏君。吾慕魯仲連。談笑卻秦軍。當世貴不羈。遭難能解紛。功成不受賞。高節卓不羣。臨組不肯紲。對珪不肯分。連璽耀前庭。比之猶浮雲。

附李太白詩

齊有倜儻生。魯連特高妙。明月出海底。一朝開光耀。卻秦振英聲。後世仰末照。意輕千金贈。顧向平原笑。吾亦

濟蕩人拂衣可同調

王歜

燕昭王使樂毅伐齊。閔王亡。燕之初入齊也。聞蓋邑人王歜賢。令於軍曰。環蓋三十里毋入。以歜之故。已而使人謂歜曰。齊人多高子之義。吾以子爲將。封子萬家。歜固謝燕人。燕人曰。子不聽。吾引三軍而屠蓋邑。王歜曰。忠臣不事二君。貞女不更二夫。齊王不聽吾諫。故退而耕於野。國既破亡。吾不能存。今又刼之以兵。爲君將。是助桀爲暴也。與其生而無義。固不如烹。遂懸其軀於樹枝。自奮絕脰而死。齊亡大夫聞之曰。王歜布衣。義猶不背齊向燕。況在位食祿者乎。乃相聚如莒。求諸公子。立爲襄王。（說苑立節篇）

新史氏曰。天下事有目的在此。而結果在彼者。如弘演之存衞。王歜之復齊。是矣。彼當其就死也。以是爲踐道德之責任。行吾心之所安而已。至其更生出絕大之影響。非彼所敢望也。而精神所感。遂以至是。然則沾沾焉計功而後爲義者。其亦不誠也已耳。不誠故無物。

虞卿　平原君

秦范睢數魏。使須賈曰。爲我告魏王。急持魏齊頭來。不然者。我且屠大梁。須賈歸以告魏齊。魏齊恐。亡走趙。匿平原君所。秦昭王聞魏齊在平原君所。欲爲范睢必報其讎。乃佯爲好書遺平原君曰。寡人聞君之高義。願與君爲布衣之友。君幸過寡人。寡人願與君爲十日之飲。平原君畏秦。且以爲然。而入秦見昭王。昭王與平原君飲數日。

昭王謂平原君曰。昔周文王得呂尙以爲太公。齊桓公得管夷吾以爲仲父。今范君亦寡人之叔父也。范君之讎。在君之家。願使人歸取其頭來。不然吾不出君於關。平原君曰。貴而爲友者爲賤也。富而爲交者爲貧也。夫魏齊者。勝之友也。在。固不出也。今又不在臣所。昭王乃遺趙王書曰。王之弟在秦。范君之讎魏齊在平原君之家。王使人疾持其頭來。不然。吾舉兵而伐趙。又不出王之弟於關。趙孝成王乃發卒圍平原君家。急。魏齊夜亡出。見趙相虞卿。虞卿度趙王終不可說。乃解其相印。與魏齊亡。間行。念諸侯莫可以急抵者。乃復走大梁。欲因信陵君以走楚。信陵君聞之。畏秦。猶豫未肯見。曰。虞卿何如人也。時侯嬴在旁。曰。人固未易知。知人亦未易也。夫虞卿躡屩擔簦。一見趙王。賜白璧一雙。黃金百鎰。再見。拜爲上卿。三見。卒授相印。封萬戶侯。當此之時。天下爭知之。夫魏齊窮困過虞卿。虞卿不敢重爵祿之尊。解相印。捐萬戶侯而間行。急士之窮而歸公子。公子曰何如人。人固不易知。知人亦未易也。信陵君大慚。駕如野迎之。魏齊聞信陵君之初難見之。怒而自剄。趙王聞之。卒取其頭予秦。秦昭王乃出平原君歸趙。（史記范雎蔡澤列傳）

新史氏曰。虞卿可不謂賢耶。不惜擲相印以急其友之難。以視郭揖之於范滂。（見後漢書黨錮傳）愈難能而可貴矣。去官後乃著書以覺後世。史記十二諸侯年表所謂虞氏春秋。漢書藝文志諸子略虞氏春秋十五篇。六藝略虞氏微二篇是也。太史公救李陵。亦頗類虞卿。故史記亟稱道之。抑平原君身在虎口。而不肯賣友以求免。所謂濁世佳公子。非耶。魏齊以不見重於信陵。遂自捐棄。亦古武士之遺哉。

縮高

魏攻管而不下。安陵人縮高其子爲管守。信陵君使人謂安陵君曰。君其遣縮高。吾將仕之以五大夫使爲持節尉。安陵君曰。安陵小國也。不能必使其民。使者自往。請使道使者至縮高之所。復信陵君之命。縮高曰。君之幸高也。將使高攻管也。夫以父攻子守。人大笑也。見臣而下。是背王也。父敎子背。亦非君之所喜也。敢再拜辭。使者以報信陵君。信陵君大怒。遣大使之安陵曰。安陵之地。亦猶魏也。今吾攻管而不下。則秦兵及我。社稷必危也。願君之生束縮高而致之。若君弗致。無忌將發十萬之師以告安陵之城。安陵君曰。吾先君成侯受詔襄王以守此地也。手受大府之憲。憲之上篇曰。子弒父。臣弒君。有常刑不赦。國雖大赦。降城亡子不得與焉。今縮高謹辭大位以全父子之義。而君曰必生致之。是使我負襄王詔而廢大府之憲也。雖死終不敢行。縮高聞之曰。信陵君爲人悍而自用也。此辭反。必爲國禍。吾已全己。無違人臣之義矣。豈可使吾有魏患也。乃之使者之舍。刎頸而死。信陵君聞縮高死。服縞素避舍。使使謝安陵曰。無忌小人也。困於思慮。失言於君。敢再拜釋罪。（戰國策魏策）

新史氏曰。犧牲其身以免國難者。吾於鄭叔詹之後。得縮高焉。抑縮高不陷其子於非義。可謂能愛子矣。不以愛子之故而陷其國於難。可謂能愛國矣。抑信陵君之愛義若渴。亦有足多者焉。微信陵曷能成縮高之名哉。

荊軻　高漸離　燕太子丹　田光　樊於期

荊軻者。衛人也。其先乃齊人。徙於衛。衛人謂之慶卿。而之燕。燕人謂之荊卿。荊卿好讀書擊劍。以術說衛元君。衛元君不用。荊軻游於邯鄲。魯句踐與荊軻博。爭道。魯句踐怒而叱之。荊軻嘿而逃去。遂不復會。荊軻既至燕。愛燕之狗屠及善擊筑者高漸離。荊軻嗜酒。日與狗屠及高漸離飲於燕市。酒酣以往。高漸離擊筑。荊軻和而歌於市中。相樂也。已而相泣。旁若無人者。荆軻雖游於酒人乎。然其爲人沈深好書。其所游諸侯。盡與其賢豪長者相結。其之燕。燕之處士田光先生亦善待之。知其非庸人也。居頃之。會燕太子丹質秦亡歸燕。燕太子丹者。故嘗質於趙。而秦王政生於趙。其少時與丹驩。及政立爲秦王。而丹質於秦。秦王之遇燕太子丹不善。故丹怨而亡歸。歸而求爲報秦王者。國小力不能。其後秦日出兵山東。以伐齊楚三晉。稍蠶食諸侯。且至於燕。燕君臣皆恐禍之至。太子丹患之。問其傅鞠武。武對曰。秦地徧天下。威脅韓魏趙氏。北有甘泉谷口之固。南有涇渭之沃。擅巴漢之饒。右隴蜀之山。左關殽之險。民衆而士厲。兵革有餘。意有所出。則長城之南。易水以北。未有所定也。奈何以見陵之怨。欲批其逆鱗哉。丹曰。然則何由。對曰。請入圖之。居有間。秦將樊於期得罪於秦王。亡之燕。太子受而舍之。鞠武諫曰。不可。夫以秦王之暴而積怒於燕。足爲寒心。又況聞樊將軍之所在乎。是謂委肉當餓虎之蹊也。禍必不振矣。雖有管晏。不能爲之謀也。願太子疾遣樊將軍入匈奴以滅口。請西約三晉。南連齊楚。北購於單于。其後迺可圖也。太子曰。太傅之計。曠日彌久。心惛然。恐不能須臾。且非獨於此也。夫樊將軍窮困於天下。歸身於丹。丹終不以迫於彊秦。而棄所哀憐之交。置之匈奴。是故丹命卒之時也。願太傅更慮之。鞠武曰。夫行危欲求安。造禍而求福。計淺而怨深。連結一人之後交。不顧國家之大害。此謂資怨而助禍矣。夫以鴻毛燎於爐炭之上。必無事矣。且以鵰鷙之秦。行怨暴之怒。豈足道哉。燕有田光先生。其爲人智深而勇沈。可與謀。太子曰。願因太傅而得交於田先生。可乎。鞠武曰。敬諾。出見田先生。道太子願圖國事於先生也。田光曰。敬奉敎。乃造焉。太子逢迎。卻行爲導。跪而蔽席。田光坐定。左右無人。太子避席而請曰。燕秦不兩立。願先生留意也。田光曰。臣聞騏驥盛壯之時。一日而馳千里。至其衰老。駑馬先之。今太子聞光盛壯之時。不知臣精已消亡矣。雖然。光不敢以圖國事。所善荆卿可使也。

太子曰。願因先生得結交於荊卿可乎。田光曰。敬諾。卽起。趨出太子送至門。戒曰。丹所報先生所言者。國之大事也。願先生勿泄也。田光俛而笑曰。諾。僂行見荊卿曰。光與子相善。燕國莫不知今太子聞光壯盛之時不知吾形已不逮也。幸而敎之曰。燕秦不兩立。願先生留意也。光竊不自外。言足下於太子也。願足下過太子於宮。荊軻曰。謹奉敎。田光曰。吾聞之。長者爲行。不使人疑之。今太子告光曰。所言者國之大事也。願先生勿泄。是太子疑光也。夫爲行而使人疑之。非節俠也。欲自殺以激荊卿。曰。願足下急過太子。言光已死。明不言也。因遂自刎而死。荊軻遂見太子。言田光已死。致光之言。太子再拜而跪。膝行流涕。有頃而後言曰。丹所以誡田先生毋言者。欲以成大事之謀也。今田先生以死明不言。豈丹之心哉。荊軻坐定。太子避席頓首曰。田先生不知丹之不肖。使得至前。敢有所道。此天之所以哀燕而不棄其孤也。今秦有貪利之心。而欲不可足也。非盡天下之地。臣海內之王者。其意不厭。今秦已虜韓王。盡納其地。又舉兵南伐楚。北臨趙。王翦將數十萬之衆距漳鄴。而李信出太原雲中。趙不能支秦。必入臣。入臣則禍至燕。燕小弱。數困於兵。今計舉國不足以當秦。諸侯服秦。莫敢合從。丹之私計。愚以爲誠得天下之勇士。使於秦。闚以重利。秦王貪其勢。必得所願矣。誠得劫秦王。使悉反諸侯侵地。若曹沫之與齊桓公。則大善矣。則不可。因而刺殺之。彼秦大將擅兵於外。而內有亂。則君臣相疑。以其間諸侯得合從。其破秦必矣。此丹之上願。而不知所委命。唯荊卿留意焉。久之。荊軻曰。此國之大事也。臣駑下。恐不足任使。太子前頓首固請毋讓。然後許諾。於是尊荊卿爲上卿。舍上舍。太子日造門下。供太牢具。異物間進。車騎美女恣荊軻所欲。以順適其意。久之。荊軻未有行意。秦將王翦破趙。虜趙王。盡收入其地。進兵北略地至燕南界。太子丹恐懼。乃請荊軻曰。秦兵旦暮渡易水。則雖欲長侍足下。豈可得哉。荊軻曰。微太子言。臣願謁之。今行而無信。則秦未可親也。夫樊將軍。

秦王購之金千斤邑萬家。誠得樊將軍首與燕督亢之地圖奉獻秦王。秦王必說。見臣。臣乃得有以報太子。曰。樊將軍窮困來歸丹。丹不忍以己之私而傷長者之意。願足下更慮之。荊軻知太子不忍。乃遂私見樊於期曰。秦之遇將軍。可謂深矣。父母宗族皆爲戮沒。今聞購將軍首金千斤邑萬家。將奈何。於期仰天太息流涕曰。於期每念之。當痛於骨髓。顧計不知所出耳。荊軻曰。今有一言可以解燕國之患。報將軍之仇者。何如。於期乃前曰。爲之奈何。荊軻曰。願得將軍之首以獻秦王。秦王必喜而見臣。臣左手把其袖。右手揕其匈。然則將軍之仇報。而燕見陵之愧除矣。將軍其有意乎。樊於期偏袒扼捥而進曰。此臣之日夜切齒腐心也。乃今得聞教。遂自刭。太子聞之馳往。伏屍而哭極哀。既已不可奈何。乃遂盛樊於期首函封之。於是太子豫求天下之利匕首。得趙人徐夫人匕首。取之百金。使工以藥焠之。以試人血濡縷。人無不立死者。乃裝爲遣荊卿。燕國有勇士秦舞陽。年十三殺人。人不敢忤視。乃令秦舞陽爲副。荊軻有所待。欲與俱。其人居遠未來。而爲治行。頃之未發。太子遲之。疑其改悔。乃復請曰。日已盡矣。荊卿豈有意哉。丹請得先遣秦舞陽。荊軻怒叱太子曰。何太子之遣。往而不返者豎子也。且提一匕首入不測之彊秦。僕所以留者。待吾客與俱。今太子遲之。請辭決矣。遂發。太子及賓客知其事者。皆白衣冠以送之至易水之上。既祖取道。高漸離擊筑。荊軻和而歌。爲變徵之聲。士皆垂淚涕泣。又前而歌曰。風蕭蕭兮易水寒。壯士一去兮不復還。復爲羽聲慷慨。士皆瞋目。髮盡上指冠。於是荊軻就車而去。終已不顧。遂至秦。持千金之資幣物。厚遺秦王寵臣中庶子蒙嘉。嘉爲先言於秦王曰。燕王誠振怖大王之威。不敢舉兵以逆軍吏。願舉國爲內臣。比諸侯之列。給貢職如郡縣。而得奉守先王之宗廟。恐懼不敢自陳。謹斬樊於期之頭。及獻燕督亢之地圖函封。燕王拜送於庭。使使以聞大王。唯大王命之。秦王聞之大喜。乃朝服設九賓見燕使者咸陽宮。荊軻奉樊於期頭函而秦舞陽奉地圖匣以次進至陛秦舞陽色變振恐羣臣怪之荆軻顧笑舞陽前謝曰北番蠻夷之鄙人未嘗見天子故振慴願大王少假借之使得畢使於前秦王謂軻曰取舞陽所持地圖軻既取圖奏之秦王發圖圖窮而匕首見因左手把秦王之袖而右手持匕首揕之未至身秦王驚自引而起袖絕拔劍劍長操其室時惶急劍堅故不可立拔荆軻逐秦王秦王環柱而走羣臣皆愕卒起不意盡失其度而秦法羣臣侍殿上者不得持尺寸之兵諸郎中執兵皆陳殿下非有詔召不得上方急時不及召下兵以故荆軻乃逐秦王而卒惶急無以擊軻而以手共搏之是時侍醫夏無且以其所奉藥囊提荆軻也秦王方環柱走卒惶急不知所爲左右乃曰王負劍遂拔以擊荆軻斷其左股荆軻廢乃引其匕首以擿秦王不中中桐柱秦王復擊軻軻被八創軻自知事不就倚柱而笑箕倨以罵曰事所以不成者以欲生劫之必得約契以報太子也於是左右既前殺軻秦王不怡者良久已而論功賞羣臣及當坐者各有差而賜夏無且黃金二百鎰曰無且愛我乃以藥囊提荆軻也魯句踐已聞荆軻之刺秦王私曰嗟乎惜哉其不講於刺劍之術也甚矣吾不知人也曩者吾叱之彼乃以我爲非人也於是秦王大怒益發兵詣趙詔王翦軍以擊燕十月而拔薊城燕王喜太子丹等盡率其精兵東保於遼東秦并天下立號爲皇帝於是秦逐太子丹荆軻之客皆亡高漸離變名姓爲人庸保匿作於宋子久之作苦聞其家堂上客擊筑傍偟不能去每出言曰彼有善有不善從者以告其主曰彼庸乃知音竊言是非家丈人召使前擊筑一坐稱善賜酒而高漸離念久隱畏約無窮時乃退出其裝匣中筑與其善衣更容貌而前舉坐客皆驚下與抗禮以爲上客使擊筑而歌客無不流涕而去者宋子傳客之聞於秦始皇秦始皇召見人有識者乃曰高漸離也秦皇帝惜其善擊筑重赦之乃矐其目使擊筑未嘗不稱善稍益近之高漸離乃以鉛置筑中復進得近舉筑扑秦皇帝

不中。於是遂誅高漸離。終身不復近諸侯之人。（史記刺客列傳）

新史氏曰。擊刺者。對付民賊最後之手段也。彼俄羅斯虛無黨亦曷嘗不欲以戎馬矛戟相從事。而卒不得不乞靈於炸彈匕首者。勢使然也。蓋當時人人心目中。皆惟有此最後之一著。荊軻之死也。而先之以田光。中之以樊於期。又有高漸離以爲之尾聲。吁何其多賢也。雖由風氣養成使然。抑時勢亦有以造之矣。荊卿以還。次有張良。次有貫高。皆同起於前後三十年間。自茲沈沈黑闇數十世紀。不復有此等人物聞於歷史矣。何意百鍊剛化爲繞指柔。先民之元氣斲喪如此其易也。誰之罪歟。

附陶淵明詩

燕丹善養士。志在報强嬴。招集百夫良。歲暮得荊卿。君子死知己。提劍出燕京。素驥鳴廣陌。慷慨送我行。雄髮指危冠。猛氣衝長纓。飲餞易水上。四座列羣英。漸離擊悲筑。宋意唱高聲。蕭蕭哀風逝。淡淡寒波生。商音更流涕。羽奏壯士驚。心知去不歸。且有後世名。登車何時顧。飛蓋入秦庭。淩厲越萬里。逶迤過千城。圖窮事自至。豪主正怔營。惜哉劍術疏。奇功遂不成。其人雖已沒。千載有餘情。

張良

留侯張良者。其先韓人也。秦滅韓。良年少未宦事韓。韓破。良家僮三百人。弟死不葬。悉以家財求客刺秦王。爲韓報仇。以大父父五世相韓故。良嘗學禮淮陽。東見倉海君。得力士。爲鐵椎重百二十斤。秦皇帝東游。良與客狙擊秦皇帝博浪沙中。誤中副車。秦皇帝大怒。大索天下。求賊甚急。爲張良故也。良乃更名姓。亡匿下邳。爲任俠。（下

略）（史記留侯世家）

新史氏曰留侯天下之大俠也靡倏吾贊太史公詫其狀貌如婦人好女夫武士道者非膂力之謂心力之謂也婦人好女何害其爲武或曰留侯晚歲盖得道焉吾謂留侯以道自隱者也夫使武士而不得不以道自隱世變盖可知矣自留侯以後而武士蓋如强弩之末不能穿魯縞云吾敍述至此而幾不禁獲麟之涕也

項羽

項籍者下相人也字羽初起時年二十四其季父項梁少時學書不成去學劍又不成項梁怒之籍曰書足以記姓名而已劍一人敵不足學學萬人敵於是項梁乃敎籍兵法籍大喜略知其意又不肯竟學項梁殺人與籍避仇於吳中秦始皇帝游會稽渡浙江梁與籍俱觀籍曰彼可取而代也梁掩其口曰毋妄言族矣梁以此奇籍籍長八尺餘力能扛鼎才氣過人雖吳中子弟皆已憚籍矣秦二世元年七月陳涉等起大澤中其九月會稽守通謂梁曰江西皆反此亦天亡秦之時也吾聞先卽制人後則爲人所制吾欲發兵使公及桓楚將是時桓楚亡在澤中梁曰桓楚亡人莫知其處獨籍知之耳梁乃出誡籍持劍居外待梁復入與守坐曰請召籍使受命召桓楚守曰諾梁召籍入須臾梁眴籍曰可行矣於是籍遂拔劍斬守頭項梁持守頭佩其印綬門下大驚擾亂籍所擊殺數十百人一府中皆慴伏莫敢起梁乃召故所知豪吏諭以所爲起大事遂舉吳中兵使人收下縣得精兵八千人 王召宋義與計事而大悅之因置以爲上將軍項羽爲魯公爲次將范增爲末將救趙諸別將皆屬宋義號爲卿子冠軍行至安陽留四十六日不進項羽曰吾聞秦軍圍趙王鉅鹿疾引兵渡河楚擊其外趙應其

內。破秦軍必矣。宋義曰。不然。夫搏牛之蝱。不可以破蟣蝨。今秦攻趙。戰勝則兵罷。我承其敝。不勝則我引兵鼓行而西。必舉秦矣。故不如先鬬秦趙。夫被堅執銳。義不如公。坐而運策。公不如義。因下令軍中曰。猛如虎。狠如羊。貪如狼。彊不可使者。皆斬之。乃遣其子宋襄相齊。身送之至無鹽。飲酒高會。天寒大雨。士卒凍飢。項羽曰。將戮力而攻秦。久留不行。今歲饑民貧。士卒食芋菽。軍無見糧。乃飲酒高會。不引兵渡河因趙食。與趙幷力攻秦。乃曰承其敝。夫以秦之彊。攻新造之趙。其勢必舉趙。趙舉而秦彊。何敝之承。且國兵新破。王坐不安席。掃境內而專屬於將軍。國家安危。在此一舉。今不恤士卒而徇其私。非社稷之臣。項羽晨朝上將軍宋義。卽其帳中斬宋義頭。出令軍中曰。宋義與齊謀反楚。楚王陰令羽誅之。當是時。諸將皆慴服。莫敢枝梧。皆曰。首立楚者。將軍家也。今將軍誅亂。乃相與共立羽爲假上將軍。使人追宋義子。及之齊。殺之。使桓楚報命於懷王。懷王因使項羽爲上將軍。當陽君蒲將軍皆屬項羽。項羽已殺卿子冠軍。威震楚國。名聞諸侯。乃遣當陽君蒲將軍將卒二萬渡河救鉅鹿。戰少利。陳餘復請兵。項羽乃悉引兵渡河。皆沈船。破釜甑。燒廬舍。持三日糧。以示士卒必死。無一還心。於是至則圍王離。與秦軍遇。九戰。絕其甬道。大破之。殺蘇角。虜王離。涉間不降楚。自燒殺。當是時。楚兵冠諸侯。諸侯軍救鉅鹿下者十餘壁。莫敢縱兵。及楚擊秦。諸將皆從壁上觀。楚戰士無不一以當十。楚兵呼聲動天。諸侯軍無不人人惴恐。於是已破秦軍。項羽召見諸侯將。諸侯將入轅門。無不膝行而前。莫敢仰視。項羽由是始爲諸侯上將軍。諸侯皆屬焉。

楚漢久相持未決。丁壯苦軍旅。老弱罷轉漕。項王謂漢王曰。天下匈匈數歲者。徒以吾兩人耳。願與漢王挑戰決雌雄。毋徒苦天下之民父子爲也。漢王笑謝曰。吾甯鬬智。不能鬬力。項王令壯士出挑戰。漢有善騎射者樓煩。楚挑戰三合。樓煩輒射殺之。項王大怒。乃自被甲持戟挑戰。樓煩欲射之。項王瞋目叱之。樓煩目不敢視。手不敢發。遂走還入壁。不敢復出。漢王使人閒問之。乃項王也。漢王大驚。於是項王乃卽漢王。相與臨廣武閒而語。漢王數之。項王怒。欲一戰。漢王不聽。項王伏弩射中漢王。漢王傷。走入成皐。　項王軍壁垓下。兵少食盡。漢軍及諸侯兵圍之數重。夜聞漢軍四面皆楚歌。項王大驚曰。漢皆已得楚乎。是何楚人之多也。項王則夜起。飲帳中。有美人名虞。常幸從。駿馬名騅。常騎之。於是項王乃悲歌忼慨。自爲詩曰。力拔山兮氣蓋世。時不利兮騅不逝。騅不逝兮可奈何。虞兮虞兮奈若何。歌數闋。美人和之。項王泣數行下。左右皆泣。莫能仰視。於是項王乃上馬騎。麾下壯士騎從者八百餘人。直夜潰圍南出。馳走。平明。漢軍乃覺之。令騎將灌嬰以五千騎追之。項王渡淮。騎能屬者百餘人耳。項王至陰陵。迷失道。問一田父。田父紿曰左。左。乃陷大澤中。以故漢追及之。項王乃復引兵而東。至東城。乃有二十八騎。漢騎追者數千人。項王自度不能脫。謂其騎曰。吾起兵至今八歲矣。身七十餘戰。所當者破。所擊者服。未嘗敗北。遂霸有天下。然今卒困於此。此天之亡我。非戰之罪也。今日固決死。願爲諸君決戰。必三勝之。爲諸君潰圍。斬將。刈旗。令諸君知天亡我。非戰之罪也。乃分其騎以爲四隊。四嚮。漢軍圍之數重。項王謂其騎曰。吾爲公取彼一將。令四面騎馳下。期山東爲三處。於是項王大呼馳下。漢軍皆披靡。遂斬漢一將。是時赤泉侯爲騎將。追項王。項王瞋目叱之。赤泉侯人馬俱驚。辟易數里。與其騎會爲三處。漢軍不知項王所在。乃分軍爲三。復圍之。項王乃馳。復斬漢一都尉。殺數十百人。復聚其騎。亡其兩騎耳。乃謂其騎曰。何如。騎皆復曰。如大王言。於是項王乃欲東渡烏江。烏江亭長艤船待。謂項王曰。江東雖小。地方千里。衆數十萬人。亦足王也。願大王急渡。今獨臣有船。漢軍至。無以渡。項王笑曰。天之亡我。我何渡爲。且籍與江東子弟八千人渡江而西。無一人還。縱江東父兄憐而王我。我何面目見之。縱彼不言。籍獨不愧於心乎。乃謂亭長曰。吾知公長者。吾騎此馬五歲。所當無敵。嘗一日行千里。不忍殺之。以賜公。乃令騎皆下馬步行。持短兵接戰。獨籍所殺漢軍數百人。項王身亦被十餘創。顧見漢騎司馬呂馬童曰。若非吾故人乎。馬童面之。指王翳曰。此項王也。項王乃曰。吾聞漢購我頭千金。邑萬戶。吾爲若往。乃自刎而死。（史記項羽本紀）

新史氏曰。項王爲不世出之英物。至今百世後。婦人孺子。猶能道之。甯俟吾喋喋。史記本紀萬餘言。皆鐵血之歷史也。本編義取別裁。不可悉錄。錄其最可矜式者。若其以新造烏合之軍。抗積威之秦。以救瀕亡之趙。可不謂義俠耶。不忍於人民之苦戰。而欲與漢王決鬥。可不謂仁勇耶。垓下末路。不肯渡江。而云無面目以見父老。此乃眞武士之面目也。唐人詩曰。勝負兵家事不期。包羞忍恥是男兒。江東子弟多才俊。卷土重來未可知。是豈足以語於血性男子之心事哉。若乃范蠡不殉會稽之恥。曹沫不死三敗之辱。卒復勾踐之仇。報魯國之羞。則又事勢不同。未可以相非也。

田橫

（前略）漢王立爲皇帝。田橫懼誅。與其徒屬五百餘人入海。居島中。高帝聞之。以爲田橫兄弟本定齊。齊人賢者多附焉。今在海中不收。後恐爲亂。迺使使赦田橫罪而召之。田橫因謝曰。臣烹陛下之使酈生。今聞其弟酈商爲漢將而賢。臣恐懼。不敢奉詔。請爲庶人。守海島中。使還報。高皇帝乃詔衞尉酈商曰。齊王田橫卽至。人馬從者敢動搖者致族夷。乃復使使持節具告以詔商狀。曰。田橫來。大者王。小者乃侯耳。不來。且舉兵加誅焉。田橫乃與其客二人乘傳詣雒陽。未至三十里。橫謝使者曰。人臣見天子。當洗沐。止留。謂其客曰。橫始與漢王俱南面稱孤。

今漢王爲天子。而橫乃爲亡虜。而北面事之。其恥固已甚矣。且吾烹人之兄。與其弟併肩而事其主。縱彼畏天子詔不敢動我。我獨不愧於心乎。且陛下所以欲見我者。不過欲一見吾面貌耳。今陛下在洛陽。今斬吾頭。馳三十里間。形容尚未能敗。猶可觀也。遂自剄。令客奉其頭從使者馳奏之高帝。高帝曰。嗟乎。有以也。夫起自布衣。兄弟三人更王。豈不賢哉。爲之流涕。而拜其二客爲都尉。發卒二千人。以王者禮葬田橫。既葬。二客穿其冢旁。皆自剄。下從之。高帝聞之。乃大驚。以田橫之客皆賢。吾聞其餘尚五百人在海中。使使召之。至則聞田橫死。亦皆自殺。於是乃知田橫兄弟能得士也。（史記田儋列傳）

新史氏曰。太史公既傳田王。重爲贊曰。無不善畫者。莫能圖。何哉。索隱云言天下非無善畫之人不知圖畫田橫及其黨慕義死節之事何哉其所以崇拜者至矣。求諸近代歷史。則臺灣鄭氏。殆庶幾焉。顧亡鄭氏者。鄭氏部將也。以視田王之客。何其遠矣。齊自太公以來。卽世與萊徐夷競。故其軍國民主義。養之至深且厚。以五百人者結八百年之局。其亦不負太公管子之教矣。孟子曰。奮乎百世之上。百世之下。聞者莫不興起也。田王有焉。

樊噲

項王宴漢王於鴻門。張良至軍門。見樊噲。樊噲曰。今日之事何如。良曰。甚急。今者項莊拔劍舞。其意常在沛公也。噲曰。此迫矣。臣請入與之同命。噲卽帶劍擁盾入軍門。交戟之衛士欲止不內。樊噲側其盾以撞衛士仆地。噲遂入。披帷西嚮立。瞋目視項王。頭髮上指。目眦盡裂。項王按劍而跽曰。客何爲者。張良曰。沛公之參乘樊噲者也。項王曰。壯士。賜之卮酒。則與斗卮酒。噲拜謝。起。立而飲之。項王曰。賜之彘肩。則與一生彘肩。樊噲覆其盾於地。加彘肩上。拔劍切而啗之。項王曰。壯士能復飲乎。樊噲曰。臣死且不避。巵酒安足辭。夫秦王有虎狼之心。殺人如不能舉。刑人如恐不勝。天下皆叛之。懷王與諸將約曰。先破秦入咸陽者王之。今沛公先破秦入咸陽。毫毛不敢有所近。封閉宮室。還軍霸上。以待大王來。故遣將守關者。備他盜出入與非常也。勞苦而功高如此。未有封侯之賞。而聽細說。欲誅有功之人。此亡秦之續耳。竊爲大王不取也。項王未有以應。曰。坐。樊噲從良坐。坐須臾。沛公起如廁。因招樊噲出。沛公已出。項王使都尉陳平召沛公。沛公曰。今者出未辭也。爲之奈何。樊噲曰。大行不顧細謹。大禮不辭小讓。如今人方爲刀俎。我爲魚肉。何辭爲。（史記項羽本紀）

沛公至咸陽。入秦宮。宮室帷帳狗馬重室婦女以千數。意欲留居之。樊噲諫沛公。（史記留侯世家）

高祖嘗病甚。惡見人。臥禁中。詔戶者無得入羣臣。羣臣絳灌等莫敢入。十餘日。噲乃排闥直入。大臣隨之。上獨枕一宦者臥。噲等見上流涕曰。始陛下與臣等起豐沛。定天下。何其壯也。今天下已定。又何憊也。且陛下病甚。大臣震恐。不見臣等計事。顧獨與一宦者絕乎。且陛下獨不見趙高之事乎。高帝笑而起。（史記樊酈滕灌傳）

孝惠高后時。冒頓寖驕。迺爲書使使遺高后曰。孤僨獨居。兩主不樂。無以自娛。願以所有。易其所無。高后大怒。召丞相平及樊噲季布等。議斬其使者。發兵而擊之。樊噲曰。臣願十萬衆橫行匈奴中。問季布。布曰。噲可斬也。今歌唫之聲未絕。瘡痍者甫起。而噲欲搖動天下。妄言以十萬衆橫行。是面謾也。（漢書匈奴傳）

新史氏曰。吾於漢興諸傑中。最愛樊將軍。鴻門之會。智等藺如。勇過毛遂。捷追曹沫。無將軍則無漢王。人人同知矣。若其諫咸陽狗馬之愛。糾寢疾倦勤之失。何其明於大體也。匈奴侵暴辱中國。自平城敗後。舉中國畏之如虎。獨將軍不能忍。願以十萬橫行。蓋武士可殺而不可辱也。季布說行。而中國對於外族。乃不競矣。數千年來。造成一對外可恥之歷史。悲夫。使樊將軍說行。則文景間之禍。或不至若是甚耳。後人徒見淮陰羞與噲伍。謂噲一粗豪武夫耳。實則噲之識量。甯信等所及邪。

貫高 田叔 孟舒 趙午

漢五年。張耳薨。子敖嗣立。爲趙王。高祖長女魯元公主爲趙王敖后。漢七年。高祖從平城過趙。趙王朝夕袒韝蔽。自上食。禮甚卑。有子壻禮。高祖箕倨詈。甚慢易之。趙相貫高趙午等年六十餘。故張耳客也。生平爲氣。乃怒曰。吾王孱王也。說王曰。夫天下豪傑幷起。能者先立。今王事高祖甚恭。而高祖無禮。請爲王殺之。張敖齧其指出血。曰。君何言之誤。且先人亡國。賴高祖得復國。德流子孫。秋毫皆高祖力也。願君無復出口。貫高趙午等十餘人皆相謂曰。乃吾等非也。吾王長者。不倍德。且吾等義不辱。今怨高祖辱我王。故欲殺之。何乃洿王爲乎。令事成歸王。事敗獨身坐耳。漢八年。上從東垣還。過趙。貫高等乃壁人柏人。要之置。上過欲宿。心動。問曰。縣名爲何。曰柏人。柏人者。迫於人也。不宿而去。漢九年。貫高怨家知其謀。乃上變告之。於上皆幷逮捕趙王貫高等。十餘人皆爭自剄。貫高獨怒罵曰。誰令公爲之。今公實無謀。而幷捕王。公等皆死。誰白王不反者。乃轞車膠致。與王詣長安。治張敖之罪。上乃詔趙羣臣賓客有敢從王皆族。貫高與客孟舒等十餘人。皆自髡鉗。爲王家奴。從來。貫高至。對獄曰。獨吾屬爲之。王實不知。吏治榜笞數千。刺剟身無可擊者。終不復言。呂后數言。張王以魯元公主故。不宜有此。上怒曰。使張敖據天下。豈少而女乎。不聽。廷尉以貫高事辭聞。上曰。壯士。誰知者。以私問之。中大夫泄公曰。臣之邑子。素知之。此固趙國立名義不侵爲然諾者也。上使泄公持節問之箯輿前。仰視曰。泄公邪。泄公勞苦如生平驩。與語。

問張王果有計謀不。高曰。人情寧不各愛其父母妻子乎。今吾三族皆以論死。豈以王易吾親哉。顧爲王實不反。獨吾等爲之。具道本指所以爲者王不知狀。於是泄公入具以報上。乃赦趙王。上賢貫高爲人。能立然諾。使泄公具告之曰。張王已出。因赦貫高。貫高喜曰。吾王審出乎。泄公曰。然。泄公曰。上多足下。故赦足下。貫高曰。所以不死一身無餘者。白張王不反也。今王已出。吾責已塞。死不恨矣。且人臣有簒殺之名。何面目復事上哉。縱上不殺我。我不愧於心乎。乃仰絕肮。遂死。當此之時。名聞天下。（史記張耳陳餘列傳）

田叔者。趙陘城人也。其先齊田氏苗裔也。叔喜劍。學黃老術於樂巨公所。叔爲人刻廉自喜。喜游諸公。趙人舉之趙相趙午。午言之趙王張敖所。趙王以爲郎中。數歲。切直廉平。趙王賢之。未及遷。會趙午等謀弒上。事發覺。漢下詔捕趙王及羣臣反者。於是趙午等皆自殺。唯貫高就繫。是時漢下詔書。有敢隨王者皋三族。唯孟舒田叔等十餘人。赭衣自髡鉗。稱王家奴。隨趙王敖至長安。貫高事明白。趙王敖得出。廢爲宣平侯。乃進言田叔等十餘人。上盡召見。與語。漢廷臣毋能出其右者。上說。盡拜爲郡守諸侯相。叔爲漢中守十餘年。　孝文帝既立。召田叔問之曰。公知天下長者乎。叔頓首曰。故雲中守孟舒。長者也。是時孟舒坐虜大入塞盜劫。雲中尤甚。免。上曰。先帝置孟舒雲中十餘年矣。虜曾一入。孟舒不能堅守。毋故士卒戰死者數百人。長者固殺人乎。叔叩頭對曰。是乃孟舒所以爲長者也。（中略）漢與楚相距。士卒罷敝。匈奴冒頓新服北夷。來爲邊害。孟舒知士卒罷敝。不忍出言。士爭臨城死敵。如子爲父。弟爲兄。以故死者數百人。孟舒豈故驅之哉。是乃孟舒所以爲長者也。上曰。賢哉孟舒。復召以爲雲中守。（史記田叔列傳）

新史氏曰。諺有之。慷慨赴死易。從容就義難。若貫高。豈所謂從容就義者耶。以視趙午等之以一死自謝。何其遠矣。抑漢王一無禮。而趙之士數十人皆欲以死報。（田叔傳言趙相趙午等數十人）其猶越甲鳴君之恥歟。顧何以能舉朝一致若此也。張敖孱王安足以致此。則三晉之遺澤長哉。有田橫之客五百以結三齊。有貫高之徒數十以結三晉。先民有靈。其亦瞑矣。至若孟舒守塞。民爭爲死。非平日以武士道精神素養之烏克有此。孰謂孟舒而僅長者也。

朱家　劇孟　郭解

魯朱家者。與高祖同時。魯人皆以儒教。而朱家用俠聞。所藏活豪士以百數。其餘庸人不可勝言。然終不伐其能。歆其德。諸所嘗施。惟恐見之。振人不贍。先從貧賤始。家無餘財。衣不完采。食不重味。乘不過軥牛。專趨人之急甚己之私。既陰脫季布將軍之阨。及布尊貴。終身不見也。自關以東。無不延頸願交焉（史記游俠列傳）

高祖購求季布千金。敢有舍匿。罪及三族。布匿濮陽周氏。周氏曰。漢購將軍急。迹且至臣家。將軍能聽臣。臣敢獻計。即不能。願先自剄。季布許之。乃髡鉗季布。衣褐衣。置廣柳車中。幷與其家僮數十人之魯朱家所賣之。朱家心知是季布。迺買而置之田。誡其子曰。田事聽此奴。必與同食。朱家乃乘軺車之洛陽。見汝陰侯滕公。滕公留朱家飲數日。因謂滕公曰。季布何大罪。而上求之急也。滕公曰。季布數爲項羽窘上。上怨之。故必欲得之。朱家曰。君視季布何如人也。曰。賢者也。朱家曰。臣各爲其主用。季布爲項籍用。職耳。項氏臣可盡誅耶。今上始得天下。獨以己之私怨。求一人。何示天下不廣也。且以季布之賢。而漢求之急如此。此不北走胡。即南走越耳。夫忌壯士以資敵國。此伍子胥所以鞭荊平王之墓也。君何不從容爲上言耶。滕公心知朱家大俠。意季布匿其所。迺許曰。諾。待間

果言。如朱家指上迺赦季布。朱家以此名聞當世。（史記季布欒布列傳）

雒陽有劇孟。周人以商賈爲資。而劇孟以任俠顯諸侯。吳楚反時。條侯爲太尉。乘傳車將至河南。得劇孟。喜曰。吳楚舉大事而不求孟。吾知其無能爲已矣。天下騷動。宰相得之若得一敵國云。劇孟行大類朱家。而好博。多少年之戲。然劇孟母死。自遠方送喪蓋千乘。及劇孟死。家無餘十金之財。（史記游俠列傳）

郭解。軹人也。字翁伯。善相人者許負外孫也。解父以任俠。孝文時誅死。解爲人短小精悍。不飲酒。少時陰賊。慨不快意。身所殺甚衆。以軀借交報仇。藏命作姦。剽攻不休。及鑄錢掘冢。不可勝數。適有天幸。窘急常得脫。若遇赦。及解年長。更折節爲儉。以德報怨。厚施而薄望。然其自喜爲俠益甚。既已振人之命。不矜其功。其陰賊著於心。卒發於睚眦如故云。而少年慕其行。亦輒爲報仇。不使知也。解姊子負解之勢。與人飲。使之嚼。非其任。彊必灌之。人怒拔刀刺殺解姊子。亡去。解姊怒曰。以翁伯之義。人殺吾子。賊不得。棄其尸於道。弗葬。欲以辱解。解使人微知賊處。賊窘自歸。具以實告解。解曰。公殺之固當。吾兒不直。遂去其賊。罪其姊子。乃收而葬之。諸公聞之。皆多解之義。益附焉。解出入。人皆避之。有一人獨箕倨視之。解遣人問其姓名。客欲殺之。解曰。居邑屋至不見敬。是吾德不修也。彼何罪。乃陰屬尉史曰。是人吾所急也。至踐更時脫之。每至踐更。數過。弗求。怪之。問其故。乃解使脫之。箕倨者乃肉祖謝罪。少年聞之。愈益慕解之行。雒陽人有相仇者。邑中賢豪居間者以十數。終不聽。客乃見郭解。解見仇家。仇家曲聽解。解乃謂仇家曰。吾聞雒陽諸公在此間。多不聽者。今子幸而聽解。解奈何乃從他縣奪人邑中賢大夫權乎。乃夜去。不使知。曰。且無用待我。待我去。令雒陽豪居其間。乃聽之。解執恭敬。不敢乘車入其縣之旁郡國。爲人請求事。事可出。出之。不可者。各厭其意。然後乃敢嘗酒食。諸公以故嚴重之。爭爲用。邑中少年及旁近縣賢豪。

夜半過門。嘗十餘車。請得解客舍養之。及徙豪富茂陵也。解家貧不中訾。吏恐。不敢不徙。衞將軍爲言。郭解家貧不中徙。上曰。布衣權至使將軍爲言。此家不貧。解家遂徙。諸公送者千餘萬。軹人楊季主子爲縣掾舉徙解。解兄子斷楊掾頭。由此楊氏與郭氏爲仇。解入關。關中賢豪知與不知。聞其聲。爭交驩解。解爲人短小。不飲酒。出未嘗有騎。已又殺楊季主。楊季主家上書。人又殺之闕下。上聞。乃下吏捕解。解亡。置其母家室夏陽。身至臨晉。臨晉籍少公素不知解。解冒因求出關。籍少公已出解。解轉入太原。所過輒告主人家。吏逐之跡至籍少公。少公自殺。口絕。久之乃得解。窮治所犯。爲解所殺。皆在赦前。軹有儒生侍使者坐。客譽郭解。生曰。郭解專以姦犯公法。何謂賢。解客聞。殺此生。斷其舌。吏以此責解。解實不知殺者。殺者亦竟絕。莫知爲誰。吏奏解無罪。御史大夫公孫弘議曰。解布衣爲任俠行權。以睚眦殺人。解雖弗知。此罪甚於解殺之。當大逆無道。遂族郭解翁伯。自是之後。爲俠者極衆。敖而無足數者。然關中長安樊仲子。槐里趙王孫。長陵高公子。西河郭公仲。太原鹵公孺。臨淮兒長卿。東陽田孺。雖爲俠而逡逡有退讓君子之風。至若北道姚氏。西道諸杜。南道仇景。東道趙他羽公子。南陽趙調之徒。此盜跖居民間者耳。曷足道哉。此乃鄉者朱家之羞也。（史記游俠列傳）

新史氏曰。閭里之有游俠。其武士道之末運乎。上焉既無尚武之政府以主持奬厲之。中焉復無强有力之賢士大夫以左右調護之。而社會不平之事。且日接於耳目。於是乎鄉曲豪舉之雄。乃出而代其權。太史公曰。緩急者人之所時有也。夫生於專制政府之下。政治不修。法令不直。民之良懦者。其平居或往往不得衣食。委轉溝壑。在上者既無道焉以振拔之矣。而法網嚴密。爲阱於國中。或偶觸犯。而非有意也。或並未觸犯。而乾餱之怨。挾之枉曲之吏。從而羅之。則宛轉無所控告。束身爲魚肉。以待命於刀俎已耳。於此時也。有人焉能急其難。

致死而之生之則天下之歸之如流水也。亦宜。故游俠者。必其與現政府常立於反對之地位者也。其始也所有行動皆起於不得已。及其習焉養成一種沈鬱恣睢之特質。而勢力復足以盾於其後。則可已而不已者有焉矣。太史公曰俠以武犯禁。俠之犯禁。勢所必然也。顧犯之而天下歸之者何也。其必所禁者。有不慊於天下之人心而犯之者。乃大慊於天下之人心也。孔子曰。上無天子。下無方伯。則於霸者亦次節取焉。吾於游俠亦云然矣。雖然。爲俠亦有界說焉。曰。於政府所禁。其不慊於人心者則犯之宜也。非謂凡所禁者。不論直與不直。而一切犯之也。若最初之俠朱家劇孟之徒。蓋知此義。郭解以後。抉其藩籬矣。若史所記鑄錢掘冢睚眦報怨。其手段一何卑劣也。其悖反於武德。抑亦甚矣。春秋戰國之武士必不爲。即朱家劇孟亦所不屑也。自解以還。風益不競。史公傷之曰。盜跖居民間者耳。則武士之面目。被此輩點汚無所復餘矣。雖然。使游俠長存。而欲其長保此界說也。能耶否耶。曰勢必不能。吾固言游俠之起。由社會之不平有以胎之。不平與不平相乘。則愈生不平。其必橫決而失其常度者。勢也。毋語古者。請言今日。今日之社會。其尋常人隨波逐流。爲腐敗之空氣所吞滅。若其少年跳踔有氣之士。則其舉動又往往奔軼於道德之範圍外者。何也。斯固不得盡爲若人咎也。社會一種秋冬之氣。實有以造之。欲爲根本的救治。非春夏其社會焉不可。夫不見日本二十年前浮浪之士。徧滿國中。而社會若蹙乎其不可終日也。而今也嬗代未及一世。而舉國何融融也。由此言之。閭里有游俠。必非社會之良現象明矣。雖然。苟舉社會之不平而平之。使游俠無可以存立之餘地。則社會之福也。而不然者。以不平益不平。並一線萌糵之游俠。而施斧斤焉。則必至斷絕國民之元氣。而其國非糜爛於盜賊。即篡奪於外族。此數千年來我國史得失之林也。嗚呼。由春秋戰國之武士道。而一變爲漢初之游俠。其勢之不足以久存。

抑章章矣。蓋其武德已不復能循正軌而行。而橫溢焉以乖其性。淺譬之。則猶窮鼠之齧貓也。終亦必爲貓斃而已。故文景武三代以直接間接之力以明摧之而暗鋤之以絕其將衰者於現在而刈其欲萌者於方來。武士道之銷亡。夫豈徒哉。新史氏曰。吾述中國之武士道。起孔子而訖郭解。陰氣森森而來襲余心。吾投筆欷歔而涕交頤。

嗚呼。「中國之武士道」終。吾以白衣冠送中國之武士道。吾以錦繃葆迎中國之武士道。一靈未沬。輪迴不謬。魂兮歸來。重爲祝曰「中國之武士道」現中國之武士道魁。

甲辰十月朔夜長風緊雞鳴人靜燈炧墨凍時閣筆

飲冰室專集之二十五

中國國債史

自敘

『門前債主雁行立屋裏醉人魚貫眠』今日之中國當之矣醉者豈惟政府抑全國民皆實夢夢焉情實且不知而欲其有道焉以拯救之安可得也吾故以顯淺通俗之言述近二十餘年來國債之歷史使全國民知我輩及我輩子孫負擔之重而推原其所由來西人恆言曰『無無權利之義務』我國民而據此以讀茲編也其感想當何如

著者識

甲辰十一月十六日書成

飲冰室專集之二十五

中國國債史

中國自古無國債。非不欲之。而事勢有所不能也。考各國公債。皆起於十八世紀以後。蓋公債與立憲政體有切密之關係。愈文明之國。其所負擔之公債愈多。民之信其政府使然也。以中國之政體。民視政府如仇讎。如盜賊。其不能得公債於國內也。無待言矣。而前此數千年。未與大地交通。環列國境者。皆小蠻夷。外債之事。亦無從起。近二十年。交涉益繁。遂開借外債之例。故中國之國債史。質而言之。則外債史而已。使無外債之可借。則十年以來。國既亡久矣。何也。政府所必需之款項。既驟增於前。而無術以取給。勢不得不加賦稅。賦稅驟加。則民驚擾而怨讟。揭竿斬木。所在皆是。而政府遂無道以自救。歷朝覆亡之末運。皆坐是也。有外債以調劑之。則可以攤年籌償。易整數爲畸零。易直接爲間接。所謂狙公飼狙。朝四暮三之術。故民遂與之相忘。而怨擾不至太甚。甲午以還。今政府所以得尙延殘喘以逮今日者。皆恃此也。雖然養癰之患。甚於潰裂。倒持太阿。慘於鼎還。及今不圖。則他日亡中國者。必自外債也。今請言外債之歷史。

第一表　歷年外債總額表

	年次	債權者	債額	折扣	周息	償還
第一項	光緒四年	德國	二百五十萬元	未詳	五釐半	還訖

第二項	同　五年	英國滙豐銀行	一千六百十五萬元	未詳	七釐	還訖
第三項	同　十三年	德國	五百萬馬克	未詳	五釐半	五年後拔本償還光緒二十八年已還訖
第四項	同　二十年	英國滙豐銀行	一百六十三萬五千磅	以九十八磅爲百磅	七釐	十年後拔本償還應至光緒四十年十一月還訖
第五項	同二十一年	英國滙豐銀行	三百萬磅	以九十六磅爲百磅	六釐	五年後拔本償還限至光緒四十一年二月還訖
第六項	同二十一年	英國麥加利銀行	一百萬磅	未詳	六釐	六年後拔本償還限至光緒四十一年七月還訖
第七項	同二十一年	法國瑞記洋行	一百萬磅	未詳	六釐	五年後拔本償還限至光緒四十一年七月還訖
第八項	同二十一年	法國政府出借俄國政府作保	四千萬福蘭克	以九十四福蘭爲百福蘭	四釐	五年後拔本償還限至光緒五十七年還訖
第九項	同二十二年	英德兩國	一千六百萬磅	以九十四磅爲百磅	五釐	一年後拔本償還限至光緒五十八年還訖
第十項	同二十四年	英德日本三國	一千六百萬磅	以九十四磅爲百磅	四釐半	一年後拔本償還限至光緒六十九年還訖
第十一項	同二十八年	德奧比利時日本美法英意大利西班牙和蘭俄羅斯十一國政府	四萬五千萬兩	無	四釐	分爲五款第一款自一年後第二款十年後第三款十三年後第四款十四年後第五款三十年後拔本償還限至光緒六十六年五款俱還訖

以上實中國二十餘年來所借外債之總額也。其第一項至第三項。今皆已償訖。可勿追論。第四第五項。則甲午戰役之軍費也。其總數爲四百六十餘萬磅。以當時磅價應合華銀三千餘萬兩。甲午戰役其於軍事上果需用此數與否。政府既無決算報告。事涉曖昧。莫能明也。其第六第七第八第九第十項。則以戰敗後賠償日本兵費爲名目也。此中轇轕頗多。今詳述之。

日本賠款本索三百兆兩，後幾經磋磨，減爲二百兆兩，限七年內分八次償還，其每次償期及償額如下。

第一次	五十兆兩	定約後六個月內即光緒廿一年九月以前應償訖
第二次	五十兆兩	定約後十二個月內即光緒廿二年三月以前應償訖
第三次	十六兆兩有奇	定約後兩年內即廿三年三月以前應償訖
第四次	同	定約後三年內即廿四年三月以前應償訖
第五次	同	定約後四年內即廿五年三月以前應償訖
第六次	同	定約後五年內即廿六年三月以前應償訖
第七次	同	定約後六年內即廿七年三月以前應償訖
第八次	同	定約後七年內即廿八年三月以前應償訖

此其期約也。除第一次五十兆兩不計利息外，其餘百五十兆兩，則於期限以前，每百兩每年加五兩作爲利息。惟中國政府若能於三年以內，將總額全還，則利息一概豁免，此馬關條約第四條所訂定也。又同約第八條，更訂明償款未淸還以前，日本駐軍隊於威海衞，以爲保證，其兵費由中國供給之。又其年九月廿二日，俄法德三國干涉日本使還我遼東，我補回三千萬兩，爲贖遼之費，限三個月即廿二年元旦以前交訖。以上統計償款並利息，共計二百十一兆兩有奇，益以贖遼之費，及威海駐兵之費，總額在二百五十兆兩內外，此其大較也。

光緒廿一年九月。卽應償第一次五十兆兩之期。司農仰屋。不能不乞靈於外債。時北京政府。欲派總稅務司赫德專理償款事。俄法德恐英人獨專其權。抗議不許。而各國欲貸款於我者。且紛紛焉。美國各大銀行。特組織一公司。名曰新納該脫。遣人來華議承攬。而俄人亟思市恩。捷足制勝。逕以其政府之資格。與我當局交涉。謂願貸巨款。年息四釐。不折不扣。當局豔之。遽與定議。顧俄實貧國。安有此實力。乃乞諸其鄰。其結局也。卒自法國借四千兆福蘭克有奇。合英金十五兆磅。九四扣。以九十四磅爲百磅。而俄政府爲之保證。共計中國政府實收到者十四兆零十萬磅。以當時磅價實合中國銀百兆兩。而蝎同時又別向麥加利銀行瑞記洋行各借一兆磅。其折扣未詳。大約實收到者總在一千三百萬兩內外。是廿一年秋冬間實收入外債共一萬萬零一千萬兩有奇也。而當時支出之款。有數可稽者。則日本第一次償款五十兆兩。贖遼費三十兆兩。此外尙餘三千萬兩有奇。不知其用諸何途也。顧我國民要求政府予我以決算之報告。不得勿休也。

轉瞬至廿二年三月。日本第二次償款期已迫近。而政府又已不名一錢。（六月前所餘出之三千萬不知何往若猶存者則再籌二千萬足矣）於是復商借於外國。而前後五閱月。乃告成。計借定時。距付款日本之期限。僅七來復耳。（付款期爲三月廿六日至二月初十日始借定）此次借款。情節最爲離奇。初中國旣貸俄法之款。他國妒焉。嘖有煩言。故當局定議第二次借款一百兆兩。委諸英德兩國。屢與英使歐格訥言之。英相沙士勃雷亦宣言相助。先是有英國銀行公司。（一銀行無力獨承故合數銀行爲一大公司向中國承借）派代表人來會議。既垂成矣。（廿一年九月事）十月中旬。忽有匯豐德華兩銀行之代表人至京。乞英德兩公使商請該公司代表人略展訂議晝諾日期。容以其隙。呈送節略。其人諾而去。及匯豐（實兼德華省文舉其重者下同）呈節略於戶部。則年息五釐。八九五扣。以八十九兩五錢爲百兩也。較諸俄保法債之款。增息一釐。而每百兩多扣四兩五錢。吃虧尤鉅。當局大恚力與駁詰。而彼持之甚堅。且有兩公使為之後援。我當局遂拒絕之。而兩使亦為決絕之照會。謂及今不早許。將來或再向借。必將於十零五之外。再與折扣。當局復覓前公司之代表人。已杳不知所往。而款既不能不借。得款之期又不能不速。乃別向美英德法及猶太各公司。密切籌商。十一二月間。各商麕至。爭欲承攬。事雜言龐。不可方物。其間有上海一商。願取息四釐。本銀付足。不折不扣。當局大惑之。其餘各呈節略。亦大略相同。然其人率非素封。並未嘗受一公司之委託。或謀集公司而未成立。不過冀得我政府之許諾文憑。以為號召。按諸實際。毫無價值。至廿二年正月間。已一閱而散。當局者方旁皇無所為計。而法公使忽起而抵隙。強與當局論價。英使聞之急。代匯豐重申前議。願以九十零五作一百。當局仍置不答。且宣言曰。我第二次貸款。雖前曾許英歐使。謀諸英德。然我實有自主之權。惟利是擇。英使噤而退。或謂當時法使之干預。實我當局諷之使為抵制也。時李鴻章力主貸法之議。而今上大反對之。字林西報云李奉使陛辭上詢以貸銀事李曰貸法便上微哂曰汝欲以中國易禍蘭克乎李不敢復言退朝後太后召見亦以是詢李對如前太后曰此皇帝所大不喜也李退至總署言之云云 英相沙侯亦電英使。使嚴詰總署食言之咎。總署正躊躇不決。而法使之節略至。凡五條。一、中國貸款由法廷作保。與去年俄保法債無異。二、中國各新關收稅事宜。改託法人經辦。三、將桂粵滇三省特別權利。讓與法國。總署覩此。皇急滋甚。搓手頓足。無所為計。正思謝絕。而俄使又從而助其燄。恫喝萬端。殆將決裂。當此之時。危不容髮。而總稅務司赫德亦恐議成而法人竟奪其席也。乃急起而調停。與匯豐德華代表人協商。曉以英國之利害。並代籌其獲利之輕重。募集之難易。令照去年俄法原案。每百扣六。以九十四作一百。而照前此所索。增年息四釐為五釐。匯豐許諾。其事乃定。實丙申二月十日也。以上情節。據是年陽歷三月廿八日上海字林西報所載訪函也。余時在京師所聞略同。惟其中曲折。或謂當局者一二人欲藉此自肥。授意該代表人使留出特別之折扣云事無實證且其人與骨皆已朽今無爲明言也而彼英商先遣一人餡我以有利之契約以相嘗既乃去不知所之而旋出種種難堪之强硬手段法人復因利乘便將一舉而以豚蹄易篝車兩造皆以本國政府盾其後乘人之危狡焉思啓所謂人心險於山川者非耶而赫德遂以此市大恩於我而固其位矣議定之後匯豐德華遂於三月廿六日以前以八兆磅付日本踐第二次期限之諾其餘八兆卽五千萬兩以付諸我政府云夫前次所借尙餘三千萬此次所借復餘五千萬總數八千萬矣吾政府受之而不知其用諸何途也願我國民要求政府予我以決算之報告不得勿休也

未幾而政府又不名一錢於是有昭信股票之設此實中國內債之嚆矢而恐亦中國內債之末路也昭信股票由戶部發出採各國公債之形式凡爲百兩之劵五十萬五百兩之劵六萬千兩之劵二萬都凡一萬萬兩訂以二十年償還年息五釐雖條理疏略然就表面觀之不可謂非政體也雖然以若此之政府本不足信雖欲昭之其烏可得故應募者不過官吏全由强迫殆同報效而每省亦不出數十萬以江蘇之富僅及百二十萬爲全國冠矣故政府之所希望卒不得達迨戊戌維新首毅然停之以免騷累然計政府所已得者亦不下二千萬兩蹉跎蹉跎至光緒廿四年春間日本第四次償款之期又迫眉睫據馬關條約第四條則於本年六月以前能將償款總額悉數償訖可以豁免利息且並第二次所交出之利息亦以還我而威海戍兵亦可早撤故當局者毅然欲募外債以了此公案據英國藍皮書所報告則自去年光緒廿三年西曆一八九七年陽歷十二月廿一日俄人既以貸款餂我其條件則九三折也年息四釐也其報酬則滿洲及北省之鐵路權也罷總稅司赫德以俄人代之也英人聞之卽復遣滙豐銀行出名抵制其月三十日英使麥端奴氏以九四折五釐息之條件提議於總署其報酬則

監督我財政也。由緬甸達揚子江之鐵路權也。揚子江流域不許割讓也。大連灣開作通商口岸也。擴充內地通商也。通商口岸免釐也。翌年春正月間。（皆依原文記陽歷下同）我當局正與磋商。及廿五日。而俄法兩公使抗議大起。俄使曰。貸款英國。是破勢力之平均也。法使曰。南寧通商。（案所謂擴充內地通商中國允開長沙湘潭南寧等處）侵我國之利益也。兩造交鬨。勢極洶洶。我政府疐後跋前。莫知所適。其月三十一日。當局者遂宣告各國。謂無論何國之債。皆不借。二月一日。遂照會日本。求將償款期延限二十年。時日本伊藤博文爲首相。正值財政困極之時。冥然不應。月之六日。遂覆牒拒絕。我政府於是絕望。事聞。歐洲各國益得有所要挾。日本政府不得已。乃與英德提攜。用匯豐（英）德華（德）正金（日）三銀行之名義。貸十六兆磅於我。九四折。息四釐半。至是甲午一役之債務清。此次所借十六兆磅。以還日本償款總額之半（一百兆兩）而日本將前日已收去之第二第三第四次之利息還我。計由倫敦所付十一兆八千磅餘。由柏林所付一兆磅餘。出者尚三兆磅內外。約合華銀二千萬兩有奇。而不知其用諸何途也。願我國民要求政府。予我以決算之報告。不得勿休也。

廿四年之借巨債。以先期清償款也。其命意所在。一以罷威海日兵之駐防。一以圖六年間利息之豁免也。雖然。威海奪諸日而授諸英。主權之不在我等耳。而英日何擇焉。若夫利息。則馬關條約。訂以五釐。就使五年計足。則總數不過二千五百萬。而分六次攤還。還一次卽豁一次之息。實計不過千餘萬耳。而借債之息。四釐半。五年合計爲息二千一百五十萬。是坐虧千萬之息。其無利於我者一也。日本償款無折扣。而借債百兩。僅得九十四。一轉移間。又坐虧六百萬。其無利於我者二也。馬關條約載明庫平銀若干兩。且別訂定照光緒廿一年金銀比價計算。以後分期完納本息。亦用此價。蓋一兩值英金三先令三辨尼有奇。苟使照原約分八次償還。至廿八年清訖則此五年間銀價下落不至蒙其影響（廿八年團匪事件議和時一兩僅值英金三先令矣）今借款磅虧五年之間又坐耗千數百萬而後患且猶未已其無益於我者三也故當時汲汲於淸還實策之最失也或曰日本自改用金本位後見銀價下落之趨勢故速收此款愈急愈妙是殆一義而各國之利用我危急以攫取利權乃日聒吾前冀得所藉手以染指則無論爲英爲俄爲德爲法皆同此心也以我國如醉如夢之外交家安得不爲所愚哉爲所愚猶可言也而或謂當時我國當局者實亦緣經手借款得以染指故甯犧牲國家之利益求個人之利益焉是則不可言也

計日本償金當時以一千八百九十五年六七八三個月倫敦市場銀價平均計算庫平一兩值英金三先令三辨尼二分之一弱二百兆兩共合英金三千二百九十萬九百八十磅七先令七辨尼其贖遼費三千萬兩亦以此比價合算爲四百九十三萬五千一百四十一先令一辨尼兩共三千七百八十三萬六千一百二十七磅八先令八辨尼此其總數也（第二第三第四回利息雖已付過至第四回全還時仍行扣出所付者實得此數）

其時我所借入之外債合以英金價則

第六項　一百萬磅

第七項　一百萬磅

第八項　一千五百萬磅

第九項　一千六百萬磅

第十項　一千六百萬磅

其總數爲四千九百萬磅以九四折算實收到者四千六百零六萬磅益以昭信股票所搜括大約二千萬兩折

以英金爲三百二十九萬九千磅餘。總計當時政府所收入。凡英金五千萬磅內外。除還日本外。實餘出英金一千二百十七萬磅有奇。而我迄不知其用諸何途也。願我國民要求政府予我以決算之報告。不得勿休也。

自俄人首以貸款市大恩。遂定喀希尼巴布羅福兩條約。攫東三省路權礦權兵權。乃至行政權。悉入其範圍。英法德繼之。遂至有膠州旅順威海大連廣州九龍之租借。某省某省之不許割讓。內河航權之獲得。十數口岸之新開。乃至鹽務釐務之監督。蓋丙申丁酉戊戌間。北京外交界波譎雲詭。無甯日焉。其原因雖甚複雜。而由借款問題爲導線者最多。豈必語將來。卽過去之事。其情見勢絀。旣若彼矣。夫使彼債權者於取息之外。更無他大利在其後也。則何至各國攘臂相爭。激烈一至此甚也。蓋各國在中國之分植勢力也。其後則在爭路權爭礦權。而最初則在爭債權。觀於三次借款所演出種種怪狀。而歎魑魅搏人之手段。不可思議矣。而當局者飲鴆如飴。濫用國民公產之保證。慷他人之慨。以快一日之揮霍。吾欲我國民一詢其居心何等也。

所謂四千九百萬磅者。其本銀而已。而此本銀非短日月之可以淸償。於是攤至數十年之久。而其息乃至與本相埒。且或過之。此其最難堪者也。今將廿四年以前之外債其本息之貽負擔於我輩及我輩子孫者。表列之

第二表　戊戌前舊債逐年攤還本利表 其單位兩數也其八九十三項合計也

年度＼種類	第三項	第四項	第五項	第六項	第七項	第八項第九項第十項	每年償額合計
光緒二十五年償額	二二三〇〇〇	六九九八〇〇	四二六四〇〇	四二六四〇〇	一三〇九一〇〇	一九三九一七〇〇	二三三七六二〇〇
同　二十六年	二〇二一〇〇	六九九八〇〇	四二六四〇〇	四二六四〇〇	二一六二六〇〇	一九一九一七〇〇	二三七二〇九〇〇
同　二十七年	一九三三〇〇	六九九八〇〇	九〇六九〇〇	九〇六九〇〇	二六七六四〇〇	一九一九一七〇〇	二四五六四九〇〇

同　二十八年	一八三三〇〇（訖）	六八九八〇〇	八七七一〇〇	八七七一〇〇	二五八九一〇〇	一九一九一七〇〇	二四四〇八二〇〇
同　二十九年		六八九八〇〇	八四八七〇〇	八四八七〇〇	二五〇一八〇〇	一九一九一七〇〇	二四〇八〇七〇〇
同　三十年		六八九八〇〇	八一九六〇〇	八一九六〇〇	二四一四五〇〇	一九一九一七〇〇	二三九三五三〇〇
同　三十一年		一六七五二〇〇	七八九二〇〇	七八九二〇〇	二三二七三〇〇	一九一九一七〇〇	二四七七二五〇〇
同　三十二年		一六〇六二〇〇	七六一五〇〇	七六一五〇〇	二三四〇〇〇〇	一九一九一七〇〇	二四五六〇七〇〇
同　三十三年		一五三七二〇〇	七三三四〇〇	七三三四〇〇	二二五二七〇〇	一九一九一七〇〇	二四三四六三〇〇
同　三十四年		一四六八二〇〇	七〇二五〇〇	七〇二五〇〇	二〇六五五〇〇	一九一九一七〇〇	二四一三〇四〇〇
同　三十五年		一三九九二〇〇	六七五四〇〇	六七五四〇〇	一九六六七〇〇	一九一九一七〇〇	二三九〇八三〇〇
同　三十六年		一三三〇二〇〇	六四六〇〇〇	六四六〇〇〇	一八九〇九〇〇	一九一九一七〇〇	二三七〇四八〇〇
同　三十七年		一二六一二〇〇	六一五三〇〇	六一五三〇〇	二八〇三六〇〇	一九一九一七〇〇	二三四八七一〇〇
同　三十八年		一一九二二〇〇	五八六九〇〇	五八六九〇〇	一七一六七〇〇	一九一九一七〇〇	二三三一七四〇〇
同　三十九年		一一二三二〇〇	五五七八〇〇	五五七八〇〇	一六三六一〇〇	一九一九一七〇〇	二三〇五六七〇〇
同　四十年		一〇五四二〇〇（訖）	五二八〇〇〇	五二八〇〇〇	一五四一八〇〇（訖）	一九一九一七〇〇	二二八四三八〇〇
同　四十一年			四九九六〇〇（訖）	五一四二〇〇（訖）		一九一九一七〇〇	二〇三〇五五〇〇
同　四十二年						一九一九一七〇〇	一九一九一七〇〇
同　四十三年						一九一九一七〇〇	一九一九一七〇〇
同　四十四年						一九一九一七〇〇	一九一九一七〇〇
同　四十五年						一九一九一七〇〇	一九一九一七〇〇

同 四十六年							一九一九一七〇〇		一九一九一七〇〇
同 四十七年							一九一九一七〇〇		一九一九一七〇〇
同 四十八年							一九一九一七〇〇		一九一九一七〇〇
同 四十九年							一九一九一七〇〇		一九一九一七〇〇
同 五十年							一九一九一七〇〇		一九一九一七〇〇
同 五十一年							一九一九一七〇〇		一九一九一七〇〇
同 五十二年							一九一九一七〇〇		一九一九一七〇〇
同 五十三年							一九一九一七〇〇		一九一九一七〇〇
同 五十四年							一九一九一七〇〇		一九一九一七〇〇
同 五十五年							一九一九一七〇〇		一九一九一七〇〇
同 五十六年							一九一九一七〇〇		一九一九一七〇〇
同 五十七年							一九一九一七〇〇		一九一九一七〇〇
同 五十八年							七〇三二四〇〇（訖）	六〇七四四〇〇	一三一〇六八〇〇
同 五十九年								六〇七四四〇〇	六〇七四四〇〇
同 六十年								六〇七四四〇〇	六〇七四四〇〇
同 六十一年								六〇七四四〇〇	六〇七四四〇〇
同 六十二年								六〇七四四〇〇	六〇七四四〇〇
同 六十三年								六〇七四四〇〇	六〇七四四〇〇

同　六十四年								六〇七四四〇〇	六〇七四四〇〇
同　六十五年								六〇七四四〇〇	六〇七四四〇〇
同　六十六年								六〇七四四〇〇	六〇七四四〇〇
同　六十七年								六〇七四四〇〇	六〇七四四〇〇
同　六十八年								六〇七四四〇〇	六〇七四四〇〇
同　六十九年								一〇一三四〇〇（訖）	一〇一三四〇〇

各項外債。大率以海關稅爲抵押。而關稅所入。以供償還。尚時有盈歉。今試取最近數年中關稅歲入。除出一成爲本關行政經費。以其餘九成作爲償債之用。則其比較之率如左。

	（關稅總額）	（九折實數）	（外債償額）	（相抵盈虧）
廿五年	二六、六六一、四六〇	二三、九九五、三一四	二二、二七六、二〇〇	（盈）一、七一九、一一四
廿六年	二二、八七三、九八六	二〇、五八六、五一〇	二三、七二〇、九〇〇	（虧）三、一三四、三九〇
廿七年	二五、五三七、五七四	二二、九八三、八二四	二四、五六四、九〇〇	（虧）一、五八一、〇七六

廿五年雖羨出百七十餘萬。廿六年則不足三百餘萬。廿七年則又不足百五十餘萬。是舉關稅全額。除償債外。不供他用。而猶苦不足也。然政府歲入並關稅統計不過一百一十兆有奇。一切皇室費行政費皆取給焉。自甲午以前。卽已患貧。其不能不挖肉以補瘡者。又勢也。故中央政府攤派之於各省。各省大吏搜括之民間。自茲以往。我民歲增二千餘萬之負擔。汲汲顧影。蹙蹙靡騁矣。

驚魂未定。呻唫正酣。無端復有義和團之一惡劇起焉。以宮中府中一二人陰險拙劣之謀。而貽全國禍胎至三十九年以後。此眞中外古今歷史之所未聞。我國民當銘刻之於腦中而永不能諼者也。今詳列此案之內容。次乃附以評論。

辛丑議和之際。各國要求損害賠償。其數總計四百六十兆零二十九萬六千三百九十三兩。後幾經磋磨。削減畸零爲四百五十兆兩。各國所分配者表列如下。

德意志	九〇、〇七〇、五一五兩
奧大利匈牙利	四、〇〇三、九二〇
比利時	八、九八四、三四五
西班牙	一三五、三一五
美國	三二、九三九、〇五五
法蘭西	七〇、八七八、二四〇
英國(附葡萄牙)	五〇、七一二、七九五
伊大利	二六、六一七、〇〇五
日本	三四、七九三、一〇〇
荷蘭	七八二、一〇〇
俄羅斯	一三〇、三七一、一二〇

其餘各國公債及瑞典挪威　二一二、四九〇

合計　四五〇、〇〇〇、〇〇〇

以中國現在財力萬難一次償還。故補年息四釐攤作三十九年。本利歸結。而由我政府發出公債劵。按數交各國收執。又以中國前此負債既重。更爲之設法彌縫融通。分爲五款以便計算。

第一款　七十兆兩

自光緒二十八年起。至光緒六十六年。計三十九年償清。每年拔本照百分之一一〇六算

第二款　六十兆兩

自光緒三十七年起。至六十六年。計二十一年償清。三十七年以前但付利息。以後每年拔本百分之一七八三。

第三款　一百五十兆兩

自光緒四十一年起。至六十六年。計二十六年償清。四十一年以前但付利息。以後拔本百分之二〇五六。

第四款　五十兆兩

自光緒四十二年起。至六十六年。計廿五年償清。四十二年以前。但付利息。以後每年拔本百分之二四〇一。

第五款　一百五十兆兩

自光緒五十八年起。至六十六年。計九年償清。五十八年以前。但付利息。以後每年拔本百分之九四四九。

其所以必分五款者所以調劑舊債。使每年負擔之額得平均也。第二表所列戊戌前舊債。其第四第七項。至光緒四十年始能償淸。其第五第六項至光緒四十一年始能償淸。其第八第九項。至光緒五十八年。第十項至光緒六十九年始能償淸。故不得不出爲遷就。假以便宜。此各國整理公債之常法也。此亦各國全權之所代謀。我當道則並此而不能了也。今將辛丑和約第十三號附件照錄。

第三表　新舊國債分年償還表

種類／年度	新債第一款	新債第二款	新債第三款	新債第四款	新債第五款	新債本利合計	舊債本利合計	新舊債本利合計
光緒二十八年 一九〇二年	本利三兆八十二萬九千五百兩	利二兆四十萬兩	利六兆兩	利二兆兩	利四兆六十萬兩	十八兆八十二萬九千五百兩	二十三兆六十萬兩	四十二兆四十二萬九千五百兩
同　二十九年 一九〇三年	同	同	同	同	同	同	二十三兆三十萬兩	四十二兆十二萬九千五百兩
同　三十年 一九〇四年	同	同	同	同	同	同	同	同
同　三十一年 一九〇五年	同	同	同	同	同	同	二十四兆十萬兩	四十二兆九十二萬九千五百兩
同　三十二年 一九〇六年	同	同	同	同	同	同	二十三兆九十萬兩	四十二兆七十二萬九千五百兩
同　三十三年 一九〇七年	同	同	同	同	同	同	二十三兆七十萬兩	四十二兆五十二萬九千五百兩
同　三十四年 一九〇八年	同	同	同	同	同	同	二十三兆四十萬兩	四十二兆二十二萬九千五百兩

同　三十五年　一九〇九年	同	同	同	同	同	同	同	同
同　三十六年　一九一〇年	同	同	同	同	同	同	二十三兆二十萬兩	四十二兆二萬九千五百兩
同　三十七年　一九一一年	同	同	同	同	同	十九兆八十九萬九千三百兩	二十三兆八十萬兩	四十二兆六十萬九千三百兩
同　三十八年　一九一二年	同	同	同	同	同	同	二十二兆六十萬兩	四十二兆四十萬九千三百兩
同　三十九年　一九一三年	同	同	同	同	同	同	二十二兆四十萬兩	四十二兆二十萬九千三百兩
同　四十年　一九一四年	同	同	同	同	同	同	二十二兆十萬兩	四十一兆九十萬九千三百兩
同　四十一年　一九一五年	同	同	本利九兆三十八萬四千兩	同	同	二十三兆二十三萬三千三百兩	十九兆四十萬兩	四十二兆六十八萬三千三百兩
同　四十二年　一九一六年	同	同	同	本利三兆二十萬五百兩	同	二十四兆四十八萬三千八百兩	十八兆五十萬兩	四十二兆九十八萬三千八百兩
同　四十三年　一九一七年	同	同	同	同	同	同	同	同
同　四十四年　一九一八年	同	同	同	同	同	同	同	同
同　四十五年　一九一九年	同	同	同	同	同	同	同	同

同 四十六年 一九二〇年	同	同	同	同	同	同	同	同
同 四十七年 一九二一年	同	同	同	同	計	同	同	同
同 四十八年 一九二二年	同	同	同	同	同	同	同	同
同 四十九年 一九二三年	同	同	同	同	同	同	同	同
同 五十年 一九二四年	同	同	同	同	同	同	同	同
同 五十一年 一九二五年	同	同	同	同	同	同	同	同
同 五十二年 一九二六年	同	同	同	同	同	同	同	同
同 五十三年 一九二七年	同	同	同	同	同	同	同	同
同 五十四年 一九二八年	同	同	同	同	同	同	同	同
同 五十五年 一九二九年	同	同	同	同	同	同	同	同
同 五十六年 一九三〇年	同	同	同	同	同	同	同	同

同五十七年一九三一年	同	同	同	同	同	同	十八兆四十萬兩	四十二兆八十八萬三千八百兩
同五十八年一九三二年	同	同	同	同	本利十五兆四十六萬六千三百五十兩	三十五兆三十五萬一百五十兩	七兆五十萬兩	四十二兆八十五萬一百五十兩
同五十九年一九三三年	同	同	同	同	同	同	六兆八十萬兩	四十二兆十五萬一百五十兩
同六十年一九三四年	同	同	同	同	同	同	五兆九十萬兩	四十一兆二十五萬一百五十兩
同六十一年一九三五年	同	同	同	同	同	同	同	同
同六十二年一九三六年	同	同	同	同	同	同	同	同
同六十三年一九三七年	同	同	同	同	同	同	同	同
同六十四年一九三八年	同	同	同	同	同	同	同	同
同六十五年一九三九年	同	同	同	同	同	同	同	同
同六十六年一九四〇年	同	同	同	同	同	同	同	同
共計三十九年	共計一百四十九兆三十五萬五百兩	共計一百二十五兆六十九萬四千兩	共計三百二十一兆九十八萬四千兩	共計一百八兆一萬二千五百兩	共計二百七十七兆十九萬七千一百五十兩	共計九百八十二兆二十三萬八千一百五十兩	共計六百七十二兆七十萬兩	共計一千六百五十四兆九十三萬八千一百五十兩

觀此表。則外債本息兩率之比較可見矣。即

新債　　本四百五十兆兩　　息五百三十二兆兩餘

舊債（第一表第四至第十項）　　本約三百二十兆兩　　息約三百五十二兆兩餘

借七百兆而强之債。納九百兆而弱之息。此其大較也。

保證此新債之財源。明載諸和約者。凡三款。如下。（和約第六款第十三號附件戊）

（一）新關各進款。俟前已作爲擔保之借款各本利付給後。餘剩者。

又進口貨稅。增至切實值百抽五。將所增之數加之。（所有向例進口免稅各貨。除外國運來之米及各色糧麵並金銀以及金錢鐵外。均應列入切實值百抽五貨內。）（釋曰新關即海關也所謂前此已作爲擔保者蓋第一表所列第四至第十項之借款現時皆未清還皆以海關稅作保先儘舊債乃能保新債也如現時海關稅每年二千餘萬乃至三千萬兩若至光緒四十二年以後則第四至第七項之舊債已償訖每年應還本息不過一千九百餘萬兩則必有贏餘而以所餘擔保新債也又光緒四十二年以前如關稅所入加豐除償舊債外尚有贏餘則亦以所餘擔保新債也所謂進口稅增至切實值百抽五者從前多免稅之貨物如烟酒等項各國稅之最重者而我亦免焉今則一律征之除指名數項外皆征也）

（二）所有常關各進款。（在各通商口岸之常關。均歸新關管理。）（釋曰常關者舊關也關道及關監督所管也新關者赫德所管也今則新關所入不敷保證故益以常關而奪我關道關監督之權併歸赫德也）

（三）所有鹽政各進項。除歸還泰西借款一宗外。餘剩一併歸入。（釋曰第一表所列第十項債款即光緒廿四年借諸匯豐德華正金者保於關稅之外餘以鹽政作保惟鹽政所入除擔保此項外尚有贏餘今則一併提出以作此新債之擔保也）

以上各債項。皆由總稅務司赫德經理。上海道受成焉而執行之。今將其第一年支納日期列表如下。

第四表　光緒廿八年一九〇二至〇三年償納新舊債款日期及額數表（表中所計月日用陽歷也）

（月　日）	（支　交）	（英金磅）	（上海兩）
二月廿日	匯豐銀行	四〇、〇〇〇	……
同　同	德華銀行	四〇、〇〇〇	……
同廿八日	（償　金）	四〇、〇〇〇	二、〇三〇、〇〇〇
三月五日	匯　豐	三〇、〇〇〇	……
同　同	德　華	三〇、〇〇〇	……
同　廿日	同	三〇、〇〇〇	……
同　同	匯　豐	四〇、〇〇〇	……
同卅一日	（償　金）	……	二、〇三〇、〇〇〇
四月五日	德　華	三〇、〇〇〇	……
同　同	匯　豐	三〇、〇〇〇	……
同　九日	同	……	三八〇、〇〇〇
同　廿日	同	四〇、〇〇〇	……
同　卅日	（償　金）	……	二、〇三〇、〇〇〇
五月五日	匯　豐	三〇、〇〇〇	……

同　同	德　華	三〇、〇〇〇	……
同　廿日	同	四〇、〇〇〇	……
同　同	匯　豐	四〇、〇〇〇	……
同卅一日	道勝銀行	……	四、一〇〇、〇〇〇
同　同	（償　金）	……	二、〇三〇、〇〇〇
六月五日	德　華	三〇、〇〇〇	……
同　同	匯　豐	三〇、〇〇〇	……
同　九日	同	……	七二〇、〇〇〇
同十八日	麥加利銀行	九〇、〇〇〇	……
同　廿日	匯　豐	四〇、〇〇〇	……
同　同	德　華	四〇、〇〇〇	……
同　卅日	瑞記銀行	三〇、〇〇〇	……
同	（償　金）	……	二、〇三〇、〇〇〇
七月五日	匯　豐	三〇、〇〇〇	……
同　同	德　華	三〇、〇〇〇	……
同　廿日	同	四〇、〇〇〇	……

同同	匯豐	四〇、〇〇〇	……
同卅一日	(償金)	……	二、〇三〇、〇〇〇
八月五日	匯豐	三〇、〇〇〇	……
同同	德華	三〇、〇〇〇	……
同廿日	同	四〇、〇〇〇	……
同同	匯豐	四〇、〇〇〇	……
同卅一日	(償金)	……	二、〇三〇、〇〇〇
九月五日	匯豐	三〇、〇〇〇	……
同同	德華	三〇、〇〇〇	……
同廿日	同	四〇、〇〇〇	……
同同	匯豐	三〇、〇〇〇	……
同卅日	(償金)	……	二、〇三〇、〇〇〇
十月五日	德華	三〇、〇〇〇	……
同同	匯豐	三〇、〇〇〇	……
同十日	同	三〇、〇〇〇	一、二八〇、〇〇〇
同廿日	同	四〇、〇〇〇	……

同　同	德華	四〇、〇〇〇	……
同卅一日	（償金）	……	二、〇三〇、〇〇〇
十一月五日	匯豐	三〇、〇〇〇	……
同	同	三〇、〇〇〇	……
同　廿日	同	四〇、〇〇〇	……
同　同	匯豐	四〇、〇〇〇	……
同廿七日	道勝	……	二、六〇〇、〇〇〇
同　卅日	（償金）	……	二、〇三〇、〇〇〇
十二月五日	匯豐	三〇、〇〇〇	……
同　同	德華	三〇、〇〇〇	……
同　十日	匯豐	……	七二〇、〇〇〇
同十五日	麥加利	三〇、〇〇〇	……
同　廿日	匯豐	四〇、〇〇〇	……
同　同	德華	四〇、〇〇〇	……
同　卅日	瑞記	三〇、〇〇〇	……
同卅一日	（償金）	……	二、〇三〇、〇〇〇

一月五日	匯豐	三〇、〇〇〇	……
同	德華	三〇、〇〇〇	……
同二十日	同	四〇、〇〇〇	……
同	匯豐	四〇、〇〇〇	……

以上卽一年中辦理償款之情形也。其種類既棼如亂絲。其時日亦疲於奔命。昔人詩曰。門前債主雁行立。屋裏醉人魚貫眠。中國今日之情形。酷肖是矣。新舊債皆以海關作保。雖然。如前所論。以海關每歲所入。全儘之以償每歲二十餘兆之舊債。猶且時盈時朒。況更益以新債爲每歲四十餘兆耶。加以切實値百抽五之增徵及常關鹽政。僅敷擔保。然政府非能於償債以外。一切無所開支也。歲出之額。驟增四千餘萬。約當前此總歲出額之半。問中央政府對於此意外之歲出有何策以善其後乎。冥然莫展一籌也。而一惟責成於各疆吏。今將各省所額派負擔者表列如下。

第五表　義和團事件各省分擔償金表

直隸	八十萬兩	江蘇	二百五十萬兩
安徽	百萬兩	山東	九十萬兩
山西	九十萬兩	河南	六十萬兩
陝西	六十萬兩	甘肅	三十萬兩
新疆	四十萬兩	福建	八十萬兩

浙江	百四十萬兩	江西	百四十萬兩
湖北	百二十萬兩	湖南	七十萬兩
四川	二百二十萬兩	廣東	二百萬兩
廣西	三十萬兩	雲南	三十萬兩
貴州	二十萬兩		

以上十九省分擔之額也。而東三省不與焉。禍因則滿洲人造之。不以商諸漢人也。禍果則漢人受之。不以分諸滿洲人也。斯已奇矣。今勿具論。但此次新債以海關稅常關稅鹽稅三項作保。以光緒二十八年之調查。則除關稅外。尚缺一千一百萬兩。故從鹽稅項下提出八百萬兩焉。從常關項下提出三百萬兩焉。然則政府所誅求於我各省者。亦取盈此一千一百萬兩之數足矣。今據此表。則十九省總計共每年派出一千八百萬兩。是每年尚有七百萬兩之贏餘。而我不知其用之何途也。政府宣言。謂以之爲整理內政之用。而內政中某項某項已曾整理。其所需款項若何。吾不能詳也。顧我國民要求政府予我以決算之報告。不得勿休也。

新債四百五十兆兩。既不堪命矣。而復益以一倍有餘之利息。本息九百八十餘兆兩。既不堪命矣。而復益以增加無定之鎊虧。於是國債問題之餘毒。竟不知所屆。今請語鎊虧之緣起。

辛丑和約第六款第十三號附件甲云。

此四百五十兆。係照海關銀兩市價易爲金款。此市價按諸各國金錢之價。則海關銀一兩。易金如左。

德國　三馬克零五五

美國	一圓零七四二
奧國	三勒克尼五九五
法國	三佛郎克五（案）西班牙比利時與法國貨幣同盟故不別列
荷蘭	一弗樂零七九六
日本	一圓四零七
英國	三先令
俄國	一盧布四一二（原注）俄國魯布按金平算即十七多理亞四二四

當時我全權未知銀價下落之趨勢。於條約內照市價易金字樣。未嘗下正確之解釋。故此問題之爭論。垂三年餘。至今年八九月間。幾經磋磨。遂不得直。卒不得不將三年來鎊價所虧。照數補還。（廿八九年以來此問題相持未決故每次所交皆照銀算閱第四表自見）其數凡一千萬零四十萬兩。最後我政府要求三事。（今年九月間事）

一每年鎊虧之數。不再算利。

二交銀行收存之款。按月扣還利息。

三以前鎊價。按月折中算。

就此三項。當可省回二百萬左右。然已須補八百餘萬兩。此又在第四表常額之外者也。政府計無所出。仍惟有責難於疆吏。據最近上海各報所紀。則分擔之額如下。

第六表　光緒三十年補還鎊虧各地方分擔額表

直隸	五十萬兩	江寧	八十萬兩
江蘇	八十萬兩	安徽	五十萬兩
江西	八十萬兩	山東	六十萬兩
山西	六十萬兩	河南	五十萬兩
四川	七十萬兩	浙江	七十萬兩
湖北	九十萬兩	湖南	六十萬兩
福建	五十萬兩	廣東	七十萬兩
陝西	無	廣西	無
雲南	無	甘肅	無
貴州	無	新疆	無
江海關	五十萬兩	津海關	二十萬兩
江漢關	二十萬兩	蕪湖關	十萬兩
閩海關	二十萬兩	東海關	十萬兩
粵海關	三十萬兩		
合計	一千萬零八十萬兩		

夫以三年五十六兆餘之債。償款自光緒廿七年十一月廿一日起計其鎊價已虧一千四十萬。計每年所虧。三百四十萬有奇。就使

今後銀價。不復下落。而積算至三十九年。則本息九百八十餘兆。又加增鎊價二百兆有奇矣。蓋義和團一役。凡紱我輩及我輩子孫之膏血千二百餘兆也。且補鎊虧者不惟此一宗而已。第四至第十項之舊債六百七十餘兆。其償納一切皆須金價。（今茲爭論專在新債而舊債不題者因舊債借時本借金更無可容辯論之餘地故償納時早以金價算不待至今日而言補也（觀第四表自知）此三年中新債五十六兆餘已增價一千餘萬此三年中舊債七十兆餘則已虧去者一千三百餘萬矣此皆照第三表原定之額而已增加者也不可不知）計至光緒六十六年。又須增一百兆有奇。新舊本息鎊虧合算。則應償出者蓋在二千兆內外矣。然此猶就此三年內之金銀比價以推算也。竊觀銀價下落之趨勢。今日猶未達其極點。此後遷流。殆不知所屆焉。蓋銀價所以下落。實緣近來全世界之產銀總額有加無已。而用之者日希。蓋自乙未丙申間。美國印度日本皆改定幣制。用金本位。而銀價一落千丈。以迄今日。供過於求。勢使然也。其間惟光緒二十六年稍漲。則以義和團戰事耳。至現在而又稍漲。則以日俄戰事耳。戰事起於用銀國。戰地一切所需。皆必以銀爲易。不得不輦銀而致之。此其所以暫漲也。然此不過一時之現象爲然耳。戰役既終。其下落必更益甚。此消長之理所萬不能逃。而辛丑壬寅間之往事。可爲鐵證矣。（壬寅夏秋間落至四十四換有奇）今者墨西哥暹羅及英屬海峽殖民地（即南洋羣島）皆次第改用金本位。銀之爲用益狹。恐日俄戰役告終以後。銀價之下落。必將有更甚於壬寅間者。倘我幣制終古不變。則此三十九年內應償千六百餘兆之本利。其所補鎊虧。又必非三百餘兆所能濟。雖四五六百兆。乃至千兆焉。誰能料之。此則眞可爲寒心者也。

各疆吏專於鎊虧問題。互相推諉。至今未能全應。然爲期已迫眉睫。（補還期限在十一月廿一日著者草此稿時爲十一月十二日本書出版之日問題已了結矣）重以外國及中央政府兩層之壓力。疆吏安有不能應者耶。本也。息也。鎊虧也。一皆責成於十八省疆吏。疆吏安所出。則取諸吾民而已。據當時各督撫會奏。謂海關稅增徵切實値百抽五。及前此免稅之洋貨悉徵之。歲可增三百二萬兩。常關歸新關管理。歲可增百五十萬兩。江浙及山東折漕。歲可增百萬兩。此三項合算。凡五百五十餘萬兩。以此欲乞將各省攤派之千八百萬兩。減其十之三。而北京政府不許。卒勒繳原數。於是數年來雜稅及其他種種損下益上的政策。徧行省矣。

今略舉近日各省新財源之所自出如下。

一銅元局

一鹽斤加價

一彩票

一鴉片烟專賣增釐（膏捐燈捐等）

一米捐

一房捐

一屠戶捐

一船捐

一烟捐

一茶捐

一糖捐

一酒捐

一綢緞捐

一首飾捐

一賭稅坿徵

一各省自借洋債

其餘各種雜稅省省不同府府不同縣縣不同名目不下百數十今未有確實之調查不能悉舉就以上所列除銅元局爲政府應得之利益鴉片稅雖極重而非苛此外則何一非厲民之政乎我國民之應負此種義務與否必有若何之權利爲報酬然後可以負之此其問題甚長更於篇末論之今請先語各省自借洋債之得失

中國政治之組織有種種不可思議存者卽各省督撫之權限亦甚一端也謂其有權力耶中央政府之奴隸而已謂其無權力耶則美國各省政府德國各聯邦政府所不能行之權而我督撫能行之者不一見也他勿具論卽如借債一事各國地方行政區雖有地方公債然皆借諸本區或本國之國民（其債券或竟展轉售諸外國人者亦有之然其性質固內債也）未有能直接爲國際交涉以借外債者有之則自中國始

光緒十三四年間前山東巡撫張曜因墊發欠餉借上海德商泰來洋行合規平銀二十萬兩又借上海德商德華銀行四十萬兩德華合同第六款云張撫院如有升遷此項欠款卽歸新任東撫承辦第七款云張撫院如有不能淸償卽將所欠數目奏請朝廷給還並給利息實爲地方官借洋債之嚆矢光緒廿七年則張之洞以湖廣總督之名義借五十萬於滙豐此例一開各省紛紛效尤近則山東也廣東也直隸也兩江也外債之事疊有所聞今未得確實之調查其數不能確指也而此次解補鎊虧湖北廣東又擬借債而外部戶部且致電南北洋及

鄂督令其代各省借債。分借合借皆可。本年十月初六日電見上海時報 天下之奇聞。未有過是者。夫各省借與中央政府自借則何所擇。各省借而將來萬一不能償還。則其責任豈不仍在政府。政府借而將來攤還本息。則其負擔豈不仍在各省。若中央政府以爲重借新債萬不容已。則竟自借之可耳。而必將其交涉卸諸各疆吏何也。一言蔽之。則圖卸目前個人之責任而已。而其敝也。遂使全國財政毫無統一。棼如亂絲。而涓涓不塞。將來流毒遂不可思議。嗚呼。一政府之債務。足以亡國。而況更益以十八小政府之債務耶。吾未知其所終極矣。

公債者。現在各文明國調劑財政之一大妙用也。十八世紀以前。方始萌芽。識者大憂之。英國大哲學家謙謨嘗言『英國殺公債乎。抑公債殺英國乎。二者必居一於是。』當時以爲名言。乃至今日。則幸而其言不中。各國公債日日增長。實有令人可驚者。今列百年間十九國之比較。

第七表　各國公債表本表據日本人所輯世界年鑑其單位日幣一圓也

國名／年度	千七百十三年	千八百七十年	千九百一年
法國	四八〇、〇〇〇、〇〇〇	一、四〇〇、〇〇〇、〇〇〇	一二、一三七、〇〇〇、〇〇〇
英國	五四〇、〇〇〇、〇〇〇	八、〇一〇、〇〇〇、〇〇〇	八、六八四、〇〇〇、〇〇〇
俄國	……	三、四二〇、〇〇〇、〇〇〇	六、八四五、〇〇〇、〇〇〇
奧匈國	一〇〇、〇〇〇、〇〇〇	三、四〇〇、〇〇〇、〇〇〇	五、九一一、〇〇〇、〇〇〇
意國	……	三、三三〇、〇〇〇、〇〇〇	四、〇六五、〇〇〇、〇〇〇
美國	……	四、八五〇、〇〇〇、〇〇〇	四、四九〇、〇〇〇、〇〇〇

西班牙	七〇、〇〇〇、〇〇〇	二、八五〇、〇〇〇、〇〇〇	四、一六四、〇〇〇、〇〇〇
印度		一、〇八〇、〇〇〇、〇〇〇	二、二七二、〇〇〇、〇〇〇
葡萄牙		五九〇、〇〇〇、〇〇〇	一、八四九、〇〇〇、〇〇〇
土耳其		九二〇、〇〇〇、〇〇〇	一、四三〇、〇〇〇、〇〇〇
德國		一、四八〇、〇〇〇、〇〇〇	一、二一八、〇〇〇、〇〇〇
比利時		二八〇、〇〇〇、〇〇〇	一、〇六〇、〇〇〇、〇〇〇
埃及		三七〇、〇〇〇、〇〇〇	一、〇三三、〇〇〇、〇〇〇
荷蘭		七六〇、〇〇〇、〇〇〇	九六〇、〇〇〇、〇〇〇
加拿大		一七〇、〇〇〇、〇〇〇	七二九、〇〇〇、〇〇〇
日本		一〇〇、〇〇〇、〇〇〇	五〇八、〇〇〇、〇〇〇
瑞典挪威		六〇、〇〇〇、〇〇〇	三三〇、〇〇〇、〇〇〇
希臘		一八〇、〇〇〇、〇〇〇	三二〇、〇〇〇、〇〇〇
丁抹		一三〇、〇〇〇、〇〇〇	一三七、〇〇〇、〇〇〇

以上所列。荷蘭以下諸國。其公債皆數百兆元。英國以下諸國。其公債皆數千兆元。法國且至一萬二千餘兆元。而除土耳其埃及西班牙等數國外。未有甚以公債爲累者。更按其人口以計其每人之所負擔。則歐洲中最重者爲法國。每人負擔三百三十四圓有奇。此據一八八七年統計也其時法國人口三千八百二十萬八千九百三人公債額一萬二千八百兆元而澳洲尤甚。每人

負擔四百四十一圓有奇。一八八七年澳洲人口總計三百五十五萬千六百二人公債額各省總計一千五百兆六千八百七十九萬六千五百四十元澳洲附屬之紐西崙尤甚每人負擔六百三十七元有奇。一八八七年紐西崙人口五十八萬九千三百八十六人公債總額一百兆零九百十三萬九千三百六十元其餘各國雖多寡輕重不同而其所負擔要皆重於中國中國人口四百兆有奇而現在所借公債本銀不滿九百兆兩每人所負擔不過二兩餘而謂其力不足以任此無是理也雖然負擔同而其所以負擔者不同今世界上負擔公債最重者宜莫如澳洲之人民試舉澳洲中紐修威及維多利亞兩省情形論之。澳洲自千九百一年以前六省各自爲政府不相統屬千八百六十七年紐修威政府應納公債利息二百八十六萬七千八十元而政府所辦鐵路之贏利六十六萬元官業地售賣及租賃稅所入三百七十五萬元即此兩項已足償債息而有餘近數十年來官地賣去甚多此項所入減少而鐵路所入數倍疇昔至今以此兩者償債息而猶有餘如故也同年維多利亞省政府應納公債利息五百七十六萬元其鐵路贏利所入三百四十萬元官業地所入六百四十萬元即此兩項除償債息外尚餘三之一若此等公債雖重而毫不苦其重也一言蔽之則募公債以投諸生利事業者雖重猶輕募公債以投諸不生利事業者雖輕猶重今試觀維多利亞省所以募公債之原因則其緣公債所得之結果不言自明。左所列者該省一八八七年以前所募債也

第一　募以築鐵路用者　二百兆五千四百四萬八千四百七十元

第二　募以興水利用者　五千四萬七千九百十元

第三　募以興他種工業用者　一千六百三萬九千六百九十元

第四　募以設學校用者　一千五百五萬五千五百七十元

右四項中前三項皆直接生利者也。其第四項。雖似不生利。然爲一國養人才。然後可以維持一國之文明。發達一國之生計。則亦間接生利者也。故以此種性質而負擔公債者。雖重不重。雖然若澳洲之例。惟新開之殖民地。乃能有之。豈能諸國而盡如是。而他國之猶不以公債爲病者。則何也。財政家言列舉國家所募集公債之原因如下。據日本田尻稻次郎公債論第一章

一　因戰亂騷擾。天變地殃。國家需非常之費用。尋常額定之歲入。不能支辦之時。

二　因欲改良交通機關。及擴張其他文武之事業。要龐大之費用。尋常額定歲入不能支辦之時。

三　因欲整頓政治及財政。所費甚多。尋常額定歲入不能支辦之時。

四　國家歲入或一時缺乏。或歲歲缺乏。而欲補足之之時。

五　政府欲奬厲人民之貯蓄。且保護之之時。

六　因欲奬厲保護某種事業。特許與一私人或一會社以補助金之時。

七　戰爭之時。

此所以雖不生利之公債。而亦時募集之不容已也。欲明其理。當知公債與租稅之關係。夫租稅者。國民所負擔也。而公債無論遲早。總須償還。償還之本息。亦國民所負擔也。卽所謂永久公債者。其性質殆幾於不償還。然每歲之息。仍國民所負擔也。何也。彼今世各文明國。其政府歲出預算表中。殆以公債年息占一大部分。公債愈多。則息愈鉅。而歲出愈增。卒不得不取盈於租稅。其賦之於民一也。其所以爲異者。則租稅直接以賦之於現在。而公債則間接以賦之於將來。租稅盡其力於一時。公債紓其力於多次。質而言之。則公債者。不過將吾輩今日應

負之義務，而析其一部分以遺諸子孫云爾。故斯密亞丹、格蘭斯頓諸賢，皆謂公債爲戾於道德。蓋以爲人祖父者，當以利益貽子孫，不當以虧累貽子孫。公債者，無異居今日而先食數十年百年以後之租稅也。雖然，今世學者多駁其說，而財政家亦卒未嘗守硜硜而憚借貸者，則正以爲人祖父，當貽利益於子孫，而非大有所費，則不足以致大利。如彼鐵道、築港、水利、衛生諸事業，其結果之利益，數十百年以後，猶將賴之，非現在之國民所能獨專也。居今日而爲將來國民造福，則其所費者，現在與將來分任之，宜也。抑利益有積極者，有消極者。消極者何？即捍禦患難是已。故擴張軍備與對外戰爭起焉。此其爲不生利之事業固也。雖然，苟微此，則國將弱於人而不能自存。國至於不能自存，則現在國民與將來國民之利益俱滅矣。故爲保全此消極之利益而有所費，則現在與將來分任之，亦宜也。公債所以不悖於道德原理者在是。由此觀之，凡一國之有國債，其目的在此積極消極兩種利益之範圍內者，學理之所許也；反是，則其所不許也。中國今日的國債則何如？甲午一役，雖喪師失地，然戰爭之起因，猶爲爭本國之權利及名譽。戰而勝，則其權利、其名譽，我輩及我輩子孫享之；戰而敗，則其虧累，我輩及我輩子孫負荷之。故吾輩所能責備政府者，曰戰敗之結果，由彼所招而已。若夫因戰敗而不得已以募國債，是吾輩所宜負擔而不容辭者也。乃若庚子之役，則異是。其戰也，本非爲國家自衛起見，未嘗有所不得已者存也。而又絕無戰爭之實力，絕無戰爭之預備。國人皆知其不必戰、不可戰、不能戰，而以一二人之私心拙計，貿然舉全國之膏血，爲孤注一擲，以至遺毒三十九年，負累九百八十二兆二十三萬八千一百五十兩。夫我生不辰，與此狠毒腐敗之政府爲緣，罄吾今日所有，以塡谿壑，則亦甚矣。奈何取我未離襁褓之愛子，未曾出世之幼孫，並其而分所應享之產業，而亦搜括之也。嗚呼！我國民其悟耶否耶？試觀一部二十四史，前代暴虐之主，其稅斂苛重。無論到若何程度。要之受其難者。不過現世之人而已。及其事過境遷。有新政府立。與民休息。則子孫固可以忘祖父之慘毒也。今者新政府之立固遙遙無期。即立矣。而我子孫之含辛茹苦以代今人受過者。且三十餘年而未有已。試問當局者之罪。有一綫焉能爲之迴護容赦否也。

嗟夫既往不可咎矣。政府既無端演出此惡劇。哀哀作城下盟。人方刀俎。我方魚肉。一不應之。則目前然眉之急。已不可收拾。我國民飲滿腔之恨。爲政府償孽債。以紓現在而圖將來。雖不可言。而猶可言也。顧吾儕所最當究問者。則乙未至戊戌間。凡借五千萬磅。而除償款外所餘者。尚一千二百十七萬磅有奇。辛丑以後。各省每年解一千八百萬兩於北京政府。每年所餘者七百萬兩有奇。及今三年。亦二千萬兩有奇矣。（政府於各省前此應徵應解之常款未嘗以賠款重解之故稍爲減免故不能以補鹽課及常關之缺額爲辭）此等羨款。用諸何途。願我國民要求政府予我以決算之報告。不得勿休也。夫政府今日財政之窘。吾儕寧不知焉。其必非括我脂膏以窖藏之於中央金庫。吾敢斷言也。但其用之也。必有其途。苟能以會計清冊宣示於吾儕小民。使吾儕共曉然於其支銷之萬不容已。則雖重而毋怨也。今會計清冊既不可得見矣。吾儕海島飄蓬。於宗國之事實多隔膜焉。無確實之調查。不能代爲發表也。顧以吾所聞。則自乙未至庚子。頤和園續修工程每年三百餘萬兩。皇太后萬年吉地工程每年百餘萬兩。戊戌秋間皇太后欲往天津閱操。命榮祿修行宮。提昭信股票餘款六百餘萬兩。辛丑回鑾費。據各報所記。二千餘萬兩。辛丑後動工興修之佛照樓工程。（在南海子）五百萬兩。（見十一月初四日上海時報）今年皇太后七旬萬壽慶典一千二百萬兩。另各省大員報効一千三百萬兩。即此犖犖數端。專爲一人身上之用。我輩所能知者。其數已盈九千萬兩。其他爲我輩所未知者。復何限。若是夫。雖有數倍今日之外債。幾何不歲月而盡也。彼其言曰食毛踐土。具有天良。夫謂我食汝之毛。踐汝之土。

汝對於我而要求我之天良斯亦已耳而將來我之子孫又將食汝子孫之毛踐汝子孫之土汝子孫行將對於我子孫而要求其天良此無可逃避者也今汝復預對於我子孫而要求彼之天良我子孫天良幾何能堪此兩重無限制之義務耶嗚呼我有此土地有此人民彼外國之債主豈其憂債務之無著也雖所借十倍於今日不患無應之者也所難堪者代人受過之人耳小說家言有博徒擁豔妻者署售妻之劵以貸博資妻既豔矣寧患貸而不得所苦者其妻耳國民乎國民乎今公等每年絞四千三百餘萬之膏血以償國債之本息而所償者有四分之一爲北京城內一人無用之私費也公等節衣縮食拋妻鬻子以獻納於地方有司而地方有司乃貢諸北京爲彼一人修花園慶壽辰築墳墓之之需也公等其知之否耶公等其知之否耶

夫以今日中國情形就使所借者爲內債而固已岌岌不可終日矣況其又屬於外債日本法學博士添田壽一所著財政通論有述外債之弊三節今譯錄之以與中國現在情形相比證焉

其一在財政上募借外債其利息常較內債爲低國家不知不識遂有不當募而亦募者其弊一以用銀國而向用金國募借其交還本息時必蒙大損害如預算百餘萬即可償還者屆時若銀價下落即不能不多費數十萬其弊二外債既重勢不得不出於加稅其弊三凡此皆財政上之弊也

其一在經濟上募借外債則一時之正貨必驟增增則銀賤而物貴凡貨物之生產者交換者消費者必受非常之損害其弊一銀賤物貴則入口貨必多出口貨必少而商業上常立於負差之地位其弊二因進口貨多而正貨之流出者亦多則一時正貨增加之後或即變爲正貨缺乏之時遂有增發不換紙幣者其弊三況所謂募借外債者未必直輸正貨不過以品物交換是不啻獎勵輸入也其弊四凡此皆經濟上之弊也

其一在政事上。外債既多。財政紊亂。於是債主國之政府。與債主國之人民。有干涉政事者。其弊一。縱未必干涉政事。而財政權不能不爲彼所操。以爲抵押之具。是大傷國家獨立之主權也。其弊二。有謂興業外債。不妨募借者。然人生何事無違算。有明明見爲有利而終至失敗者。亦復不少。凡此皆政事上之弊也。

凡此皆於學理上經驗上實有心得之言也。而土耳其埃及阿根廷皆其不遠之龜鑑也。試讀我國國債史。有一焉不蹈此三弊者耶。嗚呼我國民可以悚矣。彼歐美之文明國。無所謂外債也。彼其政府所發出之公債券。成爲一種國際動產。流通於各國市面。有時爲外國人所購持者過半焉。其吸收外資之方法。專恃此。而政府對於此種公債券。大半僅納息而不還本。故永無以外資牽動內政之弊（參觀新民叢報第五十三論說號）。而不然者。以貧弱國對於富强國而負其債務。未有能善其後者也。嗚呼我國民可以悚矣。

夫卽使所借者全屬內債。猶當量將來民力之所能及。使按年可以償還利息。無傷元氣。然後財政之根本不致動搖。而不然者。卽內債猶足以疲弊其國。如近世意大利西班牙是也。而外債更無論也。故彼文明國政府之爲國民司會計也。未有不以十年之通制國用者。全盤籌畫。成竹在胸。提出之以質諸國民之代表人。得其協贊。然後施行焉。今中國政府於借債時。則栩栩然。爾若語及償還。試問有一人焉能提出三十九年之財政方案。以與國民相商榷者乎。無有也。豈必論他日。卽以最近籌補鎊虧一案。其陰血周作張脈僨興之醜態。既已畢露。後此棼亂。寧有紀極。卽微外國債主之干涉。而魚爛取亡之氣象。猶岌岌不可終日也。嗚呼我國民可以悚矣。

然則今日我輩對於此國債問題。當何如。將一惟政府所指派。而唯唯負擔。莫敢辭乎。舉鼎絕脰之患。恐遂不免也。且前此之負擔。已不堪。而以現今之政府。恐將來以債務自縛者。尚不止此數也。抑我輩雖自謂能負擔之。而我輩究據何項之權利，逼令我子孫與我同負擔之也，然則吾輩將不認政府有借貸之資格，而償還之義務，一切不任乎，是不徒勢所不許，而此事要害之點，係乎國際交涉，吾國民靳之而責言之來，受其難者又不僅在政府也，然則對之之道究若何，曰、償還國債之義務，吾國民任之，雖然，「求政府予我輩以前此之決算表，俾我輩得知前此所借者用之何途也，」「求政府予我輩以將來之預算表，俾我輩得知後此所應籌當有若干也，」「求政府予我以永遠之財政協贊權，俾我輩得知政府拮据實情，將竭其力以圖報稱也，」

夫前此國債雖重，然使政府得人，能有道以增一國之總殖，則以我四萬萬人之力，分三十餘年償還之，猶能任也，豈惟前此之債，卽更益以倍蓰焉，以爲生利事業之母財，亦謀國者應有之義焉矣，日本法學博士田尻稻次郎曰，凡一國文物漸進步之時，一切事物皆須改良，勢必需莫大之費用，時則借國債最宜，今者我日本此階級已屬過去，而今日之支那正其時也，（田尻氏公債論四二四葉）準此以談，今後中國國債之增加，誰曰不宜，自今以往，新政府立，能借內債最善也，卽不能而假外債以進一國之幸福，卽我輩對於我輩子孫，猶無慚德也，顧所最慮者，則頤和園也，行宮也，佛照樓也，萬年吉地也，萬壽慶典也，濫用一國民力之保證，恃債主之方便，而歲歲借之以供揮霍焉，則我國民雖家藏金穴，其能副幾年之悉索也，歐人有常言曰『不出代議士不納租稅，』今吾亦爲一言以正告我國民曰「不得財政監督權，不納公債額派之本息，」

夫公債之本息，政府以何道取之於我乎，亦曰租稅而已，我國民當由何道乃得有財政監督權乎，亦曰出代議士而已，故吾實繹演歐人之常言，以正告我國民曰「不出代議士，不納租稅，」

全書既成，得內地最近報紙，則戶部因此次補還鎊虧，又不得不出於借款，初借一千萬兩於比利時，既有成議，旋以息重折扣大，卒改與匯豐銀行借六百萬兩。利息五釐。以某處鐵路作抵云。又云。鄂督張之洞。向瑞記洋行借款二百萬。現已定議。聞尚須借二百萬。又云。粵督岑春煊與德商滿德氏借四百萬。利息八釐。分六十年攤還云。（見十一月十二十三日上海時報）嗚呼。若此我國民又增千二百萬之負擔矣。嗚呼。吾恐今後此種事之攖我筆端者。且日起而未有已也。又可盡記乎。嗚呼。

附埃及國債史（采譯日本柴四郎埃及近世史第十二章）

蘇彝士河者。於世界之商業。招非常之繁盛。於歐洲東洋之貿易。與莫大之利益。然使埃及沈淪於負債之淵。非獨無利益而使之衰弱疲弊。至一蹶不振者。實無非因此蘇彝士河之所致也。

埃及握歐洲之管鑰。地勢最雄勝。且富於物產。歐洲强國所常爲注目而垂涎者也。終亞馬斯之世。以財政整理。國庫綽有餘裕。遂無隙可乘。至濟度之時。專務奢侈。國庫忽告空乏。而時以運河之大工。資本不足。不得不揭數千萬弗之外債。此正歐洲强國償多年熱望之時機也。其國家財政之大紛亂。實可謂根源於外債矣。

濟度死。威斯明流承其大業之後。欲籌巨萬之資金。是歐洲諸國全市停滯。資本憂無地投入之時也。自諸器械之日發生。工業之頓振起。物品之製造日急日盛。而需用猶苦。故不能暢銷。資本金無所用之。空置庫中而已。於是歐洲之投機師以爲以此投彼。其利不少。乃以濟度威斯明流之心醉歐風。爲奇貨。藉本國之强盛。欺埃及之微弱。一千八百六十二年。貸一千八百五十萬弗金於埃及王。又一千八百六十四年。貸二千八百五十二萬弗。二者利息甚高。除居間人及周旋雜費。其入於埃及政府實數者。第一次不過一千三百二十萬弗。第二次不過二千四百三十二萬弗而已。以此負債因建國之體面。有公私混合負債之觀。

小貧之國。忽得巨額之資金。頓呈繁盛之狀。此理所應然者也。故於埃及亦俄見商工業之繁昌。即如出口貨。一時亦大爲增加。威斯明流狂喜。眞信爲外債之効驗。更於一千八百六十六年。自英法二都募三千餘萬弗。六十八年借入五千九百四十五萬弗。皆須非常之高利。除各費外。其實不過數千萬而已。

土耳其政府見埃及之外債漸加財政日困大憂後日之事傳嚴命令埃及之國稅除正項費用外不許消費此後非經土國政府之許可禁募外債時內者經營種種之大事業要鉅大之資本外者外國資本家及投機者盡百方之術惑威斯明流又顧問官之歐人以邪說誘威斯明流曰資生之眞理凡因需用供給於所握要者必集資金若非握要者決不集也今歐洲之市場資金充滿欲用無處之時而埃及得振興工業資金必要之時也故歐洲之資金之來於埃及是從資生上需用供給之正理者也且增加有限之國債而能振興工業商業物產繁殖國力發達是決無足憂故如歐洲各國其富强文明必於其國債之多少卜之也蓋購物品必須出相當之價值今日募國債者是購發達國力原品之價也並天下之事最重時機今日者爲興工業商業之時機若憂外債之爲累任資金缺乏不振興其有爲之工商業歐洲市場之金市忽變至不應埃及之募是失千載一遇之好時機也又曰土國政府之命令是禁埃及政府之起國債非禁埃及王之私債若抵當王室所有之土地而起國債是一家之私債而已土政府豈得干涉之哉威斯明流大喜此說以駐箚土國之英國大使駐箚埃及之英國外交官之居間一千八百七十年於英國借入新國債三千五百七十一萬五千弗是亦非常之高利合計償先次負債之利及今回之報酬費開消一千零七十一萬五十弗實入於埃及不過二千五百萬弗而已

土國政府怒其不用命又起新國債痛責其政府並送書於英國曰埃及之新負債皆土帝之詔其抵當者雖爲埃及王之所有於間接則關於土耳其帝國之租稅此實皆國法之負債英國雖收納其書然不答一語英法之貪婪資本家及投機者猶以爲未足更欲私壟斷之利乃會資金家議借入之策欲土帝收回嚮日之

成命。一千八百七十三年。贈四百五十萬弗之賄賂於土帝。與二三大臣及宮人。可謂空前絕後之大賄賂。於是土帝受私人之蠱惑與異議之大臣不協議。直以一封之勅收回前諭。土國熱心之大臣聞之。直向英國大使告彼之勅令未經主務大臣之認可。是不用者也云云。而大使斥之曰。余不任計他國利益之責。只以計英國利益爲己任者也。今得貴國皇帝陛下眞正之勅書。實確不拔。必須奉行之者也。敢謝絕貴諭。其後資本家及投機者。以賄賂之効。更借三億六千萬弗於埃及政府。其貸借之條約。誠出意外。實得不過二億二千七百五十萬弗。其餘如前例。皆要償先次負債之利。及出報酬費也。當時駐箚之英法外交官及埃及高貴之官吏。不受此報酬之費者。非淸廉高潔之人物。卽癡人愚人也。其所募之外債。其利重於其本。占十分中之二成五六。低者亦於其本占十分中之一成二五。者也。其中有四千五百萬弗不以現銀交付者。只買跌價之股票。計其原價而交付。其專橫實可謂良心蠢昧者也。

一千八百七十四年。埃及政府起內國債。雖用非常强迫之手段。僅不過得一千萬弗。又其紙幣以非常低廉。始得發行。

一千八百七十五年之夏。財政陷於不可爲之困難。欲淸外國債之利。則財貨之出無途。不淸則債主之逼迫愈甚。支絀倉皇。莫可言狀。於是英國之外交官。迫威斯明流曰。時勢旣已至此。無可如何。爲今日之謀。惟聘長於財政之歐人。以爲顧問官。使依其意見而辦理。威斯明流從其言。招聘英國有名理財家計侮。計侮來埃及後。從事於財政之經理。而紛亂更甚。因外國債之外。更有無抵當之國債九千萬弗。曾約上期淸償利息。遂以高利貸於他處。俾踐其約。其他國內之租稅。悉供抵當於外國債主。計侮因大驚愕。當時報告於英國政府書中日。一千八百七十三年之國債。雖以一億七千四百四十九萬弗。淸十年間之利息。而利上生利。負債非惟不減却。至倍於舊債。而其生財之道。使人民納上期之租稅。甚至勒捐亦往往爲之。今無可如何之時也。當時國債之利息。每歲所出須二千八五百十萬弗。而合算全國之租稅及其他之收入。不過四千二百五十萬弗。政府發租稅一時上納之新令。此法凡有先納六年之地稅。則可永久半減。據其預算得一億四千萬弗之新收入。雖然、是實謀之最拙者。徒救目前之急。不慮後日者也。故二千二百五十萬弗之收入至千八百八十六年減却一千三百萬弗。

埃及之困難至此。而計侮果有何良策以救之哉。使力勸英法減非常之高利。改不法之條。運其妙策。使埃及民新其開財運。尙可挽回。然計侮計不出此。唯不過向債主乞諾少時之寬限而已。故後來迫威斯明流建埃及財政管理局。使英法人監督其財政。英法之債主及外交官。亦以此事相迫。遂決意設埃及財政管理局。由英法二國簡派全權委員任其事務。

一千八百七十六年春。英之全權委員乞遜來於埃及。十一月。英之骨新、法之讓迫流。各爲其國之全權委員而來。然此時威斯明流於歐洲全權委員之事。尙未承諾者也。而英法之總領事。至於王宮。告威斯明流曰。從殿下之尊命。召集三氏。三氏者非英法之官吏。實欲盡力於埃及者也。自今財政上之困難。可與讓迫流乞遜二人協議施行。骨新者曾爲內閣員。可備殿下之顧問。事無大小。悉可諮詢。大藏大臣（卽戶部尙書）征泥駒侯者。富豪而有勢力。不以此二事爲然。拒絕其請。互相持者十有五日。至十一月十日。征泥駒侯突然被縛。誣以與各州同盟。又與歐人密約謀反之罪。卽日流之白河。此刑與死刑無異云。又據世人之所傳。當內閣之審判。絕不容征泥駒之辨駁云。夫征泥駒之陷於重刑者。實果有其罪。抑出於他人之奸策。今內外之人。皆所知悉。蓋征泥駒未就縛之前。英之總領事之報告書曰。英法之管理員與埃及大藏大臣大相齟齬然。大藏大臣者。不日必失敗。即此一報。亦可粗知矣。

是月十八日。威斯明流遂從其議。任二人爲歐洲派遣埃及財政管理官。使管督歲入檢察出納之利子。管理鐵路掌歷山港之關稅。於是埃及一國有兩大藏省之觀。

又英國政府出自誠意。以派遣適當之顧問官爲顧問。而英之總領事。及他之二人不利之。使埃及政府辭之。一千八百七十七年一月。政府如約償一千百五十萬弗之公債利息。其得此實甚困難。實自民開納半年前之租稅而得之者也。

聞管理新增聘歐人數十人。其俸給十七萬五千弗。皆自埃及政府支出者也。

未幾債主起新要求。即自英埃銀行借入之八百萬弗內。使其二千五百英人股分促三百二十萬弗之償還。

七月十五日爲償公債利子一千零四十七萬四千八百七十五弗之期限。埃及國中之資財。既已涸竭。故威斯明流告於英法領事曰。今日爲償還利子。我政府於上納期已使先納九月。又一年之租稅。今也無租稅之可徵。無財貨之可得。領事答曰。非不察貴國之內情。然不諾此要求。殿下必陷非常之大困厄。既又密謁威斯明流曰。若萬不得已。則有一策。舉股東之最有勢力者數人。給以高俸。僱入於埃及政府。使爲官吏。或可轉圜。威斯明流無他策。遂從此議。用無用之歐人數十人。於是請求暫止。政府亦稍得爲安堵。而忽又自他之股東發要求之議曰。埃及財政之困難者。固所深悉也。雖然、我輩債主。萬無因負債人之困難。而延期焚券之理。期

限既至不可不取償者也政府又運百方之計策而償還之此時使邦內之人民破其產失其職而爲流浪之客者不下數萬戶云

財政之紛亂既極威斯明流奮然告諸國之領事曰今日歐人之在埃及者殆過十萬人然皆自埃及獲利取益而未嘗納一錢之稅甚至犯法而走私自今欲課至當之稅而嚴禁彼等之走私其後兩月威斯明流對英法總領事告必課外人稅及嚴禁走私之意欲藉英法二國之力以行之英法政府依違不答遷延時日至翌年之十二月英人覆之曰我政府亦非敢斥貴國之望然欲遂此志須先將政治與財政立一改革之誓約且允諸凡事皆服從於混合裁判所判決云云此書不過曖昧模糊使不能測其意之所在而已

以是議遂不行財政益陷窮窘而追債愈迫無可如何因以實狀將各國債主訴於領事債主等則曰貴國困難之狀固深知而痛憫者也雖然以吾輩之所見整理財政似尙未至從來吾歐人之管督者不過貴國之歲入若更使管督歲出調理必得其宜而免此困難今若此眞無可如何也吾輩更協議而得適當之方法一者是使干涉內政握財政之全權一者是使埃及王出其私有財產也威斯明流今者知行政之不可用外人決行拒絕而歐人猶密查內政屢以減不急之歲出爲請在朝之歐人亦相助以拒政府是所以激成他日之變者也然此時猶未有舉動至露舉動之形蹟在十八個月之後此時政府盡百方之術以計歲入終不能集遂至埃及官吏之俸給亦違其例期一千八百七十八年管理官之報告曰尼羅河水涸人民瀕於飢餓地稅一無所入政府不得已徵收十二歲以上之男子以二倍之人口稅其人民之窮困亦無足怪也大藏大臣仰屋咨嗟歲入四千七百七十一萬五千弗之中以三千七百三十六萬五千萬弗爲外國債主之額以五百萬弗

供蘇彝士河課稅等之用。所餘五百三十五萬弗供埃及一年之政費。故埃及官吏之俸給。積至數月而不得支給。而所僱之歐人。依然如昔。若稍遲滯。則訴之於混合裁判所。即得擅支大藏省金庫之權。然擅支一事。英國總領事告於本國。以外務大臣之權力禁止之。

時勢如此。內國人之飢餓難堪。有志之士。因而遍傳檄文曰。國步艱難。人民沈於苦厄。且負債又必須清償。吾人豈能坐以待斃哉云云。埃及政府計無所出。乃請於管理官。使延其償還利息之期。且曰。若不許。國民不免餓死。今我大藏省金庫不留一錢。而管理局之金庫。蓄積數千萬金。雖從我之請。亦無甚困難者也。而管理官斥之曰。貴國與吾人協力籌辦可也。至於其他。不敢與聞。會英國內閣傳嚴令於總領事。謂我國債主及被雇人之要求。須令埃及政府約之。於是總領事迫埃及政府。謂此負債者。必如期清繳。不得已亦要與國王之私產以如其約。蓋金額六百萬弗也。威斯明流復告英總領事曰。余王此國。不可無保王位之資。又保護宗教。不可無費用。而六百萬弗之鉅金。到底不能辦也。然英法諸政府不聽之。且答之曰。貴國之內政。與我無關。然我政府謂須使我人民收其應得之利。故不得不出此者也。

然歐洲管理官以不能得埃及歲出之權。尚餘遺憾。遂託王子發箋以事使來混各裁判所蠱惑訊究。使陳述其政府歲出入之狀況。取其口供。是蓋供攻擊埃及政府之材料也。

時管理官由英法政府得干涉埃及歲出之命令。大增其力。據彼之材料。且詰且迫。威斯明流固執不從者二月。然猶迫促不已。唯任以稽查歲出狀況之委員。委員稽查之後。謂埃及財政之紊亂。由於國王處置不得其宜。告訴於混合高等法院。法院素爲歐人所掌握。遂爲歐人相聯結。不直國王。其裁判費用數十萬金。悉自埃及政府支出是一千八百七十八年事也。嗚呼、使當埃及强盛時。其肯服於無理之判決。而屈從於此等歐人之下哉。今也唯唯諾諾。惟命是從。如釜上肉。如囊中物。可勝慨哉。

因高等法院之判決。埃及之歲出入者悉委任諸歐人。又以償債於債主。籍沒其宮殿之裝飾物。而威斯明流裝飾物既典賣於親屬者也。乃拒其籍沒債主又爲僞證。大相爭論。故人民激昂。盡奮有以死禦防國王之舉動。

從委員召外務大臣兼司法大臣清流夫於委員庭。欲有所訊問。而侯斥之曰。有可商之事。當以書相商。一國大臣豈可被召於外國委員之前。而受訊問者哉。固持不應。自是政府與委員大生葛藤。遂使侯辭其職之一大原因也。

既又爲償國債利息一千萬弗之期。然羅掘百方。終無所得。歐之管理員因强迫威斯明流曰。爲一國之主權者。不可不負此責。宜出其私產以償此債。辯論數日。終以公私混合負債爲口實。遂使出王室所有之土地典之於歐洲之豪富家路斯中流士。得四千二百五十萬金。充是年及明年之利息。此際委員長宍遜及武利苦寧、謂爲王籌畫以濟國家之急。而籠絡埃及政府。武利苦寧遂入爲工部大臣。宍遜遂爲大藏大臣。是實一千八百七十八年也。而宍遜猶不辭管督英國負債委員之任。夫埃及之大工。不過尼羅河之堤防與鐵道之二事。故工部大藏二大臣實握一國之咽喉者也。今也英人爲大藏大臣。而司出納。法人爲工部大臣。而司造作。嗚呼、謂埃及之全權已盡落英法二國之手。誰不謂然哉。思毛計之埃及記事曰。二人者假本國政府總領事及債主之威。得無限之權力。而吸收埃及人之膏血。然彼猶假爲熱心救埃及之貧困。一入內閣。行政務之改革。卽黜埃及人五百餘人。而以親戚朋友及歐人數百代之。其言曰。欲行革新之政。不可不以適我用者置於部下。而埃及人者老朽不堪任使。何其橫恣之甚哉。

一千八百七十九年之始。歐人之爲埃及官者五百四十四人。自裁判鐵道電信稅關等至於不甚握要之職。皆錄用歐人。是年之末。更增二百八人。俸金增三十萬弗。一千八百八十年。又增二百八十人。俸金加十一萬八千弗。其後使用歐人漸多。至一千八百八十二年。多至一千三百二十五人。俸金支給一百八十六萬五千弗。

英國總領事曾謁威斯明流。請求公債之利息。威斯明流太息曰。汝責余以盡責任。雖然、責任二字。實非責余之語也。余今日於埃及之境遇果何如哉。余既爲私産及人權及內閣於汝等。尙得謂責任之在於余哉。初汝英國政府猶以好意待余及余之政府。而今全相反。惟欲窘厄余及余之政府。何哉。

埃及自政府聘用歐人困難漸甚。租稅不能募。公債不能募。彼等因畫一策曰。從來丈量土地。概甚疏簡。其未升科之地當不少。乃派歐人一隊於各地以實測之。然實測云者。習慣於其地者尙以爲難。況不知土音地勢之歐人。而欲見其效哉。以收支之資不相償。加以人民之物議沸騰。乃暫緩之。再籌別策。欲先汰埃及人之官吏及埃及之兵。以得公債之利息。蓋減兵士者有二便。第一可減政費。第二減其將士使易壓制也。於是先半減士官二千五百人之俸金。以其所得償諸歐人。然猶不足。更出一策。課庸役。許以金償。又徵租稅於貴族。當時人苦重稅。且受實測土地之擾。國民遂奮怒。於是國內之議員集於海樓府。痛論埃歐混合之內閣有礙一國之獨立。且搖動立國之基云。

始歐人輕侮埃及人之無能爲力今見國民黨之勢漸盛大恐遂變殺王權之手段借王權而鎭壓之外交官迫威斯明流曰國民黨與歐人作對者卽與內閣作對者也與內閣作對卽與殿下作對者也宜速下嚴令使各歸故鄕是殿下之責也

後因國民之輿論解散埃及混合之內閣（外國內閣者違下議院之公論其大臣不得不辭職是云解散）然威斯明流亦被外人廢其位而立通必苦

通必苦者由歐人所擁立自是歐人之專橫愈甚一千八百七十九年使通必苦建管理總事務所蓋建此事務所者實歐人欲爲內閣員然以全國輿論激烈不平遂罷此議

是年十月又爲償利息之期其困貧如昔先以收地方租稅作抵借入公債因不能償故歸於歐人之手甚多歐人又欺農民之無學而不通法律被掠取者不可勝數又假混合裁判之虛威構造種種之事情不納租稅於政府農民無處可謀衣食不得已發賣家畜以助生活者絡繹不絕眞有餓莩載道之狀然政府迫於外人之誅求施笞杖之酷刑徵集租稅其猶不納者下之於獄

酷刑慘狀至此而國費終不可得於是除求減償金之外幷無他策乃由歐人中選財政委員使稽查債主之所減若干收入於埃及人民若干及地租之最高價選英二人法二人德奧各一人以當其任是一千八百八十年也

委員等協議決行往年實測土地之議蓋其意專欲廢租稅一時上納法故欲自令實測土地謂至狹之地亦比從來納稅面積較廣以欺政府使收回租稅一時上納法之令者也以是民人更含恨於歐人矣

是年四月。布告新償國債法。其法曰平均從來之高利年七朱。然當年增加利息。比原價更鉅。則七朱之利。實爲八朱。今計埃及之總負債有五億三千萬弗。是償七朱之利不可不於年年埃及之歲入以四成半而充其數。又因此法而廢租稅一時上納法。此人民爲國家之急貸高利之債。而納上期之租稅。於十四年間可至一億二千萬弗。而一旦竟無着落。人民豈能默默哉。夫使管理官行適宜之策。非與公債證書（卽昭信股票）則須與以他之利益。使償其損失。乃不爲籌畫。漫然斷行。橫暴亦可謂甚矣。於是物議沸騰。民情洶湧。外國管理員吏相協議。一年以七十五萬弗分五十年間攤還。人民猶以爲非理。訴之混合裁判。卒被排斥。嗚呼、政府所與之七十五萬弗曾不足抵人民一年所損失之一朱。況其七十五萬弗者。亦由稅人民之土地而得之。更非得自政府。是卽無異於自取而已。嗚呼、所爲如何。尙得謂爲人整理財政者哉。雖然、國步之所以陷於如此艱難者。全根原於外債。可不愼歟。可不愼歟。

飲冰室專集之二十六

德育鑑

例言

鄙人關於德育之意見前所作論公德論私德兩篇既已略具本書即演前文宗旨從事編述記有之有可得與民變革者有不可得與民變革者竊以爲道德者不可得變革者也近世進化論發明學者推而致諸各種學術因謂即道德亦不能獨違此公例日本加藤弘之有道德法律進化之理一書即此種論據之崖略也徐考所言則僅屬於倫理之範圍不能屬於道德之範圍（道德之範圍視倫理較廣道德可以包倫理倫理不能盡道德）藉曰道德則亦道德之條件而非道德之根本也若夫道德之根本則無古無今無中無外而無不同吾嘗聞之子王子之言矣曰『良知之於節目事變猶規矩尺度之於方圓長短也節目事變之不可預定猶方圓長短之不可勝窮也故規矩誠立則不可欺以方圓而天下之方圓不可勝用矣尺度誠陳則不可欺以長短而天下之長短不可勝用矣良知誠致則不可欺以節目事變而天下之節目事變不可勝應矣』夫所謂今之道德當與古異者謂其節目事變云爾若語於節目事變則豈惟今與古異抑且隨時隨地隨事隨人而在在而皆可異如人民服從政府道德也人民反抗政府亦道德也則因其政府之性質如何而所以爲道德者異緘默謹言道德也游說雄辯亦道德也則因其發言之目的如何而所以爲道德者異寬忍包荒道德也競爭權利亦道德也則因其所對之事件如何而所以爲道德者異節約儉苦道德也博施揮霍亦道德也則因其消

費之途徑如何。而所以爲道德者異。諸如此者。其種類恆河沙數。累萬紙而不能盡也。所謂道德進化論者。皆謂此爾。雖然。此方圓長短之云。而非規矩尺度之云也。若夫本原之地。則放諸四海而皆準。俟諸百世而不惑。孔子所謂一以貫之矣。故所鈔錄學說。惟在治心治身之要。若夫節目事變。則臚舉難殫。恃原以往。應之自有餘裕耳。公德私德。爲近世言德育者分類之名詞。雖然。此分類亦自節目事變方面觀察之。曰某種屬於公之範圍。某種屬於私之範圍耳。若語其本原。則私德虧缺者。安能襲取公德之孅名。而僅修飾私德而弁髦公德者。則其所謂德已非德。何以故。以德之定義與公之定義。常有密切不能相離之關係。故今所鈔錄。但求諸公私德所同出之本。若其節目。則劉蕺山人譜及東人所著公德美談之類。亦數倍此編之卷帙。不能盡耳。

本編所鈔錄。全屬中國先儒學說。不及泰西。非敢賤彼貴我也。淺學如鄙人。於泰西名著。萬未闚一。憑借譯本。斷章零句。深懼滅裂以失其眞。不如已已。抑象山有言。東海西海有聖人出焉。此心同也。此理同也。治心治身本原之學。我先民所以詔我者。實既足以供我受用而有餘。孔子曰。知及之。仁守之。又曰。得一善則拳拳服膺而不失。竊謂守而不失。然後其物乃在我。否卽博極寰海。亦口耳四寸之間耳。語曰。豈賣菜也而求添乎。守爲日道損之義。雖見誚固陋。所不敢辭。

本編不可以作教科書。其體裁異也。惟有志之士。欲從事修養以成偉大之人格者。日置坐右。可以當一良友。其甄錄去取之間。與夫所言進學之涂徑次第。及致力受用之法門。自謂頗有一日長。不然。安取勦說以禍棗梨也。若夫學校用本。尙思別述。殺青之期。不敢言耳。

乙巳十一月　著者識

德育鑑

目錄

飲冰室專集之二十六

德育鑑

辨術第一

術者何。心術之謂也。孟子稱仁術。謂有是術然後體用乃有可言也。又曰。羿之敎人射。必志於彀。學者亦必志於彀。不有彀以爲之閑。學皆僞學矣。述辨術第一。

古之學者爲己。今之學者爲人。論語

君子求諸己。小人求諸人。論語

古之學者爲己。欲得之於己也。今之學者爲人。欲見知於人也。程明道顥

古之學者爲己。其終至於成物。今之學者爲物。其終至於喪己。程伊川頤

啓超案論語此二章。學者視爲老生常談。習焉不察久矣。實則爲學不於此源頭勘得確實。直是無用力處。二程之解釋最當。

君子喻於義。小人喻於利。論語

凡欲爲學當先識義利公私之辨。今所學果爲何事。人生天地間。爲人自當盡人道。學者所以爲學。學爲人而已。非有爲也。陸象山九淵

學者須是打疊田地潔淨。然後令他奮發植立。若田地不潔淨。則奮發植立不得。古人爲學。即讀書然後爲學可見。然田地不潔淨。亦讀書不得。若讀書則是假寇兵資盜糧。（陸象山）

入道之路。莫切於公私義利之辨。念慮之興。當靜以察之。舍此不治。是猶縱盜於家。其餘無可爲力矣。（方正學孝孺）

今人爲學。多在聲價上做。如此則學時已與道離了。費盡一生工夫終不可得道。（胡敬齋）

數年切磋。只得立志辨義利。若於此未有得力處。卻是平日所講。盡成虛話。平日所見皆非實得。（王陽明守仁）

學絕道喪。俗之陷溺。如人在大海波濤中。且須援之登岸。然後可授之衣而與之食。若以衣食投之波濤中。是適重其溺也。（王陽明）

學絕道喪之餘。苟有興起向慕於學者。皆可以爲同志。不必銖稱寸度而求其盡合。於此以之待人可也。若在我之所以爲造端立命者。則不容有毫髮之或爽矣。（中略）今古學術之誠僞邪正。何啻碔砆美玉。有眩惑終身而不能辨者。正以此道之無二。而其變動不拘。充塞無間。縱橫顛倒。皆可推之而通。世之儒者。各就其一偏之見。而又飾之以比擬倣像之功。文之以章句假借之訓。其爲習熟既足以自信。而條目又足以自安。此其所以誑己誑人。終身沒溺而不悟焉耳。然其毫釐之差。而乃致千里之謬。非誠有求爲聖人之志。而從事於惟精惟一之學者。莫能得其受病之源。而發其神奸之所由伏也。若某之不肖。蓋亦嘗陷溺於其間者幾年。倀倀然既自以爲是矣。賴天之靈。偶有悟於良知之學。然後悔其向之所爲者。固包藏禍機。作僞於外。而心勞日拙者也。十餘年來。雖痛自洗剔創艾。而病根深痼。萌蘗時生。所幸良知在我。操得其要。譬猶舟之得舵。雖驚風巨浪。顛沛不無。尚猶得免於傾覆者也。夫舊習之溺人。雖已覺悔悟。而其克治之功。尚且其難若此。又況溺而不悟。日益以深者。亦將何所

抵極乎王陽明

論語所謂異端者謂其端異也吾人須研究自己爲學初念其發端果是爲何乃爲正學今人讀書只爲榮肥計便是異端夏廷美

聖門敎人無甚高遠只是要人不壞心術狂狷是不壞心術者鄉原是全壞心術者錢啓新一本

啓超謹案居今日而與學者言義利之辨無論發心體認者渺不可得但求其不掩耳卻走者蓋千百中無一矣何也所謂權利思想所謂功利主義既已成一絕美之名詞一神聖之學派今乃舉其與彼平昔所服膺最反對之學說而語之匪直以爲迂且以爲妄耳吾今爲一至淺之解釋以勘之先哲所謂義者誠之代名詞耳所謂利者僞之代名詞耳吾輩今日之最急者宜莫如愛國顧所貴乎有愛國之士者惟其眞愛國而已苟僞爲愛國者盈國中試問國家前途果何幸也驟執一人而語之曰爾之愛國僞也未有不艴然怒者而究其極果爲眞爲僞苟非內自鞫之而他人安能察也試自鞫焉吾知其中必有兩種人其一則本無愛國之心而以此口頭禪可以自炫於天下冒之以爲名高也此明察其僞而安之者也其一則受風潮之刺激聞先覺之警導其愛國心激發於一時自問現在之一念似未嘗雜以僞者存而此念之果能確實久持與否在我抑未能自信也由前之說則自暴自棄甘於爲小人不足責矣由後之說則吾將來或成就一眞愛國者或成就一僞愛國者其幾甚微而用力不可以不豫也吾儕無論何人於並時朋輩中或其所交者或其所聞者必嘗有數人焉在數年前自命爲愛國志士同人亦公認其爲愛國志士而今也或以五六七品之頭銜百數十金之薪俸而委蛇以變其節也或徵歌選色於都會武斷盜名於家鄉而墮落不可復問也則必指名戟手而唾之曰某

也某也其平昔所談愛國皆僞也。設其時有旁人語我曰數年以後。恐足下其亦如彼。則我必艴然怒也。庸詎知彼輩自始固非盡出於僞。如吾所謂自暴自棄甘心爲小人也。其數年前受風潮之刺激。聞先覺之警導。而忽然激發其一念之熱誠。猶吾今日也。顧何以今竟若此。則以承數百年學絕道喪之餘。社會之腐敗已極。自其未出胎之始。已受種種汚惡之遺傳性。又自孩提稍有知識以迄於弱壯。其浸染於無形之惡敎育者。至深且厚。及其受風潮之激刺。聞先覺之警導。而忽焉有此一念之熱誠。正乃孟子之所謂外鑠。而前此種種之惡根。與此一念正成反比例者。卒未之能拔。及其一旦離學界以入於他種之社會。則其社會又自有其種種之惡現象相與爲緣。而與前此所留之惡根。如電斯感。如芥斯投。故不轉瞬而所謂此一念之熱誠者。乃如洪爐點雪。銷歸無有也。吾儕自問視陽明先生何如。以陽明先生之大賢。猶曰十餘年痛自洗剔創艾。而病根深痼。萌蘖時生。而吾儕謂一時受刺激聞警導所發之熱誠。遽足以自信。多見其不知量也。誠如是也。則我今日所指名唾罵之夫己氏。安保其不爲數年後我躬之化身也。今欲免之。其道何由。亦曰於陸子所謂打叠田地潔淨。王子所謂拔之登岸者。痛加工夫而已。以孔子之言言之。則爲己也。喻義也。此關不勘得眞。不操得熟。則終是包藏禍機。終是神奸攸伏。他日必有奪其宮而墜諸淵者。安得不懼。安得不勉。

先師講學山中。一人資性警敏。先生漫然視之。屢問而不答。一人不顧非毀。見惡於鄉黨。先師與之語。竟日忘倦。某疑而問焉。先師曰。某也資雖警敏。世情機心。不肯放舍。使不聞學。猶有敗露悔改之時。若又使之有聞見解。愈多。趨避愈巧。覆藏愈密。一切圓融智慮。爲惡不可復悛矣。某也原是有力量之人。一時狂心銷遏不下。今既知悔。移此力量爲善。何事不辨。此待兩人所以異也。王龍溪幾〇先師指陽明

孟源有自是好名之病。先生喻之曰。此是汝一生大病根。譬如方丈地內。種此一大樹。雨露之滋。土脈之力。只滋養得這個大根。四旁縱要種些嘉穀。上被此樹遮覆。下被此樹盤結。如何生長得成。須是伐去此樹。纖根勿留。方可種植嘉種。不然任汝耕耘培壅。只滋養得此根。傳習錄○先生指陽明

啓超謹案。象山所謂田地不潔淨則讀書爲藉寇兵資盜糧。陽明所謂投衣食於波濤。只重其溺。以此二條參證之。更爲博深切明。蓋學問爲滋養品。而滋養得病根。則誠不如不滋養之爲愈。趨避巧而覆藏密。皆非有學問者不能。然則學問果藉寇兵資盜糧也。近世智育與德育不兩立。皆此之由。

聖人之學。日遠日晦。而功利之習。愈趨愈下。其間雖嘗瞽惑於佛老。而佛老之說。卒亦未能有以勝其功利之心。雖又嘗折衷於羣儒。而羣儒之論。終亦未能有以破其功利之見。蓋至於今。功利之毒。淪浹於人之心髓。而習以成性者。幾千年矣。相傾以知。相軋以勢。相爭以利。相高以技能。相取以聲譽。（中略）記誦之廣。適以長其敖也。知識之多。適以行其惡也。聞見之博。適以肆其辯也。辭章之富。適以飾其僞也。是以皋夔稷契所不能兼之事。而今之初學小生。皆欲通其說。究其術。其稱名借號。未嘗不曰吾欲以共成天下之務。而其誠心實意之所在。以爲不如是則無以濟其私而滿其欲也。嗚呼。以若是之積染。以若是之心志。而又講之以若是之學術。宜其聞吾聖人之教。而視之以爲贅疣枘鑿。亦勢有所必至矣。王陽明

啓超謹案。王子此言。何其淋漓沈痛。一至於是。讀之而不羞惡怵惕創艾奮發者。必其已卽於禽獸者也。其所謂稱名借號曰吾欲以成天下之務。而誠心實意乃以濟其私而滿其欲。吾輩不可不當下返觀。嚴自鞫訊。曰若某者。其能免於王子之所訶乎。若有一毫未能自信也。則吾之墮落可計日而待也。夫以王子之時。猶曰此

毒淪浹心髓。既已千年。試問今之社會。視前明之社會何如。前明講學之風徧天下。搢紳之士。日以此義相激厲。而猶且若是。況於有淸數百年來。學者公然以理學爲仇敵。以名節爲贅疣。及至今日。而翻譯不眞首尾不具之新學說攙入之。我輩生此間。其自立之難。視王子時又十倍焉。非大豪傑之士。其安能脫此羅網以自淑而淑世耶。

妄意於此二十餘年矣。亦嘗自矢以爲吾之於世。無所厚取。自欺二字。或者不至如人之甚。而兩年以來。稍加懲艾。則見爲吾之所安而不懼者。正世之所謂大欺。而所指以爲可惡而可恥者。皆吾之處心積慮。陰托之命而恃以終身者也。其使吾之安而不懼者。乃先儒論說之餘。而冒以自足。以知解爲智。以意氣爲能。而處心積慮於可恥可惡之物。則知解之所不及。意氣之所不行。覺其缺漏。則蒙以一說。欲其宛轉。則加以衆證。先儒論說愈多。而吾之所安日密。譬之方技俱通。而痿痹不恤。搔爬能周。而痛癢未知。甘心於服鴆。而自以爲神劑。如此者不知日凡幾矣。嗚呼。以是爲學。雖日有聞。時有習。明師臨之。良友輔之。猶恐成其私也。況於日之所聞。時之所息。出入於世俗之內。而又無明師良友之益。其能免於前病乎。夫所安者在此。則惟恐人或我窺。所蒙者在彼。則惟恐人不我與。託命既堅。固難於拔除。用力已深。益巧於藏伏。於是毀譽得失之際。始不能不用其情。此其觸機而動。緣釁而起。乃餘症標見。所謂已病不治者也。且以隨用隨足之體。而寄寓於他人口吻之間。以不加不損之眞。而貪竊於古人唾棄之穢。至樂不尋。而伺人之顏色以爲欣戚。大寶不惜。而冀時之取予以爲歉盈。如失路人之志歸。如喪家子之丐食。流離奔逐。至死不休。孟子之所謂哀哉。羅念菴洪光

啓超謹案。念菴先生者。王門之子路也。王學之光輝篤實。惟先生是賴。此段自敘用力幾經憤悱。與前所鈔陽

明語「學絕道喪之餘」一段參觀可見昔賢自律之嚴用功之苦而所謂打叠出地工夫眞未易做到也其所云覺其缺漏則蒙以一説欲其宛轉則加以衆證託命既堅固難於拔除用力已深益巧於藏伏此直是勘心入微處自訟之功行之者既寡即行矣而訟而能勝抑且非易蓋吾方訟時而彼舊習之蟠結於吾心者又常能聘請許多辯護士爲巧説以相熒也噫危哉

李卓吾倡爲異説破除名行楚人從者甚衆風習爲之一變劉元卿問於先生曰何近日從卓吾者之多也曰人心誰不欲爲聖賢顧無奈聖賢礙手耳今渠謂酒色財氣一切不礙菩提路有此便宜事誰不從之鄒穎泉善○穎泉東廓之子也

啓超謹案今世自由平等破壞之説所以浸灌全國速於置郵者其原因正坐是皆以其無礙手也然卓吾謂酒色財氣不礙焉耳未嘗必以酒色財氣爲聖賢也而自由平等破壞則以爲豪傑志士之鵠焉此正陽明所謂其習熟既足以自信而條目又足以自安也故昔之陷溺利欲弁髦私德者猶自慚焉今則以爲當然豈徒以爲當然且凡非如是者不足以爲豪傑嗚呼是非之心與羞惡之心俱絕相率而禽獸矣

學者以任情爲率性以媚世爲與物同體以破戒爲不好名以不事檢束爲孔顏樂地以虛見爲超悟以無所用恥爲不動心以放其心而不求爲未嘗致纖毫之力者多矣可歎哉王塘南時槐

啓超謹案此當時學風敗壞之點也今日之學風其所以自文飾回護之詞雖與此異然其病正相等

管東溟曰凡説之不正而久流於世者必其投小人之私心而又可以附於君子之大道者也愚竊謂無善無惡四字當之何者見以爲心之本體原是無善無惡也合下便成一個空見以爲無善無惡只是心之不著於有也

究竟且成一個混空則一切解脫無復掛礙高明者入而悅之於是將有如所云以仁義爲桎梏以禮法爲土苴以日用爲緣塵以操持爲把捉以隨事省察爲逐境以訟悔遷改爲輪迴以下學上達爲落階級以砥節礪行獨立不懼爲意氣用事者矣混則一切含糊無復揀擇圓融者便而趨之於是將有如所云以任情爲率性以隨俗襲非爲中庸以閹然媚世爲萬物一體以枉尋直尺爲捨其身濟天下以委曲遷就爲無可無不可以猖狂無忌爲不好名以臨難苟安爲聖人無死地以頑鈍無恥爲不動心者矣由前之說何善非惡由後之說何惡非善是故欲就而詰之彼其所占之地步甚高上之可以附君子之大道欲置而不問彼其所握之機緘甚活下之可以投小人之私心卽孔孟復作亦奈之何哉顧涇陽憲成

啓超謹案此爲矯正王龍溪之說而發也龍溪爲陽明高第弟子而其學有所轉手其言曰心亦無善而無惡意亦無善而無惡知亦無善而無惡物亦無善而無惡王學末流之敝實自此故晚明儒者多矯正之今則此種口頭禪固無有矣而破壞之說正與此類言破壞者動曰一切破壞而舊道德尤其所最惡也一言蔽之則凡其所揭櫫者皆投小人之私心而又可以附於君子之大道而已

聖人所以爲聖精神命脈全體內用不求知於人故常常自見己過不自滿假日進於無疆鄉愿惟以媚世爲心全體精神盡從外面照管故自以爲是而不可與入堯舜之道王龍溪

鄉黨自好與賢者所爲分明是兩路徑賢者自信本心是是非非一毫不從人轉換鄉黨自好卽鄉愿也不能自信未免以毀譽爲是非始有違心之行徇俗之情虞廷觀人先論九德後及於事乃言曰載采采所以符德也善觀人者不在事功名義格套上惟於心術微處密窺而得之王龍溪

門人歎先生自征寧藩以來天下謗議益衆先生曰我在南都以前尚有些子鄉原意思在今信得這良知眞是眞非信手行去更不著些覆藏纔做得個狂者胸次故人都說我行不揜言也（傳習錄○先生指陽明）

先師自云吾龍場以前稱之者十之九鴻臚以前稱之者十之五議之者十之五鴻臚以後議之者十之九矣學愈眞切則人愈見其有過前之稱之者乃其包藏掩飾人故不得而見也（王龍溪○先師指陽明）

啓超謹案孔子惡鄉原孟子釋之曰恐其亂德誠以僞善之足以蠹社會也龍溪解釋鄉原與聖賢之別最爲博深切明而陽明自述進學之次第其早歲中年且不免此然則古今能免者幾人耶陽明自道之而不諱此其所以異於鄉原也

夏廷美聽張甑山講學謂爲學學爲人而已爲人須求爲眞人毋爲假人廷美憮然曰吾平日爲人得毋未眞耶

啓超謹案吾儕平日爲人得毋未眞耶

啓超又案以上所鈔皆言辨術之功不可以已也

所謂誠其意者無自欺也（大學）

學只要鞭辟近裏著己而已（程明道）

刊落聲華務於切己處著實用力（王陽明）

學要鞭辟近裏著己君子之道闇然而日章爲名與爲利雖清濁不同然其利心則一（王陽明）

僕近時與朋友論學惟說立誠二字殺人須就咽喉上著刀吾人爲學當從心髓入微處用力自然篤實光輝雖私欲之萌眞是紅爐點雪天下之大本立矣若就標末粧綴比擬凡平日所謂學問思辨者適足以爲長傲遂非

之資。自以爲進於高明光大。而不知陷於狠惡險嫉。亦誠可哀也已。王陽明

使在我果無功利之心。雖錢穀兵甲搬柴運水何往而非實學。何事而非天理。況子史詩文之類乎。使在我尙有功利之心。則雖日談道德仁義。亦只是功利之事。況子史詩文之類乎。一切屏絕之說。猶是泥於舊聞。平日用功未有得力處。王陽明

學者大患在於好名。今之稱好名者。類舉富貴誇耀以爲言。抑末矣。凡其意有爲而爲。雖其迹在孝弟忠信禮義。猶其好名也。猶其私也。古之學者其立心之始。卽務去此。徐曰仁愛

無所爲而爲五字是聖賢根源。學者入門念頭就要在這上做。今人說話第二三句。便落在有所爲上。只爲毀譽利害心脫不去。開口便是如此。呂心吾坤

啓超謹案學者聞辨術之說。莫不以爲迂。但今試問苟有所爲而言愛國。尙足爲愛國矣乎。故曰立心之始卽務去此。不去此則率天下而僞也。

千古學術只在一念之微上求。生死不違。不違此也。日月至。至此也。王龍谿

雖在千百人中。工夫只在一念微處。雖獨居冥坐。工夫亦只在一念微處。錢緒山德洪

心迹未嘗判。迹有可疑。畢竟其心尙有不能盡信處。自信此生決無盜賊之心。雖有褊心之人。亦不以此疑我。若自信功名富貴之心。與決無盜賊之心一般。則人之相信。自將不言而喻矣。王龍谿

處事原屬此心。心有時而不存。卽事有時而不謹。所謹者在人之可見聞耳。因見聞而後有著力。此之謂爲人。非君子反求諸己之學也。羅念菴

學者不知一念之差已爲跖之徒也故視得志之人責於國家往往竊歎之豈知己之汲汲營利是其植根而得志之時不過成就結裹之耳潘雲松

天命流行物與无妄妄者眞之似者也古人惡似而非似者非之微者也道心惟微妄卽依焉依眞而立卽託眞而行有妄心斯有妄形因有妄解釋妄名理妄言說妄事功以造成妄世界妄者亡也故曰罔之生也幸而免人心自妄根受病以來自微而著益增洩漏遂受之以欺欺與慊對言虧欠也大學首嚴自欺自欺猶云虧心心體本是圓滿忽有物以攖之便覺有虧欠處自欺之病如寸隙當堤江河可決劉蕺山宗周

自欺受病已是出人入獸關頭更不加愼獨之功轉入人僞自此卽見君子亦不復有厭然情狀一味挾智任術色取仁而行違心體至此百碎進之則爲鄉原似忠信似廉潔欺天罔人無所不至猶宴然自以爲是全不識人閒有廉恥事充其類爲王莽之謙恭馮道之廉謹弑父與君皆由此出故欺與僞雖相去不遠而罪狀有淺深不可一律論近世士大夫受病皆坐一僞字求其止犯欺者已是好根器不可多得劉蕺山

啓超謹案蕺山先生此論言妄欺僞三者之辨最可體認妄者猶佛說所謂無明與眞如本體相緣殆人生所不免欺則心之矣然欺焉者其羞惡之心猶有存焉僞則安之矣安之則性之矣人而至於僞更無可救戒哉今爲學者下一頂門針卽向外馳求四字便做成一生病痛吾儕試以之自反無不悚然汗浹者凡人自有生以來耳濡目染動與一切外物作緣以是營營逐逐將全副精神都用在外其來舊矣學者既有志於道且將從來一切向外精神盡與之反復身來此後方有下手工夫可說須知道不是外物反求卽是故曰我欲仁斯仁至矣無奈積習既久如浪子亡家失其歸路卽一面回頭一面仍住舊時緣終不知在我爲何物自以爲我矣曰吾求

之身矣不知其爲軀殼也又自以爲我矣曰吾求之心矣而不知其爲口耳也又自以爲我矣曰吾求之性與命矣不知其爲名物象數也求之於軀殼外矣求之於口耳愈外矣求之於名物象數外之外矣所爲一路向外馳求也所向是外無往非外一起居焉外一飲食焉外一動靜語默焉外時而存養焉外時而省察焉外時而遷善改過焉外此又與於不學之甚者也是故讀書則以事科舉仕宦則以肥身家勳業則以望公卿氣節則以邀聲譽文章則以諛聽聞何莫而非向外之病乎學者須發眞實爲我心每日孜孜汲汲只幹辦在我家當身是我身非關軀殼心是我心非關口耳性命是我性命非關名物象數於此體認親切自起居食息以往無非求在我者及其求之而得天地萬物無非我有矣總之道體本無內外而學者自以所向分內外所向在內愈尋求愈歸宿亦愈發皇故曰君子之道闇然而日章所向在外愈尋求愈決裂亦愈消亡故曰小人之道的然而日亡學者幸早辨之（劉蕺山）

啓超謹案以上所鈔皆示學者以辨術下手工夫先哲所言關於此事者尙多要之講到眞學術千言萬語不過歸著於此此不過錄其最痛切者耳而學者或疑焉曰專標爲己爲學的豈不近於獨善其身提挈過重則學將爲無益於世矣應之曰不然孔子所謂爲己與楊朱所謂爲我者全異爲己者欲度人而先自度也苟無度人之心則其所以自度者正其私也而先哲所謂一念之微處不可問也故傳習錄又云釋氏只是一統事成就一個私己的心也（陽明此語卻非能見佛學眞相者今引之但以證先哲所謂爲己之說正與成物不能相離而已）然不能自度而言度人正恐人之未度而己先陷溺又復借度人之口頭禪語以自飾其汚穢充塞之心地陽明所謂誑己誑人終身而不悟者舉國中多是此等人寧爲國之福乎孔子曰是固惡乎佞者其引此說以難昔賢辨術之要旨者皆佞而已矣

爲學莫先於辨誠僞。苟不於誠上立脚。千修萬修。只做得禽獸路上人。劉蕺山

世人無日不在禽獸中生活。但以市井人觀市井人。彼此不覺耳。劉蕺山

啓超謹案此兩條最痛切。勿視爲嫉俗之言。

有友問三代下惟恐不好名。名字恐未可抹壞。王金如云。這是先儒有激之言。若論一名字。貽禍不是小小。友謂即如今日之會。來聽者亦爲有好名之心耳。即此一念便亦足取。先生曰。此語尤有病。這會若爲名而起。是率天下而爲亂臣賊子者皆吾輩倡之也。諸友裹足而不可入此門矣。友又謂大抵聖賢學問從自己起見。豪傑建立事業則從勳名起見。無名心恐事業亦不成。先生曰。不要錯看了豪傑。古人一言一動。凡可信之當時。傳之後世者。莫不有一段眞至精神在內。此一段精神所謂誠也。惟誠故能建立。故足不朽。稍涉名心。便是虛假。便是不誠。不誠則無物。何從生出事業來。劉蕺山

啓超謹案此言眞乃勘析入微。我輩所當常目在之也。名譽心本是導人奮發卓立之一法門。但所謂名譽心者。與好名自有大別。如戰國時之武士。苟有損其勇名。則寧以身殉之。所謂寧犧牲生命。毋犧牲名譽。此即所謂名譽心也。今日本此風特盛。西人亦多有之。孔子所謂知恥近乎勇也。若乃好名者則異是。彼其最終之目的則利益。而名譽不過間接之目的而已。一旦名譽與利益不能兩存。則彼所願犧牲者。於彼乎。於此乎。利益且然。遑論生命。此安可目之曰名譽心也。蕺山所謂從來豪傑能成一事業。莫不有一段眞至精神在內。可謂千古名言。西人所謂煙士披里純也。其志願注此一事。目非是無見。耳非是無聞。心非是無慮。舉人間世最可歆羨之事。不足以易其志。舉人間世最困危之事。不足以奪其志。夫是以誠而能動也。而不然者。而謂能生出

事業來未之前問也。蕺山曰。這會若爲名而起。則率天下爲亂賊者。皆吾輩倡之。今日之會亦多矣。倡焉者與從焉者。其亦於此一勘焉否也。更申言之。則專問其無所爲而爲抑有所爲而爲已耳。

立志第二

術既辨。吾之所以學者。爲誠爲僞。差足以自信矣。然而學或進或不進。或成或不成。則視其志之所以帥之者何如。述立志第二。

志於道。論語

苟志於仁矣。無惡也。論語

不憤不啓。不悱不發。論語

三軍可奪帥也。匹夫不可奪志也。論語

仁遠乎哉。我欲仁。斯仁至矣。論語

士不可以不宏毅。任重而道遠。仁以爲己任。不亦重乎。死而後已。不亦遠乎。論語

士何事。孟子曰。尙志。孟子

夫志。氣之帥也。氣。體之充也。夫志至焉。氣次焉。故曰。持其志。無暴其氣。孟子

自棄者。不足以有爲也。吾身不能居仁由義。謂之自棄也。孟子

彼丈夫也。我丈夫也。吾何畏彼哉。舜何人也。予何人也。有爲者亦若是。孟子

待文王而後興者。凡民也。若夫豪傑之士。雖無文王猶興。（孟子）

卑溼重遲。則抗之以高志。（荀子）

士不可以不宏毅任重而道遠。重擔子須是硬脊梁漢方擔得。（程明道）

人之學不進。只是不勇。（程明道）

陽氣所發。金石爲開。精神一到。何事不成。（程明道）

才說明日。便是悠悠。（程明道）

學者爲氣所勝。習所奪。只可責志。（程伊川）

莫說道將第一等讓與別人。卻做第二等。才如此說。便是自棄。雖與不能居仁由義者差等不同。其自小一也。言學便以道爲志。言人便以聖爲志。（程伊川）

問人或倦怠。豈志不立乎。曰若是氣體勞後須倦。若是志怎生倦得。人只爲氣勝志。故多爲氣所使。人少而勇。老而怯。少而廉。老而貪。此爲氣所使也。若是志勝氣時。志既一定。更不可易。（程伊川）

今之學者。如登山麓。方其迤邐。莫不闊步。及到峻處便逡巡。（程伊川）

有志於學者。都更不論氣之美惡。只看志如何。匹夫不可奪志也。惟患學者不能堅勇。（張橫渠）

吾學不振。非强有力者不能自奮。（張橫渠）

人須先立志。志立則有根本。譬如樹木。須先有個根本。然後培養能成合抱之木。若無根本。又培養個甚。（謝上蔡良佐）

爲學必以聖人爲之則。志在天下。以宰相事業自期。降此寧足道乎。（謝上蔡）

志不能帥氣。則工夫間斷。楊龜山時

書不記。熟讀可記。義不精。細思可精。惟有志不立。直是無著力處。只如而今貪利祿而不貪道義。要作貴人而不要作好人。皆是志不立之病。直須反復思量。究見病痛起處。勇猛奮躍。不復作此等人。一躍躍出見得聖賢所說千言萬語。都無一事不是實語。方始立得此志。就此積累工夫。迤邐向上去。大有事在。朱晦翁

為學雖有階漸。然合下立志。亦須略見義理大概規模。於自己方寸間若有個惕然愧懼奮然勇決之志。然後可加之討論玩索之功。存養省察之力。而期於有得。夫子所謂志學。所謂發憤。正謂此也。朱晦翁

直須抖擻精神。莫要昏鈍。如救火治病然。豈可悠悠歲月。朱晦翁

人所以易得流轉。立不定者。只是腳跟不點地。朱晦翁

世衰道微。人欲橫流。不是剛毅的人。斷立腳不住。朱晦翁

夫子曰。吾十有五而志於學。今千百年無一人有志。也是怪他不得。志個甚底。須是有智識。然後有志願。陸象山

人要有大志。常人汩沒於聲色富貴間。良心善性。都蒙蔽了。今人如何便解有志。須先有智識始得。陸象山

學者大約有四樣。一雖知學路而恣情縱欲不肯為。一畏其事大且難而不為者。一求而不得其路。一未知路而自謂能知。陸象山

志於聲色利達者。固是小。勦摸人言語的。與他一般是小。陸象山

大凡為學。須有所立。論語云。己欲立而立人。卓然不為流俗所移。乃為有立。須思量天之所以與我者是甚底。還是要做人否。理會得這個明白。然後方可謂之學問。陸象山

上是天下是地。人居其間。須是做得人方不枉。陸象山

要當軒昂奮發。莫恁地沈埋在卑陋凡下處。陸象山

你自沈埋自蒙蔽。陰陰地在個陷穽中。更不知所謂高遠底。要決裂破陷穽。窺測破羅網。陸象山

彘雞終日營營。無超然之意。須是一刀兩斷。何故縈縈如此。縈縈底討個甚麽。陸象山

學者志不立。一經患難。愈見消沮。所以先要立志。呂東萊

人之病痛。不知則已。知而克治不勇。使其勢日甚。可乎哉。志之不立。古人所深戒也。吳康齋與弼

須發大勇猛心。方做得成就。若不曾發憤。只欲平做將去。可知是做不成也。魏莊渠校

不能克己者。志不勝氣也。薛敬軒

學不進。率由於因循。薛敬軒

人要爲聖賢。須是猛起。如服瞑眩之藥。以黜深痼之疾。眞是不可悠悠。曹月川端

人要學聖賢。畢竟要去學他。若道只個希慕之心。卻恐末梢未至湊泊。卒至廢弛。陳白沙獻章

非誠有求爲聖人之志。而從事於惟精惟一之學者。不能得其受病本原。而發其神奸之所攸伏也。王陽明

黃久菴初見陽明。陽明曰。作何工夫。對曰。初有志。工夫全未。陽明曰。人患無志。不患無工夫可用。

學者既辨義利之分。能知所決擇。則在立志堅定以趨之而已。徐橫山

立志不眞。故用力未免間斷。須從本原上徹底理會。種種嗜好。種種貪著。種種奇特技能。種種凡心習態。全體斷斷。令乾乾淨淨。此志既眞。工夫方有商量處。王龍谿

以身在天地間負荷。則一切俗情。自難染汚。羅念菴

吾人當自立身放在天地間公共地步。一毫私己著不得。方是立志。只爲平日有慣習處。軟熟滑瀏。易於因仍。當一切斬然。只是不容放過。時時刻刻須此物出頭作主。更無纖微舊習在身。方是功夫。方是立命。羅念菴

學者無必爲聖人之志。故染逐隨時變態。自爲障礙。猛省洗滌。直從志上著人一己百人十己千工夫。則染處漸消。逐時漸寡。劉兩峯文敏

友朋中有志者不少。而不能大成者。只緣世情窠臼難超脫耳。須是吾心自作主宰。一切利害榮辱。不能淆吾見而奪吾守。方是希聖之志。始有大成之望也。劉兩峯

千事萬事。只是一事。故古人精神不妄用。惟在志上磨礪。劉兩峯

學者眞有必求爲聖人之心。則卽此一念。是作聖之基也。猛自奮迅。一躍躍出。頓覺此身迴異塵寰。豈非千載一快哉。鄒穎泉

凡工夫有間。只是志未立得起。然志不是凡志。須是必爲聖人之志。若不是必爲聖人之志。亦不是立志。若是必爲聖人之志。則凡行得一件好事。做得一件上好工夫。也不把他算數。鄒聚所德涵東廓之孫也〇

一惡念發。良知無不知者。其有不知。是你良知不知。卻是你志氣昏惰了。古人有言曰。清神在躬。志氣如神。豈有不自知的。只緣清明不在躬耳。你只去責志。如一毫私欲之萌。只責此志不立。則私欲自退聽。鄒聚所

學者有志於道。須要鐵石心腸。人生百年。轉盼耳。貴乎自立。鄒南皋元標

吾輩無論出處。各各有事。肯沈埋仕途。便沈埋。不肯沈埋。卽在十八重幽暗中。亦自驤首青霄。世豈有錮得人人

自無志耳。鄒南臯

靜中欲根起滅不斷者。是志之不立也。凡人志有所專。則雜念自息。如人好聲色者。當其豔冶奪心之時。豈復有他念耶。如人畏死亡者。當其刀鋸徧體之時。豈復有他念耶。王塘南

此學須是自己發大願心眞眞切切肯求便日進而不自知矣蓋只此肯求便是道了。求得自己漸漸有些滋味。自家放歇不下便是得了。耿天臺定向

吾人之志。抖擻於昨日今日可受用否。卽抖擻於上時。今時可受用否。徐魯源用檢

周瑩嘗學於應元忠。往見陽明子。陽明子曰。子從應子之所來乎。曰然。曰應子云何。曰應子曰。希聖希賢。毋溺流俗。且曰吾聞諸陽明子云。瑩是以不遠千里而來謁。曰子之來猶有未信乎。曰信。曰信而又來何也。曰未得其方。陽明子曰。子既得其方矣。對曰。瑩惟不得其方。是以來見。願卒賜之教。陽明子曰。子既得之。曰周子悚然起。茫然有間。陽明子曰。子之自永康來也。幾何程。曰數百里而遙。曰遠矣。曰從舟乎。曰舟而又登陸也。曰勞矣。當茲六月暑乎。曰途之暑特甚。曰難矣。具資糧從童僕乎。曰攜一僕。中途而病。舍貸而行。曰茲益難矣。曰子之來既遠且勞其難若此也。何不遂返乎。將毋有强子者乎。曰瑩至夫子之門。勞苦艱難。誠樂也。寧以是而遂返。又奚俟人之强也。曰如是則子固已得其方矣。子之志欲至於吾門。則至於吾門無假於人。子而志於聖賢之學。則亦卽至於聖賢。而又假於人乎。子之舍舟從陸。捐僕貸糧。冒毒暑而來也。又安受其方也。周子躍然而拜曰。茲乃命之方也矣。

學者不論造詣。先定品格。須有鳳皇翔於千仞氣象。方可商求此一大事。不然。渾身落世情窠臼中。而因人起名。因名起義。輒號於人曰。學何異濯纓泥滓之渦。振衣風塵之路。冀還純白。無有是處。祝無功世祿

患莫患於不自振。洪範六極。弱居一焉。一念精剛。如弛忽張。風飛雷動。奮迅激昂。羣疑以亡。諸欲以降。百行以昌。

世之溺人久矣。吾之志所以度吾之身。不與風波滅沒者也。操舟者柁不使去手。故士莫要於持志。（祝無功）

更有何事。（祝無功）

眼界不開。由骨力不堅。骨力不堅。所以眼界愈不開。（呂豫石維祺）

人只此人。不學聖。便作狂。中間難站脚。學須就學。昨既過。今又待。何日始回頭。（呂豫石）

心須樂而行。惟苦學問中人。無不從苦處打出。（劉蕺山）

啓超謹案以上雜鈔先哲言立志之說。略以年代爲次。其言明盡。殆無俟解釋矣。括其大要。一曰必、立、志、然、後、能、自、拔、於、流、俗。蓋常抗心思爲偉大人物。不屑屑與庸流伍。其所以自待者既高。則其所以自責者愈不容緩。而無一線可以自恕。日自鞭策。則駑駘十駕。亦必有至焉者矣。（王船山「俟解」有釋孟子一段文曰『人之所以異於禽獸者君子存之則小人去之矣不言小人而言庶民害不在小人而在庶民也小人之爲禽獸人得而誅之庶民之爲禽獸不但不可勝誅且無能知其爲惡者不但不知其爲惡且樂得而稱之相與崇尚而不敢踰越學者但取十姓百家之言行而勘之其異於禽獸者百不得一也營營終日生與死俱者何事一人倡之千百人和之若將不及者何心芳春晝永燕飛鶯語見爲佳麗淸秋之夕猨啼蛩吟見爲孤淸乃其所以然者求食求匹偶求安居不則相鬭已耳不則畏死而震懾已耳庶民之終日營營有不如此者乎二氣五行摶合靈妙使我爲人而異於彼抑不絕吾有生之情而或同於彼乃迷其所同而失其所以異負天地之至仁以自負其生此君子所以憂勤惕厲而不容已也庶民者流俗也流俗者禽獸也壁立萬仞只爭一線可弗懼哉』案船山先生此言眞乃一棒一條痕一摑一掌血曾文正所謂不爲聖賢便爲禽獸蓋本此意然則志之不可以不立也如是夫）二曰、必、立、志、然、後、他、事、不、足、以、相、奪。王塘南所謂志有所專。則雜念自息。孔子嘗言好仁者無以尚之。試以愛國言。眞愛國者必無以尙之。此志嚮一定。無論外境界若何變異。而不足相易矣。三曰、必、立、志、然、後、進、學、無、間、斷。人之大患莫甚無恆。一念之明。浩然與聖賢同位。不移時而墮於流俗。墮於禽獸。惟恃志以帥之。然後能貞之以常程子謂不責氣習只須責志誠一針見血之言也志之所以能立莫先於勇先哲所言大率斷斷於此惟陸子復言必先有智識然後有志願此別是見到語如吾輩前此曾無愛國之志而一聞先覺之言或一經游歷他國而此志乃勃然興者則智識爲之導也近今各國教育必令學僮先習溥通學得有常識然後使於專門學中自擇一焉亦爲此也然智識與志願遞相爲果遞相爲因無智識則志願固無從立無志願則智識亦無從增呂豫石所謂眼界不開由骨力不堅骨力不堅所以眼界愈不開此又與陸子所言相發明也以上僭案數語不過取先哲語一紬繹之別無他發明良以其言已盡無所容贊也

知本第三

陸子曰學者大約有四樣一雖知學路而恣情縱欲不肯爲一畏其事大且難而不爲者一求而不得其路一未知路而自謂能知既辨術而立志則前二弊其庶免矣然不得其路或誤認其路終無以底於成則志焉而不至者豈少也述知本第三

子曰參乎吾道一以貫之論語

子曰賜也女以予爲多學而識之者與對曰然非與曰非也予一以貫之論語

先立乎其大者則其小者不能奪也此爲大人而已矣孟子

所守不約汎濫無功程明道

凡人纔學便須知著力處既學便須知得力處程明道

學問不得其綱。則是二君一民。陸象山

大綱提掇來。細細理會去。陸象山

或有譏先生之敎人專欲管歸一路者。先生曰。吾亦只有此一路。陸象山

若不立個主宰。則終日營營。凡事都無統攝。不知從何處用功。魏莊渠

得此把柄入手。則天地我立。萬化我出。而宇宙在我矣。陳白沙

凡人爲學。終身只爲這一事。自少至老。自朝至暮。不論有事無事。只是做得這一件。王陽明

爲學須得個頭腦。工夫方有著落。縱未能無間。如舟之有舵。一提便醒。不然雖從事於學。只做個義襲而取。非大本達道也。王陽明

吾輩通患。正如池面浮萍。隨開隨蔽。未論江海。但在活水。浮萍卽不能蔽。何者。活水有源。池水無源。有源者由己。無源者從物。王陽明

問伊川存中應外制外養中之學。以爲內外交養何如。曰。古人之學。一頭一路。只從一處養。譬之種樹。只養其根。根得其養。枝葉自然暢茂。種種培壅灌溉。條枝剔葉。刪去繁冗。皆只是養根之法。若既養其根。又將枝葉養將來。便是二本支離之學。王龍谿

立志既眞。貴在發脚。不差發脚。一差終走罔路。徒自罷苦。終不能至。問安得不差。先生震聲曰。切莫走閉眼路。徐魯源

啓超謹案。以上所鈔。皆發明知本之不容已。夫學者無志於求己之學。不必論矣。間或有之。而學焉不得其門。

則苦其難而終無所入。卒以廢棄耳。自宋儒提倡斯道。一時號稱光大。其間最有力者尤莫如朱子。朱子之言曰。大學始敎。必使學者卽凡天下之物。莫不因其已知之理而益窮之。以求至乎其極。至於用力之久。而一旦豁然貫通焉。則衆物之表裏精粗無不到。而吾心之全體大用無不明矣。其所論與英儒倍根之歸納論理學頗相似。以之爲研究科學之一法門可也。雖然。科學之上。不可不更有身心之學以爲之原。而朱子之所以敎人者。則自以爲身心之學而非科學也。更申言之。則屬於德育之範圍。而非屬於智育之範圍也。夫爲學當日益。爲道當日損。是則德育智育兩者發脚點所攸判也。（爲學卽屬智育範圍日益者以藝術增進爲貴也爲道卽屬德育範圍日損者以結習銷除爲貴也）今朱子以此敎始學。其所謂一旦豁然者。雖未必無期。而所謂用力之久者。不知久至何時。人生百年光陰能幾。循此以行。則恐矻矻數十寒暑。髮白齒墮。奄然澌滅。而一無所自得者。比比然矣。且科學者無窮盡者也。故以奈端之慧。其易簀時。乃言學問如洋海。吾所得者僅海岸之小砂小石。而其餘不得不以俟諸後賢。卽後賢有十奈端焉。百奈端焉。千萬奈端焉。亦不過由海岸進而至距海岸數十里數百里止矣。欲以一人之精力而總有洋海全部之智識。此固必不可得之數。莊子所謂吾生也有涯。而知也無涯。以有涯隨無涯。殆矣。若是乎由朱子之道。而欲求所謂衆物表裏精粗無不到。吾心全體大用無不明者。其亦終不能至而已。朱子之大失。則誤以智育之方法。爲德育之方法。而不知兩者之界說。適成反比例。而絲毫不容混也。故陸子規之曰。易簡工夫終久大。支離事業竟浮沈。朱陸異同。此爲界線。雖然。朱子他日固自悔曰。多識前言往行。固君子所急。近因反求未得個安穩處。卻始知前。此未免支離。（與何叔京書）又曰。某近日亦覺向來說話有太支離處。反身以求正坐自己用功亦未切耳。（與周叔謹書）又曰。年來覺得日前爲學。不得要領。自身做主不起。反爲文字奪卻精神。不爲小病。

每一念之惕然自懼且爲朋友憂之若只如此支離漫無統紀展轉迷惑無出頭處答呂子約書由此觀之則朱子晚年確有見於前此受病處而學道之不可以不知本章章明甚矣故今先彙述先哲之言以見支離之必無功而簡易之萬不容已若夫孔子之所謂一貫者何物孟子所謂先立其大者何物程子所謂約者何物所謂著力得力者當由何道陸子所謂大綱所謂一路者何物莊渠所謂主宰者何物白沙所謂把柄者何物王子所謂這一件者何事所謂頭腦者何物所謂木之根水之源者何指徐氏所謂發脚何以能不差千言萬語只是一事吾今請述吾所信仰者以餉同志

啓超又案吾今語此非欲爲前此爭朱學王學者增一重公案也吾雖服膺王學而於朱子萬不敢非薄蓋朱子所言有益於學者修養之用者滋多矣本編所引已不下數十條未敢有門戶之見存也獨至本章以王子之言爲主者非徒素所師仰云爾誠以吾儕生於今日社會事物日以複雜各種科學皆有爲吾儕所萬不可不從事者然則此有限之日力其能劃取之以爲學道之用者校諸古人抑已寡矣今若不爲簡易直切之法門以導之無論學者厭其難而不肯從事也卽勉而循焉正恐其太廢科學而闊於世用反爲不學者所藉口故竊以爲惟王學爲今日學界獨一無二之良藥本章之特提之正以此也

大抵學問工夫只要主意頭腦的當若主意頭腦專以致良知爲事則凡多聞多見莫非致良知之功蓋日用之間見聞酬酢雖千頭萬緒莫非良知之發用流行也除卻見聞酬酢亦無良知可致矣王陽明

啓超謹案子王子提出致良知爲唯一之頭腦是千古學脈超凡入聖不二法門

一點良知是爾自家的準則爾意念著處他是便知是非便知非更瞞他一些不得爾只不要欺他實實落落依

著他做去。善便存。惡便去。何等穩當。此便是致知的實功。王陽明

啓超謹案。此示致良知之工夫也。人誰不有良知。良知誰不自知。只要不欺良知一語。便終身受用不盡。何等簡易直捷。

心之本體無起無不起。雖妄念之發。而良知未嘗不在。但人不知存。則有時而或放耳。雖昏塞之極。而良知未嘗不明。但人不知察。則有時而或蔽耳。雖有時而或放。其體實未嘗不在也。存之而已耳。雖有時或蔽。其體實未嘗不明也。察之而已耳。王陽明

啓超謹案。此申言致良知工夫絕無繁難。

我輩致知。只是各隨分量所及。今日良知見在如此。則隨今日所知擴充到底。明日良知又有開悟。便從明日所知擴充到底。如此方是精一工夫。王陽明

黃梨洲曰。此是先生漸敎。頓不廢漸。啓超謹案。此是徹上徹下法門。雖大賢亦只是如此用功。雖不識一字。亦只是如此用功。亦可謂頓之至矣。不然。我輩何有學聖之路。

凡人言語正到快意時。便截然能忍默得。意氣正到發揚時。便翕然能收斂得。憤怒嗜欲正到騰沸時。便廓然能消化得。非天下之大勇不能也。然見得良知親切時。其工夫又自不難。王陽明

啓超謹案。朱子語類云。今學者多來求病根。某向他說頭痛灸頭。脚痛灸脚。病在這上。只治這上便了。更別討甚病根。潔時擧記 此朱子之大誤處。所謂支離者此也。頭痛灸頭。脚痛灸脚。終日忙個不了。疲精敝神。治於此仍發於彼。奈何萬一頭脚耳目手心腹腎腸同時皆痛。又將如何。天下良醫。斷無如此治病法。專治病根。方一了百

了。王子所謂見得良知親切工夫不難者。只要拋定不欺良知爲宗旨。而私欲之萌。遂若洪爐點雪也。何難之與有。

良知只是個是非之心。是非只是個好惡。只好惡就盡了是非。只是非就盡了萬事萬變。又曰。是非兩字是個大規矩巧處則存乎其人。（王陽明）

啓超謹案。此言良知之應用、其詳別見應用篇。

區區所論致知二字。乃是孔子正法眼藏。於此見得眞的。直是建諸天地而不悖。質諸鬼神而無疑。百世以俟聖人而不惑。知此者方謂之知道。得此者方謂之有德。異此而學。卽謂之異端。離此而說。卽謂之邪說。迷此而行。卽謂之冥行。雖千魔萬怪。眩瞀變幻於前。自當觸之而碎。迎之而解。如太陽一出。而魑魅罔兩自無所逃其形矣。（王陽明）

某近來卻見得良知兩字日益眞切簡易。朝夕與朋輩講習。只是發揮此兩字不出。緣此兩字。人人所自有。故雖至愚下品。一提便省覺。若致其極。雖聖人天地不能無憾。故說此兩字。窮劫不能盡。世儒尙有致疑於此。謂未足以盡道者。只是未嘗實見得耳。（王陽明）

區區格致誠正之說。是就學者本心日用事爲間。體究踐履。實地用功。是多少次第。多少積累在。正與虛空頓悟之說相反。聞者本無求爲聖人之志。又未嘗講究其詳。遂以見疑。亦無足怪。（王陽明）

啓超謹案。此三條。皆讚致良知之宗旨。圓滿無遺憾。以堅學者之信。當時先生初倡此義。舉天下羣起而非難之。故不厭反覆辨明也。

近時同志亦無不知有致良知之說，然能於此實用功者絕少，皆緣見得良知未眞，又將致字看太易了，是以多未有得力處。

啓超謹案：讀此則後此末流猖狂之失，先生固已知之，其言將致字看太易了，直是一針見血也。

啓超謹案：致知之說，本於大學欲誠其意者先致其知，良知之說，本於孟子人之所不學而知者其良知也，子王子溝合此二語，以立一學鵠，其致知而必加一良字者，所以指其本體，夫人心之靈，莫不有知，固也，但我輩受過去社會種種遺傳性，及現在社會種種感化力，其知之昏謬，往往而有，然此不過其後起者耳，若返諸最初之一念，則眞是眞非，未有不能知者，即如我輩生於學絕道喪之今日，爲結習薰染，可謂至極，然苟肯返諸最初之一念，眞是眞非，卒亦未嘗不有一隙之明，即此所謂良也，苟言致知而不指定此一隙，則或有就其後起昏謬者而擴充之，則繆以千里矣，此王子所以以孟子釋大學也，言良知而必加一致字者，所以實其工夫，良知盡人所同有，固也，然天下無無代價之物，若曰吾有是而既足矣，則盈天下皆現成的聖人，何必更講學，此王子所以又以大學釋孟子也，致良知三字，眞是嘔心嘔血研究出來，增減不得，雖有博辯敏給目空一切之夫，律以此義，當下失其依據，雖有至頑下愚不識一字之人，授以此義，當下便有把柄，眞所謂放之四海而皆準，俟諸百世而不惑者也。徐橫山（名愛字曰仁最初從學先生者也）跋傳習錄云：『愛因舊說汨沒，始聞先生之教，駭愕不定，無入頭處，其後聞之既熟，反身實踐，始信先生之學爲孔門嫡傳，舍是皆旁蹊小徑，斷港絕河。』誠哉然矣。

先生自敍得力云：『守仁早歲業舉，溺志詞章之習，既乃稍知從事正學，而苦於衆說之紛撓疲繭，茫無可入，因求諸老釋，欣然有會於心，以爲聖人之學在此矣，而措之日用，往往缺漏無歸，依違往返，且疑且信，其後謫居龍場。居夷處困。動心忍性之餘。恍若有悟。體念探求。再更寒暑。證諸五經四海。沛然若決江河而放諸海也。』所謂恍若有悟者。即悟出致良知三字。爲學之頭腦也。其得之之難也若此。故其門人黃洛村弘綱亦云。『先師之學雖頓悟於居常之日。而歷艱備險。動心忍性。積諸歲月。驗諸事履。乃始脫然有悟於良知。雖至易至簡。而心則獨苦矣。何學者聞之之易。而信之之難耶。蓋言之有餘慨焉。我輩生後先生數百年中間。復經賤儒僞學。盜憎主人。摧鋤道脈。不遺餘力。微言大義。流風餘韻。澌滅以盡。人欲橫流。舉國禽獸。而近者復有翻譯泰西首尾不完字句不明之學說。輸入學者。益得假以自文。欲舉我神明千聖之學。一旦而摧棄之。而更何有於先生。雖然。先生之精神。億刼不滅。先生之教。指百世如新。中國竟亡則已。苟其不亡。則入虞淵而捧日以升者。其必在受先生之感化之人無可疑也。嗚呼。以其時考之則可矣。其亦有聞而興者乎。非我輩之責而誰責也。

啓超又案。致良知之旨。先生發之殆無餘蘊。其門下之解釋。亦有大相發明者。今詮於下方。以堅同志信仰之誠。

良知在人。本無汚壞。雖昏蔽之極。苟能一念自反。即得本心。譬之日月之明。偶爲雲霧所翳。謂之晦耳。雲霧一開。明體即見。原未嘗有所傷也。此原是人人具足。不犯做手本領工夫。人之可以爲堯舜。小人之可使爲君子。舍此更無從入之路可變之幾。王龍谿

當萬欲騰沸之中。若肯返諸一念良知。其眞是眞非。炯然未嘗不明。只此便是天命不容滅息所在。便是人心不容蔽昧所在。是千古入賢入聖眞正路頭。王龍谿

夫良知不學而能。不慮而知。故雖小人閑居爲不善。無所不至。其見君子而厭然。亦不可不謂之良知。雖常人恕

已則昏者其責人則明亦不可不謂之良知苟能不自欺其知去其不善者以歸於善勿以所惡於人者施之於人則亦是致知誠意之功卽此一念可以不異於聖人（歐陽南野德）

良知乃本心之眞誠惻怛人爲私意所雜不能念念皆此眞誠惻怛故須用致知之功致知云者去其私意之雜使念念皆眞誠惻怛而無有虧欠耳孟子言孩提知愛知敬亦是指本心眞誠惻怛自然發見者使人達此於天下念念眞誠惻怛卽是念念致其良知矣故某嘗言一切應物處事只要是良知（歐陽南野）

良知無方無體變動不居故有昨以爲是而今覺其非有已以爲是而因人覺其爲非亦有自見未當必考證講求而後停妥皆良知自然如此故致知亦當如此然一念良知徹頭徹尾本無今昨人己內外之分也（歐陽南野）

知得良知是一個頭腦雖在千百人中工夫只在一念微處雖獨居冥坐工夫亦只在一念微處（錢緒山）

啓超謹案以上數條解釋致良知之旨最爲確實其餘尚多今不具引

說個仁字沿習既久一時未易覺悟說個良知一念自反當下便有歸著（王龍谿）

陽明本旨大抵以誠意爲主意以致良知爲工夫之則蓋曰誠意無工夫工夫只在致知然則致知工夫不是另一項仍只就誠意中看出如離卻意根一步亦更無致知可言（劉蕺山）

啓超謹案此兩條言王子所以專標致良知之故凡講學標宗旨者皆務約之使其在我而已其實學問只有一件事或標彼兩三字或標此兩三字原只是這一件而已王子又嘗語學者云說集義則一時未見頭腦說致良知當下便有用功實地卽是此意

啓超又案致良知之教本已盛水不漏而學者受之亦往往學焉而得其性之所近故王子既沒而門下支派

生焉。紛紛論辨。幾成聚訟。語其大別。不出兩派。一曰趨重本體者。（即注重良字）王龍谿王心齋一派是也。一曰趨重工夫者。（即注重致字）聶雙江羅念菴一派是也。要之皆王子之教也。吾輩後學。苟所志既眞。則亦因其性之所近。無論從何門入。而皆可以至道。（若啓超則服膺雙江念菴派者。然不敢以强人。人各有機緣。或以龍谿心齋派而得度。亦一而已矣。本書中間有左右袒之言。究非敢有所軒輊於昔賢也。）故今擇錄兩派之要語。使學者自擇之。其辨難之說。徒亂人意。則不如其已也。

涓流積至滄溟水。拳石崇成太華岑。先師謂象山之學。得力全在積累。須知涓流即是滄海。拳石即是泰山。此是最上一機。不由積累而成者也。（王龍谿）

啓超謹案。此即頓教佛門所謂放下屠刀立地成佛者也。雖有至愚頑之人。一信良知之教。便得入聖之路。有尋常儒者苦心苦行十年無所入。而彼以言下得之者矣。故曰不由積累而成也。愛父母妻子之良知。即愛國之良知。即愛衆生之良知。故曰涓流即滄海。拳石即泰山也。

良知廣大高明。原無妄念可去。纔有妄念可去。已自失卻廣大高明之體矣。今只提醒本體。羣妄自消。（錢緒山）

啓超謹案。提醒本體。羣妄自消。此所以異於頭痛灸頭腳痛灸腳也。所謂愈簡易愈眞切也。

涵養工夫。如雞抱卵。然必卵中原有一點眞陽種子。方抱得成。若是無陽之卵。抱之雖勤。終成毈卵。學者須識得眞陽種子。方不枉費工夫。吾人心中一點靈明。便是眞陽種子。原是生生不息之機。種子全在卵上。全體精神只是保護得。非能以其精神助益之也。（王龍谿）

啓超謹案。一點靈明。即知之良者也。

聖賢之學。惟自信得及。是是非非。不從外來。故自信而是。斷然必行。雖遯世不見而無悶。自信而非。斷然必不行。

雖行一不義，殺一不辜，而得天下不爲，如此方是毋自欺，何等簡易直截。王龍谿

啓超謹案，此是學王學者最受用處，眞有得於王學者，其自信力必甚大且堅。

人心本自樂，自將私欲縛，私欲一萌時，良知還自覺，一覺便消除，人心依舊樂。樂是樂此學，學是學此樂，不樂不是學，不學不是樂。王心齋艮

啓超謹案，黃梨洲著明儒學案，以心齋一派別爲泰州學案，若外之於姚江者然，心齋實王門龍象也。其學以樂爲本體，論語所謂好之不如樂之，孟子所謂自得之則左右逢源，故氣象之光明俊偉，王門罕其倫匹。

性之靈明曰良知，良知自能應感，自能約心思而酬酢萬變，知之爲知之，不知爲不知，一毫不勞勉強扭捏，而用智者自多事也。王東崖襞

鳥啼花落，山峙川流，飢食渴飲，夏葛冬裘，至道無餘蘊矣。充拓得開，則天地變化草木蕃，充拓不開，則天地蔽賢人隱。王東崖

啓超謹案，東崖心齋之子也，其專挈本體，純任自然，自是心齋衣鉢。

若果然有大襟期，有大氣力，有大識見，就此安心樂意而居天下之廣居，明目張胆而行天下之大道，工夫難到湊泊，卽以不屑湊泊爲工夫，胸次茫無畔岸，便以不依畔岸爲胸次，解纜放船，順風張棹，則巨浸汪洋，縱橫任我，豈不一大快事也哉。羅近溪近芳

或問學者工夫，要如磨鏡，塵垢決去，光明方顯。曰，吾心覺悟的光明，與鏡面光明，卻有不同，鏡面光明與塵垢原是兩個，吾心先迷後覺，卻是一個，當其覺時，卽迷心爲覺，則當其覺時，亦卽覺心爲迷也，夫除覺之外，更無所謂

迷。而除迷之外。亦更無所謂覺也。故浮雲天日。塵埃鏡光。俱不足爲喻。若必尋個譬喻。莫如冰之與水。猶爲相近。吾人閑居放肆。一切利欲愁苦。卽是心迷。譬則水之偶寒凍而凝結成冰。固滯蒙昧。勢所必至。有時師友講論。胸次洒然。是心開朗。譬則冰得暖氣消融。解釋成水。淸瑩活動。亦勢所必至也。冰雖凝而水體無殊。覺雖迷而心體具在。方見良知宗旨。貫古今。徹聖愚。通天地萬物。而無二無息者也。羅近溪

啓超謹案。近溪所謂迷心爲覺。覺心爲迷。卽楞伽經迷智爲識。轉識成智之義。心理學上最精粹最微妙之語也。

啓超又案。以上九條。王門下提挈本體說之一斑也。昔禪宗五祖將傳衣鉢。令及門自言得力。首座神秀說偈曰。心似菩提樹。意如明鏡臺。時時勤拂拭。勿使惹塵埃。五祖未契。六祖乃說偈云。菩提本無樹。明鏡亦非臺。本來無一物。何處惹塵埃。遂受衣鉢。今略比附之。則雙江念菴一派。時時勤拂拭之說也。龍溪心齋一派。本來無一物之說也。如近溪所謂以不屑湊泊爲工夫。以不依畔岸爲胸次。是可謂禪宗之盡頭語矣。上等根器人。得此把柄入手。眞能無罣礙。無恐怖。任天下之大。若行所無事。吾師南海康先生最崇拜心齋近溪者以此。雖然。非誠自得於己。或竊其口頭語作光景玩弄。亦最易導入人僞。故劉蕺山以王門有龍溪爲斯文之厄。黃梨洲亦謂王學有龍溪泰州而失其眞也。然龍溪集又云。此件事不是說了便休。須時時有用力處。時時有過可改。消除習氣。抵於光明。方是緝熙之學。然則龍谿亦曷嘗薄拂拭之功乎。

陽明先生拈出良知。上面添一致字。便是擴養之意。所以須養者。緣此心至易動故也。從前爲良知時時見在一句誤。卻遂欠了培養一段功夫。羅念菴

知善知惡之知。隨出隨泯。特一時之發見。未可盡指爲本體。故必有收攝保聚之功。以爲充達長養之地。而後定靜。安慮由此以出。知苟致矣。雖一念之微。皆眞實也。苟爲弗致。隨出隨泯。終不免於虛蕩而無歸。是致與不致之間。虛與實之辨也。羅念菴

陽明先生良知之教。本之孟子乍見入井孩提愛敬平旦好惡三者。以其皆有未發者存。故謂之良。朱子以爲良者自然之謂。是也。然以其一端之發見。而未能卽復其本體。故言怵惕矣。必以擴充繼之。言好惡矣。必以長養繼之。言愛敬矣。必以達之天下繼之。孟子之意可見矣。先生得其意者也。故亦不以良知爲足。而以致知爲功。試以三言思之。其言充也。將卽怵惕之已發者充之乎。將求之乍見之眞乎。無亦不動於內交要譽惡聲之私已乎。其言養也。將卽好惡之已發者養之乎。將求之平旦之氣乎。無亦不梏於旦晝所爲矣乎。其言達也。將卽愛敬之已發者達之乎。將不失孩提之心乎。無亦不涉於思慮矯强矣乎。終日之間。不動於私。不梏於爲。不涉於思慮矯强。以是爲致知之功。則其意烏有不誠。而亦烏用以立誠二字附益之也。今也不然。但取足於知。而不原其所以良。故失養其端。而惟任其所以發。遂以見存之知爲事物之則。而不察理欲之淆混。以外交之物爲知覺之體。而不知物我之倒置。豈先生之本旨也。羅念菴

今曰若信得良知過時。意卽是良知之流行。見卽是良知之照察云云。夫利欲之盤固。遏之猶恐弗止。而欲從其知之所發以爲心體。以血氣之浮揚。斂之猶恐弗定。而欲從其知之所行以爲功夫。畏難苟安者。取便於易從。見小欲速者。堅主於自信。夫注念反觀。孰無少覺。因言發慮。理亦昭然。不息之眞。既未盡亡。先人之言。又有可據。日滋日甚。日移日遠。將無有以存心爲拘迫。以改過爲粘綴。以取善爲比擬。以盡倫爲矯飾者乎。而其滅裂恣肆者。

又從而譸張簧鼓之。使天下之人。遂至蕩蕩然而無歸。則其陷溺之深。吾不知於俗學何如也。羅念菴

啓超謹案。右所錄者。大率念菴與龍谿辨論語居多。念菴寄龍溪書有云。終日談本體不說功夫。纔拈功夫。便指爲外道。恐陽明先生復生。亦當攢眉也。然則龍溪一派。當時敎學者。誠多語病。故念菴不得不糾正之。又念菴責門人云。知縱肆是良知。知不能卻自欺是瞞良知。自知瞞良知又是良知。形之紙筆。公然以爲美談。是不肯致良知也。此病豈他人能醫耶。然則所謂良知現在說之流弊。當時已甚猖獗。故念菴益不得不捍城之也。其注重全在一致字。不致不能實有諸己。自是姚江功臣。念菴雙江一派。其言收攝保任下手工夫條段最詳。於存養篇別記之。

啓超謹案。學聖之道。致良知三字具足無遺矣。然子王子以其辭旨太簡單。恐學者或生誤會。故又提知行合一之旨以補之。惟知行合一。故僅致良知三字。即當下具足也。今述知行合一之說。

凡謂之行者。只是著實去做這件事。若著實做學問思辨工夫。則學問思辨亦便是行矣。學是學做這件事。問是問做這件事。思辨是思辨做這件事。則行亦便是學問思辨矣。若謂學問思辨之。然後去行。卻如何懸空先去學問思辨得。行時又如何去得個學問思辨的事。行之明覺精察處便是知。知之眞切篤實處便是行。若行而不能明覺精察。便是冥行。便是學而不思則罔。所以必須說個知。知而不能眞切篤實。便是妄想。便是思而不學則殆。所以必須說個行。原來只是一個工夫。凡古人說知行。皆是就一個工夫上補偏救弊說。不似今人截然分作兩件事做。某今說知行合一。雖亦是就今時補偏救弊說。然知行體段。亦本來如是。王陽明

明道云。只窮理便盡性至命。故必仁極仁而後謂之能窮仁之理。義極義而後謂之能窮義之理。仁極仁則盡仁

之性矣。學至於窮理至矣。而尚未措之於行。天下寧有是耶。是故知不行之不可以爲學。則知不行之不可以爲窮理矣。知不行之不可以爲窮理則知知行之合一並進。而不可以分爲兩節事矣。夫萬事萬物之理。不外於吾心。而必曰窮天下之理。是殆以吾心之良知爲未足。而必外求於天下之廣以裨補增益之。是猶析心與理而爲二也。夫學問思辨篤行之功。雖其困勉至於人一己百。而擴充之極。至於盡性知天。亦不過致吾心之良知而已。良知之外。豈復有加於毫末乎。今必曰窮天下之理。而不知反求諸其心。則凡所謂善惡之機。眞妄之辨者。舍吾心之良知。亦將何以致其體察乎。王陽明

夫良知之於節目事變。猶規矩尺度之於方圓長短也。節目事變之不可預定。猶方圓長短之不可勝窮也。故規矩誠立。則不可欺以方圓。而天下之方圓不可勝用矣。尺度誠陳。則不可欺以長短。而天下之長短不可勝用矣。良知誠致。則不可欺以節目事變。而天下之節目事變不可勝應矣。毫釐千里之謬。不於吾心良知一念之微而察之。亦將何所用其學乎。是不以規矩而欲定天下之方圓。不以尺度而欲定天下之長短。吾見其乖張謬戾。日勞而無成也已。吾子謂語孝於溫凊定省。孰不知之。然而能致其知者鮮矣。若謂初知溫凊定省之儀節。而遂謂之能致其知。則凡知君之當仁者。皆可謂之能致其仁之知。知臣之當忠者。皆可謂之能致其忠之知。則天下孰非致知者耶。以是而言。可以知致知之必在於行。而不行之不可以爲致知也明矣。知行合一之體。不益較然矣乎。夫舜之不告而娶。豈舜之前。已有不告而娶者爲之準則。故舜得以考之何典。問諸何人而爲此耶。抑亦求諸其心一念之良知。權輕重之宜。不得已而爲此耶。武之不葬而興師。豈武之前。已有不葬而興師者爲之準則。故武得以考之何典。問諸何人而爲此耶。抑亦求諸其心一念之良知。權輕重之宜。不得已而爲此耶。使舜之心而

非誠於爲無後武之心而非誠於爲救民。則其不告而娶與其不葬而興師。乃不孝不忠之大者。而後之人不務致其良知以精察事理於此心感應酬酢之間。顧欲懸空討論此等變常之事。執之以爲制事之本。以求臨事之無失其亦遠矣。王陽明

啓超謹案。以上三條皆闡明知行合一之眞理。可謂博深切明。其第三條上半截言良知之應用處。尤當體認。前所謂是非兩字是個大規矩巧處則存乎其人。卽此之謂也。與朱子卽物而窮其理之說。自有守本逐末之分。

愛問今人儘有知父當孝兄當弟者。卻不能孝不能弟。知行分明是兩件。曰此已被私欲間斷。不是知行本體。未有知而不行者。知而不行。只是未知。聖賢敎人知行。正是要復那本體。故大學指個眞知行與人看。說如好好色。如惡惡臭。見好色屬知。好好色屬行。只見好色時已自好了。不是見後又立個心去好。聞惡臭屬知。惡惡臭屬行只聞惡臭時已自惡了。不是聞後別立個心去惡。愛曰古人分知行爲兩。亦是要人見得分曉。一行工夫做知。一行工夫做行。則工夫始有下落。曰此卻失了古人宗旨。某嘗說知是行的主意。行是知的工夫。知是行之始。行是知之成。若會得時。只說一個知已自有行在。只說一個行已自有知在。古人所以既說知又說行者。只爲世間有一種人懵懵懂懂任意去做。全不解思維省察。只是個冥行妄作。所以必說個知。方纔行得是。又有一種人茫茫蕩蕩懸空去思索。全不肯着實躬行。只是個揣摩影響。所以必說一個行。方纔知得眞。此是古人不得已補偏救弊的說話。今若知得宗旨。卽說兩個亦不妨。若不會得宗旨。便說一個。亦濟得甚事。只是閑說話。王陽明

啓超謹案。知而不行。只是未知兩語。是先生所以說知行合一之宗旨也。故凡言致良知。卽所以策人於行也

然則專提挈本體者、未免先生所謂閑說話矣、

問知行合一。曰此須識我立言宗旨。今人學問只因知行分作兩件。故有一念發動。雖是不善。然卻未曾行。便不去禁止。我今說個知行合一。正要人曉得一念發動處。便卽是行了。發動處有不善。就將這不善的念克倒了。須要徹根徹底。不使那一念不善潛伏在胸中。此是我立言宗旨。王陽明

黃梨洲曰。如此說知行合一。眞是絲絲見血。先生之學。眞切乃爾。後人何曾會得。啓超謹案。先生他日嘗言曰。然則凡知君之當仁者。皆可謂能致其仁之知。知臣之當忠者。皆可謂能致其忠之知。則天下孰非致知者耶。彼文語意。謂善而不行。不足以爲善也。此文語意則惡而不行。已足以爲惡。謂一念發動處。便卽是行了。然則吾今者一念發動愛國。遂謂吾已行愛國可乎。似與前說矛盾。不知良知者。非徒知善知惡云爾。知善之當爲。知惡之當去也。知善當爲而不爲。卽是欺良知。知惡當去而不去。卽是欺良知。故僅善念發。未足稱爲善。何以故。以知行合一故。僅惡念發。已足稱爲惡。何以故。以知行合一故。知惡便當實行去惡。方是知行合一。方算不自欺。

問知行合一。曰天下只有個知。不行不足謂之知。知行有本體有工夫。如眼見得是知。然已是見了。卽是行。耳聞得是知。然已是聞了。卽是行。要之只此一個知。已自盡了。孟子說孩提之童。無不知愛其親。及其長。無不知敬其兄。止曰知而已。知便能了。更不消說能愛能敬。本體原是合一。先師因後儒分爲兩事。不得已說個合一。知非見解之謂。行非履蹈之謂。只從一念上取證。知之眞切篤實卽是行。行之明覺精切卽是知。知行兩字。皆指功夫而言。亦原是合一的。非故爲立說。以強人之信也。王龍谿

啓超謹案。龍谿此言引申陽明知行合一之旨。最是明晰。後儒解釋甚多。都不外此。今不具引。

啓超又案。泰西古代之梭格拉第。近世之康德比圭黎。或譯作黑智兒皆以知行合一爲教。與陽明桴鼓相應。若合符契。陸子所謂東海西海有聖人出焉。此心同也。此理同也。豈不然哉。此義眞是單刀直入一棒一條痕一摑一掌血。使僞善者無一縫可以躲閃。夫曰天下只有一個知。不行不足謂之知。不行既不足謂之知。則雖謂天下只有一個行可也。此合一之指也。試以當今通行語解之。今與人言愛國也。言合羣也。彼則曰吾既已知之矣。非惟知之。而且彼亦與人言之。若不勝其激昂慷慨也。而激昂慷慨之外。則無餘事矣。一若以爲吾有此一知。而吾之責任皆已盡矣。是何異曰識得孝字之點畫。則已爲孝子。識得忠字之點畫。則已爲忠臣也。就陽明先生觀之。則亦其人未嘗有知而已。然使其果純爲未嘗有知也。則猶有冀焉。冀其一知而卽行也。若知而不行。則無冀焉矣。抑天下只有知而不行之人。斷無純然未嘗有知之人。何以故。知無不良故。雖極不孝之子。其良知未嘗不知孝之可貴。雖極不忠之臣。其良知未嘗不知忠之可貴。而今世之坐視國難。敗壞公德者。其良知未嘗不知愛國合羣之可貴。知其可貴而猶爾爾者。則亦不肯從事於致之之功而已。有良知而不肯從事於致之之功。是欺其良知也。質而言之。則僞而已矣。人而至於僞。乃小人而無忌憚也。陽明先生必提挈知行合一。以爲致良知之注脚。爲此也夫。爲此也夫。

啓超又案。既明知行合一之義。卽非徒識良知之原理。且能知良知之應用。而所謂致良知之學。非徒獨善其身。迂闊而不足以救世變者。甚明矣。今更舉子王子之語以證之。

愛曰。如事父一事。其間溫凊定省之類。有許多節目。亦須講求否。曰如何不講求。只是有個頭腦。只就此心去人欲存天理上講求。如講求冬溫。也只是要盡此心之孝。恐怕有一毫人欲間雜。講求夏凊。也只要盡此心之孝。恐怕有一毫人欲間雜。此心若無人欲。純是天理。是個誠於孝親之心。冬時自然思量父母寒。自去求溫的道理。夏時自然思量父母熱。自去求凊的道理。王陽明

啓超謹案。此言爲道與爲學兩不相妨也。爲道日損。故此心不許有一毫人欲間雜。爲學日益。故講求許多條理節目。然既有日損之道。則日益之學。乃正所以爲此道之應用也。且既有日損之道。自不得不生出日益之學。以爲之應用也。如誠有愛國之心。自能思量某種某種科學。是國家不可缺的。自不得不去研究之。又能思量某種某種事項。是國家必當行的。自不得不去調查之。研究也。調查也。皆從愛國心之一源所流出也。故曰如何不講求也。但吾之所以研究此調查此。必須全出於愛國之一目的。不可別有所爲而爲之。苟別有所爲而爲之。則是人欲間雜也。故曰須有個頭腦也。由是言之。講王學與談時務。果相妨乎。

只要良知眞切。雖做舉業。亦不爲心累。(中略)任他讀書。只是調攝此心而已。何累之有。王陽明

啓超謹案。程子言舉業不患妨功。惟患奪志。王子此言。正本於彼。夫學至舉業。可謂污賤矣。然苟良知眞切。猶不爲心累。然則日日入學校習科學。更何能累之有。故世有以講道學爲妨科學。而因以廢道學者。可以前條正之。又或以講科學爲妨道學。而因以廢科學者。可以本條正之。但惟患奪志一語。最當注意。刻刻在學校習科學。刻刻提醒良知。一絲不放過。此學之要也。

良知明白。隨你去靜處體悟也好。隨你去事上磨鍊也好。王陽明

須在事上磨鍊工夫得力。若只好靜。遇事便亂。那靜時工夫亦差。似收斂而實放溺也。王陽明

啓超謹案事上磨鍊工夫。亦是王子立教一要點。益可見致良知非以獨善其身也。

道固自在。學亦自在。天下信之不爲多。一人信之不爲少者。斯固君子不見是而無悶之心也。乃僕之情。則有大不得已者存乎其間。而非以計人之信與不信也。夫人者天地之心。天地萬物本吾一體者也。生民之荼毒困苦。孰非疾痛之切於吾身者乎。不知吾身之疾痛。無是非之心者也。是非之心。不慮而知。不學而能。所謂良知也。良知之在人心。無間於聖愚。天下古今之所同也。世之君子。惟務致其良知。則自能公是非。同好惡。視人猶己。視國猶家。而以天地萬物爲一體。求天下無治。不可得矣。古之人所以能見善不啻若己出。見不善不啻若己入。視民之飢溺。猶己之饑溺。而一夫不獲。若己推而納諸溝中。非故爲是以蘄天下之信己也。務致其良知。求自慊而已。（中略）後世良知之學不明。天下之人。用其私智以相比軋。是以人各有心。而偏瑣僻陋之見。狡僞陰邪之術。至於不可勝說。外藉仁義之名。而內以行其自私自利之實。詭辭以阿俗。矯行以干譽。掩人之善而襲以爲己長。訐人之私而竊以爲己直。忿以相勝。而猶謂之徇義。險以相傾。而猶謂之疾惡。妬賢忌能。而猶自以爲公是非。恣情縱欲。而猶自以爲同好惡。相凌相賊。自其一家骨肉之親。已不能無爾我勝負之意。彼此藩籬之形。而況於天下之大。民物之衆。又何能一體而視之。則無怪於紛紛藉藉。而禍亂相尋於無窮矣。僕誠賴天之靈。偶有見於良知之學。以爲必由之而後天下可得治。是以每念斯民之陷溺。則爲之戚然痛心。忘其身之不肖。而思以此救之。亦不自知其量者。天下之人。見其若是。遂相與非笑而詆斥之。以爲是病狂喪心之人耳。嗚呼。是奚足恤哉。吾當疾痛之切體。而暇計人之非笑乎。人固有見其父子兄弟之墜溺於深淵者。呼號匍匐。裸跣顚頓。若此是病狂喪心者也。故夫揖讓談笑於溺人之傍。而不知救。此惟行路之人。無親戚骨肉之情者能之。然已謂之無惻隱之心。非人矣。若夫在父子兄弟之愛者。則固未有不痛心疾首。狂奔氣盡。匍匐以拯之。彼將陷溺之禍有不顧。而況於病狂喪心之譏乎。而又況於蘄人之信與不信乎。嗚呼。今之人雖謂僕為病狂喪心之人。亦無不可矣。天下之人心。皆吾之心也。天下之人。猶有病狂者矣。吾安得而非病狂乎。猶有喪心者矣。吾安得而非喪心乎。昔者孔子之在當時。有議其為諂者。有議其為佞者（中略）則當時之不信夫子者。豈特十之二三而已乎。然而夫子汲汲遑遑。若求亡子於道路。而不暇煖席者。寧以期人之知我信我哉。蓋其天地萬物一體之仁。疾痛迫切。雖欲已之而自有所不容已。（中略）若其遯世无悶。樂天知命。則固無入而不自得。道並行而不相悖者也。僕之不肖。何敢以夫子之道為己任。顧其心亦已稍知疾病之在身。是以彷徨四顧。將求其有助我者。相與講去其病耳。今誠得豪傑同志之士。扶持匡翼。共明良知之學於天下。使天下之人。皆知自致其良知。以相安相養。去其自私自利之蔽。一洗讒妬勝忿之習。以躋於大同。則僕之狂病。固將脫然以愈。而終免於喪心之患矣。（王陽明）

啓超謹案。此陽明先生與聶雙江書也。（雙江王門龍象與錢緒山王龍谿王心齋鄒東廓齊名）字字是血。語語是淚。讀之而不憤不悱者。非人矣。觀此則知王學絕非獨善其身之學。而救時良藥。未有切於是者。陽明先生之心。猶孔子釋迦基督之心也。其言猶孔子釋迦基督之言也。以為非以此易天下之人心。則天下終不得而理也。其一片懇切誠意。溢於言表。不啻提我輩之耳而命之也。我輩雖聽之藐藐。或腹誹而面詆之。先生惟有哀矜而無憤怒也。雖然。我輩不幸而不聞先生之言。則亦已耳。既已聞之。而猶不肯志先生之所志。學先生之所學。是自暴自棄也。自暴者。不可與有言也。自棄者。不可與有為也。今試問舉國之人。苟皆如先生所謂用其私智以相比軋。假名以行其自私自利之習。乃至於其所最親近而相凌相賊者。苟長若是。而吾國之前途。尚可問乎。夫年來諸所謂愛國合羣之口頭禪。人人能道。而於國事絲毫無補者。正坐是耳。記曰。不誠無物。又曰。至誠而不動者未之有也。不誠未有能動者也。然則今日有志之士。惟有奉陽明先生爲嚴師。刻刻以不欺良知一語自勘其心髓之微。不寧惟是。且日以之責善於友朋。相與講明此學。以易天下。持此爲矩。然後一切節目事變出焉。此矩不踰。則其所以救國者。無論宗旨如何。手段如何。皆百慮而一致。殊途而同歸也。而不然者。則既不誠無物。一切宗旨手段。皆安所麗。所謂閑說話而已。歐美諸國。皆以景教爲維繫人心之的。日本則佛教最有力焉。而其維新以前所公認爲造時勢之豪傑。若中江藤樹。若熊澤蕃山。若大塩後素。若吉田松陰。若西鄉南洲。皆以王學式後輩。至今彼軍人社會中。猶以王學爲一種之信仰。夫日本軍人之價值。既已爲世界所共推矣。而豈知其一點之精神教育。實我子王子賜之也。我輩今日求精神教育。舍此更有何物。拋卻自家無盡藏。沿門托鉢效貧兒。哀哉。

啓超又案。子王子欲以致良知之義易天下之人心。似此究屬可能之事耶。抑不可能之事耶。此實一疑問也。難者曰。世界之所以進化。皆由人類之爭自存。質而言之。則自私自利者。實人類所以自存之一要素也。今如子王子言。欲使天下之人。皆自致其良知。去其自私自利。以躋於大同。其意固甚美。然我如是。而人未必如是。我退而人進。恐其遂爲人弱也。是所謂消極的道德。而非積極的道德也。應之曰。不然。無論功利主義。不足爲道德之極則也。即以功利主義論。而其所謂利者。必利於大我。而後爲眞利。苟知有小我。而不知有大我。則所謂利者。非利而恆爲害也。而此大我之範圍。有廣狹焉。以一家對一身。則一家爲大我。以一地方對一家。則一地方爲大我。以一民族一國家對一地方。則民族國家爲大我。如是者其級累說不能盡。而此犧牲小我以顧至大我之一念。卽所以去其自私自利之蔽。而躋於大同之券也。質而言之。則曰公利而已。曰公德而已。子王子所欲以易天下者。卽是物也。而天演界爭自存之理。亦豈能外是也。難者又曰。以子王子之魄力。終身提倡此義。而當時之人心不聞其緣此而遽易。此可見其道至逆。而非可以達於天下也。應之曰。此其事之難。不俟論也。然烏可以難焉而已也。自古一代之學風。恆不過有力者數人倡之焉爾。而影響所及。其澤不斬者。或數十年百年。曾文正之論人才言之旣博深切明矣。（見曾文正文集）亦安見其不能易也。詩曰。鼓鐘於宮。聲聞於外。亦在有志者之自振而已。

啓超謹案。陽明先生提致良知三字爲學鵠。本是徹上徹下工夫。當下具足。毫無流弊。惟先生沒後。門下提絜本體。未免偏重。末學承流。展轉失眞。甚或貪易畏難。高語證悟。而闕於修持。則有僅言良知。而致之一字。幾成贅疣者。先生嘗言依著良知做去。彼輩則依著良知而不做者也。是又先生所謂不行不得謂之知而已。故逮乎晚明。劉蕺山專標愼獨。以救王學末流。其功洵不在陽明下。然倡愼獨非自蕺山始。今更述諸哲之學說。以演此義。其亦本之本原之原也歟。

愼獨卽是致良知。（王陽明）

言誠惟惺惺字爲切。凡人所爲不善。本體之靈。自然能覺。覺而少有容留。便屬自欺。欺則不惺惺矣。（季彭山本）

聖人之學。只是謹獨。獨處人所不見聞。最爲隱微。而己之見顯。莫過於此。故獨爲獨知。蓋我所得於天之明命。我自知之而非他人所能與者也。若閑思妄想。徇欲任情。此卻是外物蔽吾心之明。不知所謹。不可以言見顯矣。少有覺焉。而復容留將就。卽爲自欺。乃於人所見聞處。揜不善而著其善。雖點檢於言行之間。一一合度。不遏有慾。

亦屬作僞。皆爲自蔽其知也。季彭山

啓超謹案此總是發明不欺良知一語。必不欺乃爲致。抱此一語。終身受用不盡。

謹於獨知。即致知也。謹獨之功不已。即力行也。故獨知之外無知矣。當知之外無行矣。功夫何等簡易耶。季彭山

日用之間。念慮初發。或善或惡。或公或私。豈不自知之。知其不當爲而猶爲之者。私欲之心重。而恕己之心昏也。苟能於一起之時。察其爲惡也。則猛省而力去之。去一惡念。則生一善念矣。念念去惡爲善。則意之所發。心之所存。皆天理。是之謂知行合一。知之非難。而行之爲難。今曰聖人之學。致良知而已。人人皆聖人也。吾心中自有一聖人。自能孝。自能弟。而於念慮之微。取舍之際。則未之講。任其意向而爲之。曰是吾之良知也。知行合一者固如是乎。顧箬溪應祥

啓超謹案此語爲矯正龍溪學說而發。其言恕己之心昏。及知之非難行之爲難二語。最當切己體驗。至其以致良知爲未足者。豈知所謂致者。舍行外更無功耶。未可以龍谿病陽明也。

只於自心欺瞞不得處。當提醒作主。羅念菴

吾人須從起端發念處察識。於此有得。思過半矣。何善山廷仁

人之眞心。到鬼神前。毋論好醜。盡皆宣洩。有是不能泯滅處。鄭定宇以讚

啓超謹案景教之祈禱懺悔。受用在此。

誠意功夫只好惡不自欺其知耳。要不自欺其知。依舊在知上討分曉。故曰必愼其獨。獨是知體。靈然不昧處。雖絕無聲臭。然是非一些瞞他不得。自寂然自照。不與物對。故謂之獨。須此處奉爲嚴君。一好一惡。皆敬依著他。方

是愼。萬思默廷言

小人一節。或云自欺之蔽。不然。此正見他不受欺。人欺蔽他不得。所以可畏。不容不愼。蓋此中全是天命至精。人爲一毫汙染不上。縱如何欺蔽。必要出頭。緣他從天得來。純淸絕點。萬古獨眞。誰欺得他。如別教有云。丈夫食少金剛。終竟不消。要穿出身外。何以故。金剛不與身中雜穢同止。故所以小人見君子。便厭然欲揜其不善。便肺肝如見。此厭此見。豈小人所欲。正是他實有此件在中。務穿過諸不善欺瞞處。由不得小人。必要形將出來。決不肯與不善共住。故謂之誠。誠則必形。所以至嚴可畏。意從此動。方謂之誠意。故君子必愼其獨。若是由人欺蔽得。何嚴之有。萬思默

啓超謹案。此語勘得最透。小人厭然揜其不善者。正以自知之而自恥之也。蓋有是非之心。所以有羞惡之心也。故曰知無不良也。致與不致。則只可責志耳。

除知無獨。除自知無愼獨。鄒南皐

離獨一步。便是人僞。劉蕺山

人心如穀種。滿腔都是生意。嗜欲錮之而滯矣。然而生意未嘗不在也。疏之而已耳。又如明鏡。全體渾是光明。習染薰之而暗矣。然而明體未嘗不存也。拂拭而已耳。惟有內起之賊。從意根受者。不易除。更加氣與之拘。物與之蔽。則表裏夾攻。更無生意可留。明體可觀矣。君子惓惓於謹獨也以此。劉蕺山

問有言聖賢道理圓通。門門可入。不必限定一路。先生曰。畢竟只有愼獨二字足以蔽之。別無門路多端。可放步也。劉蕺山

學者不必求之行事之著。而止求之念慮之微。一言以蔽之曰。誠而已矣。劉蕺山

自欺受病。已是出人入獸關頭。更不加慎獨之功。轉入人僞。自此卽見君子亦不復有厭然情狀。一味挾智任術。色取行違。進之則爲鄉原似忠信似廉潔。欺天罔人。無所不至。猶宴然自以爲是。全不識人間有廉恥事。劉蕺山

啓超謹案。四書六經。千言萬語。其最鞭辟近裏者。莫如大學誠意一章。發端卽云所謂誠其意者毋自欺也。毋自欺一語。已使學者更無一絲之路可以走趲。陽明所提致良知。實不外此義。顧不言誠意而言致良知者。以良知當下反省。人人自得。更易著力。實則致知卽誠意也。慎獨爲誠意關鍵。亦卽爲致知關鍵。故言致良知。自不必更言慎獨。誠以致之之功。舍慎獨更無他也。王子旣沒。門下提挈本體太重。而幾忘有致字。故蕺山專提慎獨以還其本意。非謂王子之教有未足。而更從而畫其蛇足也。學者自求受用。則守致良知之口訣也可。守慎獨之口訣也可。一而二。二而一耳。惟從此間放鬆一步。則不知其可也。

存養第四

良知之教。簡易直捷。一提便醒。固是不二法門。然曰吾有是良知而已具足矣。無待修證。是又與於自欺之甚者也。陽明以良知喻舟之有柁。最爲墧切。顧柁雖具而不持。則舟亦漂泊不知所屆耳。修證之功有三。曰存養。曰省察。曰克治。三者一貫。而存養爲之原。述存養第四。

大學之道。在明明德。記大學

集注曰。明德者。人之所得乎天。而虛靈不昧。以受衆理而應萬事者也。但爲氣稟所拘。人欲所蔽。則有時而昏。

然其本體之明。則有未嘗息者。故學者因其所得而遂明之。以復其初也。

公都子曰。鈞是人也。或為大人。或為小人。何也。孟子曰。從其大者為大人。從其小者為小人。曰鈞是人也。或從其大者。或從其小者。何也。曰耳目之官不思而蔽於物。物交物。則引之而已矣。心之官則思。思則得之。不思則不得也。此天之所以與我者。先立乎其大者。則其小者不能奪也。此為大人而已矣。孟子

雖存乎人者。豈無仁義之心哉。其所以喪其良心者。亦由斧斤之於木也。旦旦而伐之。可以為美乎。及其日夜之所息。平旦之氣。其好惡與人相近者幾希。則其旦晝之所為。又牿亡之矣。牿之反覆。則其夜氣不足以存。夜氣不足以存。則其違禽獸不遠矣。人見其禽獸也。而以為未嘗有才焉者。此豈人之情也哉。故苟得其養。無物不長。苟失其養。無物不消。孔子曰。操則存。舍則亡。孟子

我善養吾浩然之氣。敢問何謂浩然之氣。曰難言也。其為氣也。至大至剛。以直養而無害。則塞乎天地之間。其為氣也。配義與道。無是。餒也。孟子

人有雞犬放。則知求之。有放心而不知求。學問之道無他。求其放心而已矣。孟子

五穀者。種之美者也。苟為不熟。不如荑稗。夫仁亦在乎熟之而已矣。孟子

君子深造之以道。欲其自得之也。自得之。則居之安。居之安。則資之深。資之深。則取諸左右逢其原。孟子

治之要在於知道。人何以知道。曰心。心何以知。曰虛壹而靜。心未嘗不臧案古藏字也。然而有所謂虛。心未嘗不滿也。然而有所謂一。心未嘗不動也。然而有所謂靜。人生而有知。知而有志。志也者。臧也。然而有所謂虛。不以所已臧害所將受。謂之虛。心生而有知。知而有異。異也者。同時兼知之。同時兼知之。兩也。然而有所謂一。不以夫案義同彼一

害此一，謂之壹。心臥則夢，偷則自行，（案此言偸惰之時則心馳騖也，即孟子所謂放心。）使之則謀。（案此言用之則能思慮也。）故心未嘗不動也。然而有所謂靜。不以夢劇亂知，（案此言夢寐時及事物繁劇接搆時，不以亂其智慧也。）謂之靜。虛壹而靜，謂之大清明。凡觀物有疑，中心不定，則外物不清。吾慮不清，則未可定然否也。冥冥而行者，見寢石以爲伏虎也，見植林以爲後人也。（案言疑有人隨其後也。）冥冥蔽其明也。醉者越百步之溝，以爲蹞步之澮也；俯而出城門，以爲小之閨也：酒亂其神也。厭目而視者，視一以爲兩，掩耳而聽者，聽漠漠以爲哅哅：勢亂其官也。從山上望牛者以爲羊，而求羊者不下牽也：遠蔽其大也。從山下望木者，十仞之木若箸，而求箸者不上折也：高蔽其長也。　人心譬如槃水，正錯（案錯音措，義同置。）而勿動，則湛濁在下，而清明在上，則足以見鬚眉而察理矣。微風過之，湛濁動乎下，清明亂於上，則不可以得大形之正也。心亦如是矣。故導之以理，養之以清，物莫之傾，則足以定是非、決嫌疑矣。小物引之，則其正外易，其心內傾，則不足以決庶理矣。（荀子解蔽篇）

啓超謹案：以上鈔孔孟荀之言關於存養者，其解釋俟諸下方。

啓超又案：宋明儒不喜稱道荀子，然荀子固孔學正傳也。即如此文言心理之現象及養心之不可以已，宋明儒千言萬語，未或能外之，故今具錄以冠本章之端。

學在知其所有，又在養其所有。（程明道）

若不能存養，只是說話。（程明道）

涵養到著落處，心便清明高遠。（程明道）

須是大其心使開闊，譬如爲九層之臺，須大做脚始得。（程明道）

吾曹常須愛養精力。精力稍不足則倦。所臨事皆勉強而無誠意。接賓客語言尚可見。況臨大事乎。邢和叔恕○和叔二程門人也

呂與叔嘗言患思慮多不能驅除。曰此正如破屋中禦寇。東面一人來未逐得。西面又一人至矣。左右前後驅除不暇。蓋其四面空疏。盜固易入。無緣作得主定。又如虛器入水。水自然入。若以一器實之以水。置之水中。水何能入來。蓋中有主則實。實則外患不能入。自然無事。程伊川

思慮要簡省。煩則所存都昏惑。張橫渠

心淸時常少。亂時常多。其淸時卽視明聽聰。四體不待羈束而自然恭謹。其亂時反是。如此者何也。蓋用心未熟。客慮多而常心少也。習俗之心未去。而實心未全也。有時如失者。只爲心生。若熟後自不然。當存其大者。存之熟後。小者可略。張橫渠

程子言整齊嚴肅則心便一。一則自無匪僻之干。此意但涵養久之則天理自然明。今不曾做得此工夫。胸中膠擾駁雜。如何窮得理。朱晦翁

涵養是主人翁。省察是奴婢。陸象山

人須整理心下。使敎瑩淨常惺惺地方好。此敬以直內工夫也。嗟夫。不敬則不直。不直便昏昏倒了。萬事從此隳。可不懼哉。吳康齋

身心須有安頓處。若無安頓處。則日惟擾擾於利害中而已。吳康齋

人收斂警醒。則氣便淸。心自明。才惰慢便昏瞶也。胡敬齋

常沈靜則含蓄義理。而應事有力。薛敬軒

學者須先理會氣象。氣象好時。百事自當。陳白沙

學者須收斂精神。譬如一爐火。聚則光燄四出。纔撥開便昏黑了。夏東巖

學者要使事物紛擾時。常如夜氣一般。王陽明

吾輩通患。正如池面浮萍。隨開隨蔽。未論江海。但在活水。浮萍已不能蔽。何者。活水有源。池水無源。有源者由己。無源者從物。故凡不息者有源。作輟者皆無源故耳。王陽明

閑時能不閑。忙時能不忙。方是不爲境所轉。王龍谿

學有可以一言盡者。有不可以一言盡者。如收斂精神。併歸一處。常令凝聚。能爲萬物萬事主宰。此可一言而盡。亦可以一息測識而悟。惟夫出入於酬應。牽引於情思。轉移於利害。纏固於計算。則微曖萬變。孔竅百出。非堅心苦志。持之歲月。萬死一生。莫能幾及也。羅念菴

向人說得伸寫得出解得去。謂之有才則可。於學問絲毫無與也。學問之道。須於衆人場中。易鶻突者。條理分明。一絲不亂。此非平日有涵養鎮靜之功。小大不疑。安能及此。羅念菴

果能收斂翕聚。如嬰兒保護。自能孩笑。自能飲食。自能行走。豈容一毫人力安排。試於臨民時驗之。稍停詳妥貼。言動喜怒。自是不差。稍周章忽略。便有可悔。從前爲良知時時見在一句誤却。欠却培養一段功夫。培養原屬收斂翕聚。甲辰夏因靜坐十日。恍恍見得。又被龍溪諸君一句轉了。總爲自家用功不深。內虛易搖也。孟子言有怵惕惻隱之心。由於乍見。言平旦好惡與人相近。由於夜氣所息。未嘗言時時有是心也。末後四端須擴而充之。

自然火然泉達，可以保四海，夜氣苟得其養，無物不長，所以須養者，緣此心至易動故也，未嘗言時時便可致用，皆可保四海也，擴充不在四端後，却在嘗無內交要譽惡聲之心，所謂以直養也，養是常息此心，常如夜之所息，如是則時時可似乍見與平旦時，此聖賢苦心語也，陽明拈出良知上面添一致字，便是擴養之意，良知良字，乃是發而中節之和，其所以良者，要非思爲可及，所謂不慮而知，正提出本來頭面也，今却盡以知覺發用處爲良知，至又易致字爲依字，則是只有發用，無生聚矣，木常發榮必速槁，人常動用必速死，天地猶有閉藏，況於人乎，是故必有未發之中，方有發而中節之和，必有廓然大公，方有物來順應之感，平日作文字只謾說過去，更不知未發與廓然處何在，如何用功，誠鶻突半生也，眞擴養得，便是集義，自浩然不奪於外，此非一朝一夕可得，然一朝一夕亦便小小有驗，但不足放乎四海，譬之操舟，舵不應手，不免橫撐直駕，終是費力，時時培此，却是最密地也。羅念菴

吾人於一日十二時中，精神意志，皆有安頓處，方有進步處。耿天臺

涵養要九分，省察只消一分，若沒涵養，就省察得也沒力量降伏那私欲。呂心吾

涵養不定的，自初生至蓋棺時，凡幾變，即知識已到，尚保不定，畢竟作何種人，所以學者要德性堅定，到堅定時，隨常變窮達生死，只一般，即有難料理處，亦能把持，若平日不過事時，儘算好人，一遇個小小題目，便考出本態，假遇着難者大者，知成個甚麼人，所以古人不可輕易笑，恐我當此未便在渠上也。呂心吾

人到生死不亂，方是得手，居常當歸併精神一路，毋令漏洩。唐凝菴鶴徵

人要於身心不自在處，究竟一個著落，所謂困心衡慮也，若於此蹉過，便是困而不學。高景逸攀龍

謀國者。固本自强。而外患自戢。治病者。調養元氣。而客邪自散。若獨思禦患。則禦之之術。即患所生。專攻客邪。則府臟先傷。而邪傳不已。禮已復而己未盡克。其以省察克治自易。克己而不復禮。其害終身不瘳。王船山夫之

啓超謹案。以上所鈔。凡以明存養之功之不可以已也。約而舉之。凡有五要。(一)有存養之功。則常瑩明。無之則昏暗。如明鏡然。時時勤拂拭。勿使惹塵埃。則念慮之發。事物之來。吾皆灼然見其本相而應之無所於瞀。夫良知固盡人所生而有者也。然能受良知之用者。萬不得一。何也。則本體不瑩故也。譬彼病目。見空中華。空本無華。以目病故。故研朱可以成碧。指鹿可以爲馬。若循其曚昧者而認爲良知之作用。其誤謬將不可紀極。夫心理學上有所謂幻覺者。其原因由來復之念端。與當境之知覺和合。有誤而生。荀子所謂見寢石以爲伏虎。見植林以爲後人。此人類普通性質所同有。凡此之類。與夢之原理相通。列子所稱席帶而寢則夢蛇。飛鳥啣髮則夢飛。是其理也。然此幻覺所由起。必以內心所種爲遠因。而以外境所觸爲近因。鄭人相驚以伯有。其心中先有畏伯有者存也。齊襄見豕而以爲公子彭生。其心中先有畏彭生者存也。皆有他物以障其明。然後幻生焉。不先除此障。而欲幻之不起。其道無由。列子又稱至人無夢。何以能無夢。本心常瑩。而幻不侵也。夫幻之誤人。豈徒前此所舉諸實例諸小節而已。如人有生必有死。死固無可畏者。而何以皆畏之。幻覺故也。富貴利祿。不過供吾耳目口體短期之快樂。耳目口體。物而非我。下文言之吾何爲自苦而樂彼物。富貴利祿。無可戀者。而何以皆戀之。幻覺故也。夫畏其無可畏者。而戀其無可戀者。此與豕之本無可怖而齊襄怖之。則何以異也。故吾人終其身醉夢於此幻覺場中。而無一時淸醒白地。可憐孰甚焉。而存養云者。則使吾心常惺惺不昧。而此幻覺無從入也。此自得之道也。若語其應用。則吾輩生文明大開之今日。社會之事物。千複萬雜。非智慧增進。

不足以察其變而窮其理研其幾而神其用無論讀書治事皆恃此一點靈明以鑰之以幻覺讀書何以能排舊見而悟眞理以幻覺治事何以能應時勢而蘄成功是猶無土地資本勞力而欲殖富也由此言之存養者非徒德育之範圍而又智育所必當有事也(二)有存養之功則常强立無之則軟倒記稱莊敬日强安肆日偷其言精絕蓋深明夫心理與生理之關係然也生理學家言吾人腦中有一種無價之寶名曰愛耐盧尼實一切活力之本營吾人所以能研究新理想擔荷大事業者皆於此物焉賴此物者不愛惜之不可不愛惜則妄消耗之於無用之地而其原力日以減殺太愛惜之又不可太愛惜則又厝置之於無用之地而本能無從發達（生物學家言凡生物之官體久廢不用者則漸失其本能如人類本有腮男子本有乳皆以不用而漸無之野蠻人口齒大愈文明則愈小諸如此類其例不勝枚舉）故吾輩當常使此愛耐盧尼運用有節而適得其宜夫飽食終日無所用心者此厝置之於無用之地者也故陸子曰精神不運則愚血脈不運則病曾文正曰精神愈用則愈出陽氣愈提則愈盛此皆與日强日偷之理相發明者也雖然彼飽食終日無所用心者其心卒不能無所寄頓不寄頓於有用則寄頓於無用耳故無數閑思雜念刻刻相與爲緣而其消耗此愛耐盧尼反漫無節制神經甚疲而不能自振觀夫悲秋之士懷春之女終日多愁多病覩一切景物皆若甚無聊賴度一刻光陰皆若甚難消遣卒至體質日以羸弱志氣日以銷沈凡此皆其濫費此愛耐盧尼之證也由此言之存養者非徒德育之範圍而又體育所必當有事也(三)有存養之功則常整暇無之則紛擾治者吉事也亂者凶事也治亂之象非徒於國有之於家有之即身心亦然人而爲亂人則人格已喪失而無所餘矣起居無節言語無序身之亂也憧憧往來朋從爾思心之亂也然必有心亂而後有身亂故欲治其身亦先治其心而已英儒邊沁以苦樂爲善惡之標準在近世哲學界稱一新發明焉然眞苦眞樂

必不存於軀殼。而存於心魂。軀苦而魂樂。眞樂也。軀樂而魂苦。眞苦也。吾儕試自驗吾心魂最樂之時。當有數境。其一步曠野。吸新空氣。觀雜花芳草。欣欣有生意。或乘海船。御天風。聽海濤。翛翛有出塵之想。當此之時。心魂最樂。其一與二三素心人促膝論學。或論事。論鋒鍼接。當此之時。心魂最樂。其一。讀書窮理。忽然有悟有得。當此之時。心魂最樂。其一運動軀體。勤勞之後。恬然放下。當此之時。心魂最樂。凡諸此境界。盡人所間有。而不能常有。當其有之。樂莫甚焉。其所以然者。則以此一刹那頃。忽舉吾心魂。超然於塵網之外。胸中無一雜念以渣滓於其間也。反是而其最苦者。則家人之聒噪。惡客之雜遝。利害之計較。得失之營注。雖形骸之欲。或甚縱然自滿。而心中無限困衡煩惱。此極端苦樂之兩境。無論何人。內自審之。莫不皆然也。然則亂其心而不知治者。終身爲僇民而已。此以言其自得也。若語於應用。則吾輩既非厭世者流。不得不接事物。志願愈大。其所接事物愈多。若非有道焉自約其心理。使有秩序。則如統百萬之衆。而無主帥號令。勢如。安得不潰。故凡遇事張皇而喪其所守者。皆亂之爲害也。(四)有存養之功。則能虛受。無之則閉塞。心理如明鏡然。惟無一象。故能受萬象。吾輩之爲學。欲進其學也。欲進其學。則不得不求理想之日新。横渠所謂濯去舊見以來新知吾輩之治事。欲善其事也。欲善其事。則不得不求條理之晰備。而此二者非胸次洞然。無芥蒂。則其效不可見。善夫吾友蔣智由氏之言也。曰『吾人意識之區域。若有一種之觀念占領。則他觀念無發生之機。譬有一憂慮之事。不能解釋。其時意識之區域。皆爲此憂慮所充滿。而他觀念皆在所擯拒之列。而意識區域之占領。又有二種。一單一之占領。一雜多之占領。單一占領者。如愛慕一物。念念不能舍是也。雜多占領者。馳騖紛擾。散亂集沓之心是也。故必先淸淨其心。無逐於外緣。無紛於內擾。使意識之區域。洞洞然不儲一物。而後理境上之觀念生焉。鳶飛魚躍。

自呈活潑之機」此卽荀子所謂不以所已藏害所將受也由此言之吾輩苟不欲活用此學以濟天下則亦已耳苟其欲之則潔除心地之一層工夫安可以不致力也(五)有存養之功則常堅定無之則動搖孟子之得力在不動心而其工夫在養吾浩然之氣夫天下未有風吹草動毫不自主而能任大事者也雖然不動心之義言之似易能之實難富貴貧賤威武造次顛沛利害毀譽稱譏苦樂種種外境客賊相乘不奪於此則奪於彼吾儕試默數數年來所見朋輩中有昔者共指爲志士謂前途最有希望者而今已一落千丈比比皆是豈必其人立身伊始卽自定此欺飾之局謂不過欲爲此以釣數寒暑間之名譽也彼其受外界之刺激不知不覺而爲之奴隸其墮落也其純不能自由者也吾自審根器能厚於彼輩者幾何吾今者未入社會未受刺激尙薾然差能自保一旦與彼輩處同一之境遇則化之矣就使吾根器稍優於彼輩卽與彼輩處同一之境遇未必化之雖然又當知彼輩所處之境遇非其刺激之最大者也客賊之相脅迫也無窮語曰道高一尺魔高一丈甲關既過又有乙關乙關既過又有丙關如是相引以至無垠使吾他日所遇可歆可怖可厭之境有稍甚於彼輩者吾能無變乎寖假又有遠甚於彼輩者吾卒能無變乎莊生曰與接爲搆日與心鬥吾人終其身皆立於物我劇戰之地位（以己身對於他人之身則己身爲我而他人爲物以己之心靈對於己之軀殼則心靈爲我而軀殼爲物故言「我」者有廣義之我有狹義之我此文之「我」卽指其狹義者孟子曰耳目之官不思而蔽於物物交物則引之而已矣上「物」指社會種種外境界下物指耳目之官以心靈之我對之則兩者皆物也此文之「物」兼指兩種物而言）而能得最後之戰利者千無一焉呂心吾所謂勿輕易笑人恐我當此亦未便在渠上誠警策之言也然則勝利之道奈何兵法曰先爲不可勝以待敵之可勝又曰毋恃敵不來恃我有以待之今世之謀國者持武裝平和主義務擴充軍備使其力有餘於自衞然後一切外患無取於懾夫治心之道亦若是則已耳小程子之言曰中有主則

實。實則外患不能入。是其義也。夫意識之區域。苟有一種之觀念占領。則他觀念無從發生。夫旣言之矣。然爲惡觀念所占領。則善觀念固無從發生。爲善觀念所占領。則惡觀念亦無從發生。其比例正同。由前之說。所謂虛而後能受也。以廓清惡念爲容納善念之地也。由後之說。所謂實而後能主也。以保持善念爲距絕惡念之功也。兩者交修而互相成也。夫所謂善念惡念之界說何也。念端之屬於能動者。則爲善念。（能動者我自欲如此則如此能力在我也）其屬於受動者。則爲惡念。（受動者此種念端吾明知其不可發而爲外境所奪不能自制也）時時立於能動之地位。是曰主人。時時立於受動之地位。是曰奴隸。時而能動。時而受動。間雜錯出。則出入於主奴之間。而易墮於奴。日兢兢焉保持此能動之資格。拳拳服膺而勿失。然後不退轉之詣。乃可得而幾也。以上五義。略舉之而未能盡也。要之吾輩之生命。本驅殼與心魂二者和合而成。雖謂一人而有二種之生命可也。此二種之生命。苟缺其一。則人格倏已消滅。驅殼之生命。日必有以養之。一日不食而疲。三日不食而病。七日不食而死矣。心魂之生命。何獨不然。毋恃我有美質。而謂功力之可以已也。雖有壯軀。而饔飧必不可廢。雖有良知。而存養必不可怠。古今中外哲人。莫不拳拳焉以此爲第一大事。學者愼勿以迂腐二字抹倒之。坐戕其生命之一種。而不自愛也。

啓超謹案。旣明存養工夫之緊要。今當次述其用功之法。先哲所標。大率以主敬主靜兩義爲宗派。以啓超繹之。尙有主觀之一法門。佛敎天台宗標止觀二義。所謂主靜者。本屬於止之範圍。而先儒言靜者。實兼有觀之作用。必輔以觀。然後靜之用乃神。故今類鈔之以爲存養之三綱。

修己以敬。（論語）

顏淵問仁。子曰。克己復禮爲仁。請問其目。子曰。非禮勿視。非禮勿聽。非禮勿言。非禮勿動。（論語）

仲弓問仁。子曰。出門如見大賓。使民如承大祭。論語

子張問行。子曰。言忠信。行篤敬。論語

君子無衆寡。無小大。無敢慢。論語

居處恭。執事敬。雖至夷狄。不可棄也。論語

毋不敬。儼若思。 若夫坐如尸。立如齋。記曲禮

致禮以治躬則莊敬。莊敬則嚴威。外貌斯須不莊不敬。而易慢之心入之矣。記樂記

啓超謹案。此古代主敬派之存養說也。孔子言存養。率以敬爲主。

一敬可以勝百邪。程明道

毋不敬可以對越上帝。程明道

涵養須用敬。進學則在致知。程伊川

入道莫如敬。未有能致知而不在敬者。程伊川

只是嚴肅整齊。則心便一。一則自無非僻之干。此意但涵養久之。天理自然明白。程伊川

記中說君子莊敬日強。安肆日偷。蓋常人之情。纔放肆則日就曠蕩。纔檢束則日就規矩。程伊川

懈心一生。便是自暴自棄。程伊川

正心之始。當以己心爲嚴師。凡所動作。則知所懼。如此一二年間。守得牢固。則自然心正矣。張橫渠

以敬爲主。則內外肅然。不忘不助。而心自存。不知以敬爲主。而欲存心。則不免將一箇心把捉一箇心。外面未有

一事時。裏面已有三頭兩緒。不勝其擾也。就使實能把捉得住。只此已是大病。況未必眞能把捉得住乎。朱晦翁

敬字似甚字。卻甚似箇畏字。不是塊然兀坐耳無聞目無見全不省事之謂。只收斂身心整齊純一不恁地放縱。便是敬。朱晦翁

截斷嚴整之時多。則膠膠擾擾之時少。朱晦翁

小心翼翼。昭事上帝。上帝臨汝。無貳爾心。戰戰兢兢。那有閑管時候。陸象山

吾心纔欲檢束四體便自悚然矣。外既不敢妄動內亦不敢妄思交養之道也。魏莊渠

無事時得一偷字有事時得一亂字。劉蕺山

小人只是無忌憚。便結果一生。大學言閒居爲不善。閒居時有何不善可爲。只是一種懶散精神。漫無著落。便是萬惡淵藪。正是小人無忌憚處。可畏哉。劉蕺山

懶散二字。立身之賊也。千德萬業日怠廢而無成。千罪萬惡日橫恣而無制。皆此二字爲之。呂心吾

存心則緝熙光明如日之升。修容則正位凝命如鼎之鎭。內外交養。敬義夾持。何患無上達。曾滌生

主敬者。外而整齊嚴肅。內而專靜純一。齊莊不懈。故身强。曾滌生

敬字切近之效。尤在能固人肌膚之會。筋骸之束。莊敬日强。安肆日偷。皆自然之徵應。雖有衰年病軀。一遇壇廟獻祭之時。戰陣危急之際。亦不覺神爲之悚。氣爲之振。斯足知敬能使人身强矣。若人無衆寡。事無大小。一一恭敬。不敢懶慢。則身體之强健。又何疑乎。曾滌生

啓超謹案。以上主敬說之大概也。大抵小程子及朱子言養心之法。率主居敬。所謂程朱派也。白沙詩云。吾道

有宗主。千秋朱紫陽。說敬、不離口示我入德方。是也。然陸子常稱道小心翼翼上帝臨汝數語。則亦何嘗不言敬。羅念菴江右王學之宗也。亦常書陸子此語以自厲。然則陸王學不廢敬明矣、蕺山解小人閒居爲不善。謂嬾散精神。漫無著落。便是萬惡淵藪。可謂警切。兵家所謂暮氣。物理學所謂惰力。卽此物也。此物一來。襲於吾躬。則萬事一齊放倒了。而敬卽驅除此物第一之利器也。敬之妙用。全在以制外爲養中之助。蓋我輩德業之所以不進。其原因雖多端。然總不出爲外境界之所牽。外境界之所能牽者。眼耳鼻舌身也。孟子所謂物交物也。而眼耳鼻舌身既被牽。則意根隨而動搖。孟子所謂則引之而已矣。又曰氣壹則動志也。展轉纏縛。主客易位。而勢遂不足以相敵。敬也者。卽檢制客賊而殺其力者也。客力殺。然後主力乃得而增長也。故曰內外交養也。古哲所以重提主敬之功者。其理由不外是。

啓超又案。曾文正發明主敬則身强之理。視宋明儒主敬說更加切實。蓋德育而兼體育矣。司馬溫公亦言修心以正。保躬以靜。則言主靜而身强也。與曾說可相發明。

啓超又案。曾文正又嘗有楹聯云。禽裏還人。靜從敬出。文正蓋兼主敬靜者。而以敬爲靜之下手工夫。此其獨見處。卽其得力處也。中庸所謂戒愼乎其所不睹。恐懼乎其所不聞也。

學者須恭敬。但不可令拘迫。拘迫則難久也。（程伊川）

忘敬然後毋不敬。（程伊川）

嚴威儼恪。非持敬之道。然敬須自此入。（程伊川）

人之於儀形。有是持養者。有是修飾者。（程伊川）

啓超謹案。此言主敬不可過於矜持。過於矜持。則又逐於外也。諸儒言此者甚多。今舉伊川以該其餘。

无思也。无爲也。寂然不動。感而遂通天下之故。非天下之至神。其孰能與於此。易繫辭

知止而后有定。定而后能靜。靜而后能安。安而后能慮。慮而后能得。記大學

持其志。無暴其氣者何也。曰志壹則動氣。氣壹則動志也。今夫蹶者趨者。是氣也。而反動其心。孟子

必有事焉而勿正。心勿忘。勿助長也。孟子

其日夜之所息。平旦之氣。其好惡與人相近也者幾希。則其旦晝之所爲。有牿亡之矣。牿之反覆。則其夜氣不足以存。孟子

戒愼乎其所不睹。恐懼乎其所不聞。莫見乎隱。莫顯乎微。故君子必愼其獨也。喜怒哀樂之未發。謂之中。發而皆中節。謂之和。記中庸

人生而靜。天之性也。感於物而動。性之欲也。物至知知。而後好惡形焉。好惡無節於內。知誘於外。不能返躬。天理滅矣。記樂記

心虛一而靜。虛一而靜。謂之大清明。不以夢劇亂知。謂之靜。荀子

啓超謹案。此古代主靜派之存養說也。孟子荀子言存養。皆以靜爲主。孟荀皆孔門嫡傳。莊子又稱顏子有心齋之功。然則主靜派亦出於孔門也。

啓超又案。諸暨蔣氏有中國古代定學考略。見新民叢報第七十號 言主靜之學。出於黃帝。而弘於道家。且歷引莊列之言以示其法程。其論甚精。可參觀。

主靜立人極。周濂溪

問聖可學乎。曰可。有要乎。曰有。請問焉。曰。一爲要。一者無欲也。無欲則靜。靜虛動直。靜虛則明。明則通。動直則公。公則溥。明通公溥。庶矣乎。周濂溪

啓超謹案。濂學者宋明數百年間儒者所奉爲祖師也。其淵源實出自种放李之才陳摶。則道家之支與流裔也。而儒者多諱之。實則何足諱。道家固出於我神祖黃帝也。特有附益駁雜耳。若定學則至道之原也。周子持此爲鵠。宜其足以振一世。故今次於先秦學說錄之。

程子每見人靜坐。便歎其善學。

學者莫如以半日靜坐。半日讀書。朱晦翁

爲學須從靜坐中養出個端倪來。方有商量處。陳白沙

所爲靜坐事。非欲坐禪入定。蓋因吾輩平日爲事物紛拏。未知爲己。欲以此補小學收放心一段功夫耳。王陽明

學無分於動靜者也。特以初學之士。紛擾日久。本心眞機。盡汨沒蒙蔽於塵埃中。是以先覺立教。欲人於初下手時。暫省外事。稍息塵緣。於靜坐中默識自心眞面目。久之邪障徹而靈光露。靜固如是。動亦如是。到此時。終日應事接物。周旋於人情事變中。而不捨與靜坐一體無二。此定靜之所以先於能慮也。豈謂終身滅倫絕物。塊然枯坐。徒守頑空冷靜以爲究竟哉。王塘南

聖學全不靠靜。但各人禀賦不同。若精神短弱。決要靜中培壅豐碩。收拾來便是良知。散漫去都成妄想。高景逸

各人病痛不同。大聖賢必有大精神。其主靜只在尋常日用中。學者神短氣浮。便須數十年靜力。方得厚聚深培。

而最受病處。在向無小學之敎。浸染世俗。故俗根難拔。必埋頭讀書。使義理浹洽。變易其俗腸俗骨。澄神默坐。使塵妄消散。堅凝其正心正氣。乃可耳。高景逸

靜坐之法。喚醒此心。卓然常明。志無所適而已。志無所適。精神自然凝復。不待安排。勿著方所。勿思效驗。初入靜者。不知攝持之法。惟體貼聖賢切要之言。自有入處。靜至三日。必臻妙境。高景逸

主靜工夫最難下手。姑爲學者設方便法。且敎之靜坐。日用間除應事接物外。苟有餘刻。且靜坐。坐間本無一切事。卽以無事付之。卽無一切事。亦無一切心。無心之心。正是本心。瞥起則放下。沾滯則掃除。只與之常惺惺可也。此時伎倆。不合眼。不掩耳。不趺跏。不數息。不參話頭。只在尋常日用中。有時倦則起。有時感則應。行住坐臥。都在靜觀。食息起居。都作靜會。昔人所謂勿忘勿助間。未嘗致纖毫之力。此其眞消息也。故程子每見人靜坐。便嘆其善學。善學云者。只此是求放心親切工夫。從此入門。卽從此究竟。非徒小小方便而已。會得時。立地聖域。不會得時。終身只是狂馳了。更無別法可入。不會靜坐。且學坐而已。學坐不成。更論恁學。坐如尸。坐時習。學者且從整齊嚴肅入。漸進於自然。詩云。相在爾室。尙不愧於屋漏。又曰。神之格思。不可度思。矧可射思。劉蕺山

啓超謹案。右所鈔者。靜坐說也。靜坐不足以盡主靜之功。而主靜之功。必從靜坐入手。故先儒皆以此爲方便法門。吾輩日纏縛於外境。此心憧擾。無一刻暇適。苟非有靜坐以藥之。則日爲軀殼之奴隸而已。吾每自驗。苟一日缺靜坐。則神氣便昏濁許多。吾昔在美。人事繁雜。無士大夫之相與講學。又無餘晷以親典籍。則惟於每來復日一詣景敎之禮拜堂。吾志不在聽其說法。而此一兩點鐘內。翛然若得安心立命之地。因益歎此境之萬不可以無也。俗子每曰。今日事變亟矣。吾輩所宜爲者多矣。烏能以此有用之日力。置諸無用之地。是不然

天下固有無用之用。虛空至無用也。而一室之中。若無虛空。則不能轉旋。睡眠至無用也。然一日之中。若無睡眠。則不能强健。然則無用與有用。其猶水火之相濟也。況吾輩卽不靜坐。而此一日十二時中。豈竟無一刻消費於他種無用之業者。與其消費於他種。則曷若靜坐。爲彼說者。直自文耳。竊以爲中年之人。已入世者。鎮日憧擾於塵網中。則每日必割出一點鐘或兩點鐘爲靜坐之時刻。以養其元神。若夫青年正在學校者。每日講堂上端坐之時刻既多。於衞生上不宜復久坐以滯血脈。則每日必當有一點鐘或兩點鐘。不攜伴侶。獨自一人散步公園。或其他空曠之地。而此散步時。必寧靜其思慮。與靜坐同一用功夫。如是然後身心乃有所安頓也。大約每日中有一兩點鐘之收斂。則其清明之氣。可以穀一日受用矣。每日睡眠七八時以息其躬。每日靜坐一二時以息其心。人道之要也。至於靜坐之法。或數息。或視鼻端白。或參話頭。凡此皆緣初學靜時。腔子裏意馬心猿。驟難降伏。故有所寄焉而助之以自制。蕺山謂不必爾爾。此爲工夫稍熟者言也。若初學時則此亦不可廢耳。曾文正李文忠每日在軍中必作端楷百字。格蘭斯頓每日必伐木。或立通衢數馬車來往之數。凡此皆有所寄而助以自制也。皆數息參話頭之類也。

問每日暇時。略靜坐以養心。但覺意自然紛起。要靜越不靜。曰。程子謂心自是活底事物。如何窒定敎他不思。只是不可胡亂思。才著個要靜底意思。便添了多少思慮。且不要恁地拘迫他。自有寧息時。或問延平先生靜坐之說如何。曰這事難說。靜坐便理會道理自不妨。只是專要靜坐。則不可理會得道理明透。自然是靜。今人都是討靜坐以省事。則不可。蓋心下熱鬧。如何看得出道理。須是靜方看得出。所謂靜坐。只是打疊心下無事耳。朱晦翁

思慮萬起萬滅如之何。曰此是本體不純。故發用多雜。功夫只在主一。但覺思慮不齊。便截之使齊。立得個主宰。

卻於雜思慮中先除邪思慮以次除閑思慮推勘到底直與斬絕不得放過魏莊渠

問先生敎某靜坐坐時愈覺妄念紛擾奈何曰待他供狀自招也好不然且無從見矣此有根株在如何一一去得不靜坐他何嘗無只是不自覺耳劉蕺山

問人之思慮有正有邪若是大段邪僻之思都容易制惟是許多無頭面不緊要底思慮不知何以制之曰此亦無他只是覺得不當思量底則莫要思量便從覺下做工夫久久純熟自然無此等思慮矣譬如人坐不定者兩脚常要行但纔要行時便自省覺不要行久久純熟亦自然不要行而坐得定矣前輩有欲澄治思慮者於坐處置兩器每起一善念則投一粒白豆於器中每起一惡念則投一粒黑豆於器中初時黑豆多白豆少後來白豆多黑豆少到後來遂不復有黑豆最後則雖白豆亦無之矣然此只是個死法若加以讀書窮理底工夫則去邪不正底思慮何難之有又如人喜做不緊要事如寫字作詩之屬初時念念要做更遏禁不得若能將聖賢言語來玩味見得義理分曉則漸漸覺得此重彼輕久久不知不覺自然剝落消隕去何必橫生一念要得別尋一捷徑盡去了意見然後能如此此皆是不耐煩去修治他一個身心了作此見解朱晦翁

凡習心混得去皆緣日間太順適未有操持如舵工相似終日看舵便不至瞌睡到得習熟即身即舵無有兩件

凡人學問眞處決定有操持收束漸至其中未有受用見成者羅念菴

靜中如何便計較功效只管久久見得此心有逐物有不逐物時却認不逐物時心爲本日間動作皆依不逐物之心照應一逐物便當收回愈久漸漸成熟如此功夫不知用多少日子方有定貼處如何一兩日坐後就要他定貼動作不差豈有此理陽明先生叫人依良知不是依眼前知解的良知是此心瞞不過處卽所謂不逐物之

心也。靜中識認他。漸漸有可尋求耳。羅念菴

游思妄想。不必苦事禁遏。大抵人心不能無所用。但用之於學者既專。則一起一倒。都在這裏。何暇及一切游思妄想。即這裏處不無間斷。忽然走作。吾立刻與之追究去。亦不至大爲擾擾矣。此主客之勢也。劉蕺山

啓超謹案。以上所鈔。言靜坐時整理閑思雜念之法也。陸子曰『人心只愛去泊著事。敎他棄事時。如猢猻失了樹。便無住處。』此語眞能道著人類普通性質。吾輩試一下靜坐之功。其劈頭最覺得苦者。必此一事也。實則如蕺山所謂不靜坐時。何嘗無。特不自覺耳。譬如黴菌之病。在新醫學未發明以前。何嘗無。特不覺耳。不覺而不治之危險更甚。覺得時。雖治之甚難。然可治之機在此矣。白沙所謂才覺病便是藥也。初時亦只有用强制之法。隨一念之起而抑壓之。勿令其自由。如魏莊渠所謂截之使齊。朱子所引前輩澄治思慮之死法是也。然即欲强制。亦不可無制之之具與制之之術。則仍莫如致良知一義。朱子所謂便從覺下做工夫。龍溪亦言提醒本體。羣妄自消。念菴所謂終日看舵。便不瞌睡。良知即舵也。而其得力專在終日看之。吳王夫差常使人於側曰。夫差。而忘越人之殺而父乎。則應曰。不敢忘。此提醒之法也。一不提醒則忘。忘則雜念侵之矣。故致良知之敎。合下具足也。

啓超又案。亡友譚瀏陽嘗爲人書箑云『靜觀斷念。動成匠心。靜觀斷念者何也。業識流注。念念相續。惟餘般若。不能無緣。由此之彼。因牛及馬。如樹分枝。枝又成幹。忽遇崎撓。中立亭亭。懸旌無薄。是名暫斷。乘此微隙。覗其如何復續。若竟不復續。意識斷矣。動成匠心者何也。道絕言思。遇識成境。境無違順。遇心成理。聞歌起舞。見泣生悲。非歌泣之足憑。有爲悲樂之主者也。然則苟變其主。必得立地改觀。所謂三界惟心。即匠心也。』瀏陽

昔與余同從事治心之學。瀏陽以斷念爲下手方便。謂必枯樹上燦葩。乃爲眞花。必死灰裏發熱。乃爲眞火。故其致力於此也甚苦。晚年猶自言微細雜念不能肅清。顧其所造深矣。其品格事業之與人以共見者。眞可謂能開枯樹之花能然死灰之火者也。啓超則謂不必斷念。惟有提醒。苟能提醒。則我自作得主。起雖多念不妨。瀏陽謂基礎不牢。未可恃也。而啓超今者德業日荒。愧死友多矣。若此兩法門者。則學者任取其一。苟實心行之。亦皆可以自得耳。

所謂定者。動亦定。靜亦定。無將迎。無內外。(中略)夫天地之常。以其心普萬物而無心。聖人之常。以其情順萬物而無情。故君子之學。莫若廓然而大公。物來而順應。易曰。貞吉悔亡。憧憧往來。朋從爾思。苟規規於外誘之除。將見滅於東而生於西也。非惟日之不足。顧其端無窮。不可得而除也。人之情各有所蔽。故不能適道。大率患在於自私而用智。自私則不能以有爲爲應迹。用智則不能以明覺爲自然。今以惡外物之心。而求照無物之地。是反鑑而索照也。(中略)與其是內而非外。不若內外之兩忘也。兩忘則澄然無事矣。無事則定。定則明。明則尙何應物之爲累哉。(程明道定性書)○

識得此理。以誠敬存之而已。不須防檢。不須窮索。若心懈則有防。心苟不懈。何防之有。理有未得。故須窮索。存久自明。安待窮索。(程明道識仁篇)○

啓超謹案。大程子定性識仁兩篇。宋元明數百年學者奉之爲金科玉律。其價値殆比四書六經。抑其精粹處。實亦不可誣也。尋常主敬主靜說「時時勤拂拭勿使惹塵埃」之義也。程子此篇「本來無一物何處惹塵埃」之義也。此爲已學道之人說法。所謂百尺竿頭更進一步也。然初學未嘗用功者。讀之恐無所入。今更引後儒之語以解釋之。

旁午之中。吾御之者轇轕紛紜。而爲事物所勝。此卽憧憧之思也。從容閒雅。而在事物之上。此卽寂然之漸也。由憧憧而應之。必或至於錯謬。由寂然而應之。必自盡其條理。此卽能寂與不能寂之驗。由一日而百年可知也。一日之間。無動無靜。皆由從容閒雅。進而至於澄然無事。未嘗有厭事之念。卽此乃身心安著處。安著於此。不患明之不足於照矣。漸入細微。久而成熟。卽爲自得。明道不言乎。必有事焉。而勿正心勿忘勿助長。謂未嘗致纖毫之力。此其存之之道。夫必有事者。言乎心之常止於是。勿忘助者。言乎常止之無所增損。未嘗致纖毫之力者。言乎從容閒雅。又若未嘗有所事事。如此而後可以積久成熟。而入細微。蓋爲學之彀率也。(羅念菴)

此學日入密處。紛紜轇轕中自得泰然。不煩照應。不煩照應一語。雙老所極惡聞。却是極用力。全體不相汚染。乃有此景。如無爲寇之念。縱百念縱橫。斷不須照應。始無此念。明道不須防檢。不待窮索。未嘗致纖毫之力。意正如此。(羅念菴)

千古病痛。在入處防閑。到既入後。濯洗縱放。終非根論。周子無欲。程子定性。皆率指此。置身千仞。則坎蛙穴螺爭競。豈特不足以當吾一視。著脚泥淖。得片瓦拳石。皆性命視之。此根論大抵象也。到此識見既別。却犯手入場。皆吾游刃。老叟與羣兒調戲。終不成憂其攪溷。吾心但防閑入處。非有高睨宇宙狠斷俗情。未可容易承當也。(羅念菴)

啓超謹案。此念菴引申明道之說也。其謂雖百念縱橫。然爲寇之念。不必防閑而始無。又言老叟與羣兒調戲。必不憂其攪溷。可謂善喩。質言之。則曰見大者心泰而已。孟子所謂先立乎其大者。則其小者不能奪也。曲巷婦嫗。可以爭一錢之故相勃谿。擁巨萬者卽不爾爾。何也。此戔戔者誠不足以芥其胸也。學道之士。其視人世問一切動心之具亦擁巨萬者之視一錢已耳。故誠有不須防檢不須照應者。念菴又言以身在天地間負荷。卽一切俗情自難染汚。是其義也。然此造詣正不易到。旣擁巨萬。自不爭一錢。然何以能擁巨萬。則其致之也必有道。非飽食而嬉天雨之金也。心旣純熟。外物自不能動。然心何以能熟。則其養之也必有事。非摭拾口頭禪。遂能自得也。故程子之語。爲已學道者描寫其氣象。非爲始學道者示之法程也。

靜坐之法。不用一毫安排。只平平常常。默然靜去。此平常二字。不可容易看過。卽性體也。以其淸淨不容一物。故謂之平常。畫前之易如此。人生而靜以上如此。喜怒哀樂未發如此。乃天理之自然。須在人各各自體貼出。方是自得。靜中妄念强除不得。眞體旣顯。妄念自息。昏氣亦强除不得。妄念旣淨。昏氣自淸。只體認本性原來本色。還他湛然而已。大抵著一毫意不得。著一毫見不得。纔添一念。便失本色。由靜而動。亦只平平常常。湛然動去。靜時與動時一色。動時與靜時一色。所以一色者。只是一個平常也。故曰無動無靜。學者不過借靜坐中認此無動無靜之體云爾。靜中得力。方是動中眞得力。動中得力。方是靜中眞得力。所謂敬者此也。所謂仁者此也。所謂誠者此也。是復性之道也。　前靜坐說。觀之猶未備也。夫靜坐之法。入門者藉以涵養。初學者藉以入門。彼夫初入之心。妄念膠結。何從而見平常之體乎。平常則散漫去矣。故必收斂身心。以主於一。一卽平常之體也。主則有意存焉。此意亦非著意。蓋心中無事之謂一。著意則非一也。不著意而謂之意者。但從衣冠瞻視間整齊嚴肅。則心自一。漸久漸熟。平常矣。故主一之學。成始成終者也。高景逸

來諭謂此心之中無欲卽靜。遇事時不覺交戰。便是得力。所言甚善。倘有不得不論者。蓋無欲卽靜。與周子圖說內自註無欲故靜之說。亦略相似。其謂遇事時不覺交戰。便是得力。亦謂心中有主。不爲事物所勝云耳。然嘗聞

之程子曰。爲學不可不知用力處。既學不可不知得力處。周子曰。養心莫善於寡欲。寡之又寡以至於無。正不在得力而在於知所以用力。不在無欲而在寡欲耳。學必寡欲而後無欲。知用力而後知得力。此其工夫漸次。有不可躐而進者。若執事所用。恐不免失之太早。如貧人說富。如學子論大賢功效。體當自家終無受用時也。僕之所謂主靜者。正在寡欲。正在求所以用力處。亦不過求之於心。體之於心。驗之於心。蓋心爲事勝。與物交戰。皆欲爲之累。僕之所謂主靜者。正以尋欲所從生之根而拔去之。如逐賊者必求賊所潛入之處而驅逐之也。是故善學者莫善於求靜。能求靜然後氣得休息。而良知發見。凡其思慮之煩雜。私欲之隱藏。自能覺察。自能拔去。是故無欲者。本然之體也。寡欲者。學問之要也。求靜者。寡欲之方也。戒懼者。求靜之功也。知用力而後得力處可得而言。無欲眞體。常存常見矣。黃致齋宗明

啓超謹案。景逸靜坐說前條。亦引申明道之說。其後條則示下手之方。而歸於整齊嚴肅。則又曾文正靜從敬出之意也。黃致齋則以省察克治爲存養之工夫矣。

今雖說主靜。然亦非棄事物以求靜。既爲人。自然用事君親交朋友處妻子御僮僕。不成捐棄了。只閉門靜坐。事物之來。且曰候我存養。又不可只茫茫隨他事物中走。二者須有個思量倒斷。始得。動時也有靜。順理而應。則雖動亦靜也。故曰知止而后有定。定而后能靜。事物之來。若不順理而應。則雖塊然不交於物以求靜。心亦不能得靜。惟動時能順理。則無事時能靜。靜時能存。則動時得力。須是動時也做工夫。靜時也做工夫。兩莫相靠。使工夫無間斷。始得。朱晦翁

啓超謹案。此言主靜之應用也。可以間執排斥道學者之口。

啓超謹案。主觀派之存養說。中國古代道家者流。言之最多。老子所謂常無欲以觀其妙。常有欲以觀其徼。又曰。致虛極守靜篤。萬物並作。吾以觀復莊子列子。其言恢詭連犿。不可方物。要之觀之一義盡之。此不待天臺教宗倡。而始有止觀之說也。至儒者則未聞有專提此義爲學鵠者。然大學言心廣體胖。孟子言萬物皆備於我矣。反身而誠。樂莫大焉此皆以觀而受用者。宋明儒者言觀亦甚多。特未提以爲宗耳。如周子言觀天地生物氣象。二程門下多言觀喜怒哀樂未發時氣象。皆是也。第觀之法門不一。此其範圍尚狹耳。南海先生昔贈余詩云。『登臺惟見日。握髮似非人。高立金輪頂。飛行銀漢濱。午時伏龍虎。永夜視星辰。碧海如聞淺。乘槎欲問津。』午時伏龍虎。止也。永夜視星辰。觀也。南海先生之學。多得力於觀。亦常以此教學者。吾同學狄平子有句云。繁星如豆人如蟻。獨倚危樓望月明。梁伯雋有句云。甚情緒向百尺高樓。覷看行人路。吾昔亦有句云。世界無窮願無盡。海天寥廓立多時。皆自寫其心境也。觀之爲用。一曰擴其心境使廣大。二曰濬其智慧使明細。故用之往往有奇效。第非靜亦不能觀。故靜又觀之前提也。今次錄先儒言觀之說。

乾稱父。坤稱母。予茲藐焉。乃渾然中處。故天地之塞。吾其體。天地之帥。吾其性。民吾同胞。物吾與也。大君者。吾父母宗子。其大臣。宗子之家相也。尊高年。所以長其長。慈孤弱。所以幼其幼。聖其合德。賢其秀也。凡天下疲癃殘疾惸獨鰥寡。皆吾兄弟之顚連無告者也。于時保之。子之翼也。樂且不憂。純乎孝者也。違曰悖德。害仁曰賊。濟惡者不才。其踐形。唯肖者也。知化則善述其事。家神則善繼其志。不愧屋漏爲無忝。存心養性爲匪懈。惡旨酒。崇伯子之顧養。育英才。潁封人之錫類。不弛勞而底豫。舜其功也。無所逃而待烹。申生其恭也。體其受而歸全者。參乎。勇于從而順令者。伯奇也。富貴福澤。將厚吾之生也。貧賤憂戚。庸玉女於成也。存吾順事。沒吾甯也。○張橫渠西銘學者須先識仁。仁者渾然與物同體。義禮智信皆仁也。識得此理。以誠敬存之而已。不須防檢。不須窮索。若心懈則有防。心苟不懈。何防之有。理有未得。故須窮索。存久自明。安待窮索。此道與物無對。大不足以明之。天地之用皆我之用。孟子言萬物皆備於我。須反身而誠。乃爲大樂。若反身未誠。則猶是二物有對。以己合彼。終未有之。又安得樂。訂頑意思。（案橫渠西銘舊名訂頑）乃備言此體。以此意存之。更有何事。必有事焉而勿正。心勿忘。勿助長。未嘗致纖毫之力。此其存之之道。若存得便合有得。蓋良知良能元不喪失。以昔日習心未除。卻須存習此心。久則可奪舊習。此理至約。惟患不能守。既能體之而樂。則亦不患不能守也。（程明道識仁篇）○

當極靜時。恍然覺吾此心中虛無物。旁通無窮。有如長空雲氣流行。無有止極。有如大海魚龍變化。無有間隔。無內外可指。無動靜可分。上下四方往古來今渾成一片。所謂無在而無不在。吾之一身。乃其發竅。固非形質所能限也。是故縱吾之目。而天地不滿於吾視。傾吾之耳。而天地不出於吾聽。冥吾之心。而天地不逃於吾思。古人往矣。其精神所極。卽吾之精神。未嘗往也。否則聞其行事。而能憬然憤然矣乎。四海遠矣。其疾痛相關。卽吾之疾痛未嘗遠也。否則聞其患難。而能惻然衋然矣乎。是故感於親而爲親焉。吾無分於親也。有分於吾與親。斯不親矣。感於民而爲仁焉。吾無分於民也。有分於吾與民。斯不仁矣。感於物而爲愛焉。吾無分於物也。有分於吾與物。斯不愛矣。是乃得之於天者固然。如是而後可以配天也。故曰仁者渾然與物同體。同體也者。謂在我者亦卽在物。合吾與物而同爲一體。則前所謂虛寂而能貫通。渾上下四方往古來今內外動靜而一之者也。（羅念菴）

啓超謹案。張子西銘。程子識仁。皆宋賢中最精粹最博大之語。而其用力皆在於觀。故程子以識仁名其篇。張子言仁體。亦教人以慧觀而識之也。念菴語卽此兩篇之解釋。苟能常以此爲觀念。則以身在天地間負荷眞有不期然而然者。譚瀏陽仁學只是發揮得此義。

莊生云。參萬歲而一成純。言萬歲亦荒遠矣。雖聖人有所不知。而何以參之。乃數千年以內。見聞可及者。天運之變。物理之不齊。升降汚隆治亂之數。質文風尚之殊。自當參其變而知其常。以立一成純之局。而酌所以自處者。歷乎無窮之險阻。而皆不喪其所依。則不為世所顛倒。而可與立矣。使我而生乎三代。將何如。使我而生乎漢唐宋之盛。將何如。使我而生乎秦隋。將何如。使我而生乎南北朝五代。將何如。使我而生乎契丹金元之世。將何如。則我生乎今日。而將何如。豈在彼在此。遂可沈與俱沈浮與俱浮耶。參之而成純之一審矣。極吾一生數十年之內。使我而為王侯卿相。將何如。使我而飢寒不能免。將何如。使我而蹈乎刀鋸鼎鑊之下。將何如。使我而名滿天下。功蓋當世。將何如。使我而槁項黃馘。沒沒以死於繩樞甕牖之中。將何如。使我不榮不辱。終天年於閭巷田疇。將何如。豈如此如此。遂可驕可移可屈耶。參之而成純之一又審矣。王船山

啓超謹案。此亦觀之一種也。其說似甚粗。然用之甚有效。南海先生昔教弟子。常舉此。

靜中細思。古今億萬年無有窮期。人生其間數十寒暑。僅須臾耳。大地數萬里。不可紀極。人於其中。寢處游息。晝僅一室耳。夜僅一榻耳。古人書籍。近人著述。浩如煙海。人生目光之所能及者。不過九牛之一毛耳。事變萬端。美名百途。人生才力之所能辦者。不過太倉之一粒耳。知天之長。而吾所歷者短。則遇憂患橫逆之來。當少忍以待其定。知地之大。而吾所居者小。則遇榮利爭奪之境。當退讓以守其雌。知書籍之多。而吾所見者寡。則不敢以一得自喜。而當思擇善而約守之。知事變之多。而吾所辦者少。則不敢以功名自矜。而當思舉賢而共圖之。夫如是則自私自滿之見。可漸漸蠲除矣。曾滌生

啓超謹案。此亦觀之一種也。讀此知曾文正之所得深矣。

啓超又案。以吾所讀吾先儒之書。其言觀者甚不多。即有之又大率屬於舊派之哲學。（如言陰陽理氣等）不適於今之用。此吾所遺憾也。南海先生常曰。行不可不素其位。思則不妨出其位。出位云者。以吾之思想超出於吾所立之地位之界線之外也。（此語似有意反對孔子之言實各明一義孔子言思不出其位者謂心不能自主而放也此言不妨出位者吾以自力舉而出之非出焉而不自知也誠能如是何出而不可）人之品格所以墮落。其大原因總不外物交物而爲所引。其眼光局局於環繞吾身至短至狹至垢之現境界。是以憧擾纏縛。不能自進於高明。主觀派者。常舉吾心魂脫離現境界而游於他境界也。他境界恆河沙數。不可殫舉。吾隨時任游其一。皆可以自適。此其節目不能悉述也。此法於習靜時行之。較諸數息運氣視鼻端白參話頭等。其功力尤妙。心有所泊。不至如猢猻失枝。其善一也。不至如死灰槁木。委心思於無用之地。其善二也。閑思游念。以有所距而不雜起。其善三也。理想日高遠。智慧日進步。其善四也。故吾謂與其靜而斷念。毋寧靜而善觀。但所謂觀者。必須收放由我。乃爲眞觀耳。

人各有抵死不能變之偏質。慣發不自由之熟病。要在有痛恨之志。密時檢之功。總來不如沉潛涵養。病根久自消磨。然涵養中須防一件。久久收斂衰歇之意多。發强之意少。視天下無一可爲之事。無一可惡之惡。德量日以寬洪。志節日以摧折。沒有這個便是聖賢涵養。著了這個便是釋道涵養。（呂心吾）

啓超謹案。此言存養之流弊。所謂假道學者流。如許衡李光地湯斌輩。往往如此。然此輩則其初於辨術之功。先自錯了。本既撥。枝葉遂無所附。非涵養之過也。若云以涵養太甚。因收斂而致衰歇者。此在宋明時賢或有之。今者學絕道喪之餘。必無憂此種賢智之過也。

省克第五

存養者積極的學問也克治者消極的學問也克治與省察相緣非省察無所施其克治不克治又何取於省察既能存養以立其大其枝節則隨時點檢而改善之則緝熙光明矣述省克第五

損君子以懲忿窒欲 易

益君子以見善則遷有過則改 易

彊弗友剛克燮友柔克沈潛剛克高明柔克 書

與人不求備檢身若不及 書

曾子曰吾日三省吾身爲人謀而不忠乎與朋友交而不信乎傳不習乎 以下論語

顏淵問仁子曰克己復禮爲仁一日克己復禮天下歸仁焉

內省不疚無惡於志

見賢思齊焉見不賢而內自省也

過則勿憚改

過而不改是謂過矣

小人之過也必文

吾未見能見其過而內自訟者也

克伐怨欲不行焉.可以爲難矣.

求也退.故進之.由也兼人.故退之.

自反而不縮.雖褐寬博.吾不惴焉.自反而縮.雖千萬人.吾往矣.以下孟子

愛人不親反其仁.治人不治反其智.禮人不答反其敬.行有不得者.皆反求諸己.

有人於此.其待我以橫逆.也君子必自反也.我必不仁也.必無禮也.此物奚宜至哉.其自反而仁矣.自反而有禮矣.其橫逆由是也.君子必自反也.我必不忠.自反而忠矣.其橫逆由是也.君子曰.此亦妄人也已矣.如此則與禽獸奚擇哉.於禽獸又何難焉.

古之君子.過則改之.今之君子.過則順之.古之君子.其過也.如日月之食焉.人皆見之.及其更也.人皆仰之.今之君子.豈徒順之.又從爲之辭.

心有所忿懥.則不得其正.有所恐懼.則不得其正.有所憂患.則不得其正.有所好樂.則不得其正.大學

小人閒居爲不善.無所不至.見君子而後厭然.揜其不善.而著其善.人之視己.如見其肺肝然.則何益矣.大學

啓超謹案.以上錄六經四書語關於省克者.略舉一二耳.

人之性惡也.其善者僞也.楊倞注云僞爲也矯也矯其本性也凡非天性而人作爲之者皆謂之僞故爲字人傍爲亦會意字也 今之性.生而有好利焉.順是.案言順此也故爭奪生而辭讓亡焉.生而有疾惡焉.順是.故殘賊生而忠信亡焉.生而有耳目之欲.有好聲色焉.順是.故淫亂生而禮義文理亡焉.然則從人之性.順人之情.必出於爭奪.合於犯分亂理.而歸於暴.(中略)故枸木必將待檃栝烝矯然後直.鈍金必將待礱厲然後利.今人之性惡.必將待師法然後正.得禮義然後治.荀子

啓超謹案。孟子言性善。故其功專在擴充。擴充者。涵養之屬也。積極的也。荀子言性惡。故其功專在矯正。矯正者。克治之屬也。消極的也。蓋其學說有根本之異點。而枝葉自隨之而異。啓超謂皆是也。孔子言性相近習相遠。以佛語解釋之。則人性本有眞如與無明之二原子。自無始以來。即便相緣。眞如可以熏習無明。無明亦可以熏習眞如。孟子專認其眞如者爲性。故曰善。荀子專認其無明者爲性。故曰惡。荀子不知有眞如。固云陋矣。而孟子於人之有不善者。則曰非天之降才爾殊。其所以陷溺其心者然。以惡因專屬後天所自造。而非先天所含有。夫惡因由自造固也。然造之也。非自一人非自一時。如佛說一切衆生。自無始來。即以種種因緣造成此器世間。（即社會）此器世間實爲彼「無明」所集合之結晶體。生於其間者。無論何種人。已不能純然保持其「眞如」之本性。而無所纔雜矣。抑勿論器世間之遼廣也。即如人之生也。必寄身於一國家。以近世西哲所倡民族心理學。則凡一民族必有其民族之特性。其積致之也。以數千百年。雖有賢智。而往往不能自拔。此其惡因非可以我一人自當之也。又不徒一民族爲然也。以達爾文派生物學之所發明。則一切衆生。於承受其全社會公共之遺傳性外。又各各承受其父若祖之特別遺傳性。凡此皆受之於住胎時。而非出胎後所能與也。是皆習也。而幾於性矣。故器世間之習一也。民族全體之習二也。（一民族中又有支族一支族中又有小支族莫不各有其特性乃至一國之中一地方有一地方之特性又同一民族或移植他國因地理上之影響而發揮出一種新特性與所居國之特性既異與母國之特性又異如是者說不能盡）血統遺傳之習三也。皆習也。然習之於受生以前。幾於性矣。若乃出胎之後。然後復有家庭之習。社會之習。則諸習中一小部分耳。孟子所謂陷溺其心者。實指此。然既有前此種種深固之習。頑然成爲第二之天性。而猶謂其降才無殊。不可得也。宋明儒者。孟氏之忠僕也。然已不得不遷延其說。謂有義理之性。有氣質之性。（義理之性即眞如氣質之性即無明）所爭者不過區區名號間耳今吾之贅論及此也非欲爲我國哲學史上增一重公案也蓋孟荀二子示學者以學道法門各以其性論爲根據地由孟子之說則惟事擴充由荀子之說則必須矯變孟子之道順而荀子之道逆順故易逆故難雖然進化公例必以人治與天行戰自古然矣放而任之而曰足以復吾眞烏見其可天演派學者所以重「人爲淘汰」也吾輩生此社會稍有志者未或不欲爲社會有所盡力而成就每不如其所期皆由吾氣質中莫不各有其缺點而此缺點卽爲吾種種失敗之原古哲有言善蓄息馬者去其害馬者焉耳不能於此痛下工夫而欲成偉大之人格非所聞也雖然此事也言之似易行之甚難良以其所謂陷溺者其根株甚遠且深自器世間全體之習氣民族全體之習氣乃至血統上遺傳之習氣蟠結充塞於眇躬者既久而有生以後復有現社會種種不良之感化力從而熏之使日滋長其鎔鑄而磨刮之不得不專恃自力斯乃所以難也難矣而非此不足以自成自淑斯乃所以益不可以已也孔子曰或勉強而行之董子曰勉強學問則聞見博而知益明勉強行道則德日起而大有功劉蕺山亦云心貴樂而行惟苦千古大聖賢大豪傑無不從苦中打出來所謂勉強也所謂苦也惟此一事而已惟此一事而已

凡日用間知此一病而欲去之則卽此欲去之心便是能去之藥但當堅守常自警覺朱晦翁

大抵學問須是警省今說求放心吾輩卻要心主宰得定方賴此做事業中庸說致廣大極高明此心本如此廣大但爲物欲隔塞故其廣大有虧本是高明但爲物欲係累故於高明有蔽若能常自省察警覺則高明廣大者常自若也當更看有何病痛知有此病必去其病此便是療之之藥如覺言語多便用簡默意思疏闊更加細密覺得輕浮淺易便須深沈厚重工夫只在喚醒上朱晦翁

凡人之心。不存則亡。而無不存不亡之時。故一息之頃。不加提省之功。則淪亡而不自覺。天下之事。不是則非。而無不是不非之處。故一事之微。不加精察之功。則陷於惡而不自知。朱晦翁

一日間試看此心幾箇時在內。幾箇時在外。小說中載趙公以黑白豆記善惡念之起。此是古人做工夫處。如此點檢。則自見矣。朱晦翁

涵養本原之功。誠易間斷。然纔覺得間斷。便是相續處。只要常自提撕。分寸積累將去。久之自然接續。打成一片。朱晦翁

應物涉事。步步皆是體驗處。若知其難而悉力反求。則日益精明。若畏其難而日益偷惰。則向來意思。悉冰消瓦解矣。習俗中易得汩沒。須常以格語法言時時洗滌。然此猶是暫時排遣。要須實下存養克治體察工夫。眞知所止。乃有據依。自進進不能已也。呂東萊

日夜痛自點檢且不暇。豈有工夫點檢他人。責人密。自治疏矣。吳康齋

欲責人須思吾能此事否。苟能之。又思曰吾學聖賢方能此。安可遽責彼未嘗用功與用功未深者乎。吳康齋

才覺退便是進。才覺病便是藥。陳白沙

習於見聞之久。則事之雖非者。亦莫覺其非矣。薛敬軒

省察是有事時存養。存養是無事時省察。王陽明

變化氣質。居常無所見。惟當利害經變故遭屈辱。平時憤怒者。到此能不憤怒。憂惶失措者。到此能不憂惶失措。始是得力處。亦便是用力處。王陽明

病瘧之人。瘧雖未發。而病根自在。則亦安可以其瘧之未發。而遂忘其服藥調理之功乎。若必待瘧發。然後服藥調理。則既晚矣。王陽明

問戒懼是已所不知時工夫。慎獨是已所獨知時工夫。曰。只是一個工夫。無事時固是獨知。有事時亦是獨知。於此用功。便是端本澄源。便是立誠。若只在人所共知處用功。便是作偽。今若又分戒懼爲已所不知工夫。便支離。既戒懼卽是知己。曰。獨知之地更無無念時耶。曰。戒懼之念。無時可息。若戒懼之心稍有不存。不是昏聵。便已流入惡念。王陽明

某所嘗着力者。以無欲爲主。辨欲之有無。以當下此心微微覺處爲主。此覺處甚微。非志切與氣定。卽不能見。羅念菴

默默自修。眞見時刻有不彀手處。時刻有不如人處。羅念菴

吾輩無一刻無習氣。但以覺性爲主。時時照察之。則習氣之面目、亦無一刻不自見得。既能時時刻刻見得習氣。則必不爲習氣所奪。王塘南時槐

夫仁者愛人。信者信人。此合內外之道也。於此觀之。不愛人。己不仁可知矣。不信人。己不信可知矣。夫愛人者。人恆愛之。信人者。人恆信之。此感應之道也。於此觀之。人不愛我。非特人之不仁。己之不仁可知矣。人不信我。非特人之不信。己之不信可知矣。王心齋艮

陽明在南都時。有私怨陽明者。誣奏極其醜詆。始見頗怒。旋自省曰。此不得放過。掩卷自反。俟其心平氣和再展看。又怒。又掩卷自反。久之眞如飄風浮靄。略無芥蒂。是後雖有大毀謗大利害。皆不爲動。嘗告學者。君子之學務

求在己而已。毀譽榮辱之來。非惟不以動其心。且資之以爲切磋砥礪之地。故君子無入而不自得。正以無入而非學也。須是紛紜酬酢之中。常常提醒收拾。久之自有不存之存。潘雪松士藻

人當逆境時。如犯弱症。纔一舉手。便風寒乘虛而入。保護之功。最重大卻最輕微。劉沖倩塙

外省不疚。不過無惡於人。內省不疚。纔能無惡於志。無惡於人。到底只做成個鄉原。無惡於志。才是個眞君子。馮少墟從吾

十二時中看自家一念從何處起。卽檢點不放過、便見功力。錢啓新

喜來時一點檢。怒來時一點檢。怠惰時一點檢。放肆時一點檢。此是省察大條款。人到此多想不起。顧不得。一錯了便悔不及。若養得定了。便發而中節。無所用此矣。呂心吾

每日點檢。要見這頭顱自德性上發出。自氣質上發出。自習識上發出。自物欲上發出。如此省察。久久自識得本來面目。呂心吾

境遇艱苦時。事物勞攘時。正宜提出主宰。令本體不爲他物所勝。此處功夫。較之平常百倍矣。不然。平常工夫亦未到妥貼處。金伯玉鉉

平居無事。不見可喜。不見可嗔。不見可疑。不見可駭。行則行。住則住。坐則坐。臥則臥。卽衆人與聖人何異。至遇富貴。鮮不爲之充詘矣。遇貧賤。鮮不爲之隕穫矣。遇造次。鮮不爲之擾亂矣。遇顚沛。鮮不爲之屈撓矣。然則富貴一關也。貧賤一關也。造次一關也。顚沛一關也。到此直令人肝肺具呈。手足畢露。有非聲音笑貌所能勉强支吾者。故就源頭上看。必其無終食之間違仁。然後能於富貴貧賤造次顚沛處之如一。就關頭上看。必其能於富貴貧

踐造次顚沛處之如一。然後算得無終食之間違仁耳。顧涇陽

省察二字正是存養中喫緊工夫。如一念於欲便就此念體察。體得委是欲立與消融而後已。劉蕺山

一事也不放過。一時也不放鬆。無事時惺惺不昧。有事時一眞自如。不動些子。劉蕺山

日用之間漫無事事。或出入閫房。或應接賓客。或散步迴廊。或靜窺書冊。或談說無根。或思想過去未來。或料理藥餌。或揀擇衣飲。或詰童僕。或量米鹽。恁他捱排。莫可適莫。自謂頗無大過。杜門守拙。禍亦無生。及夫時移境改。一朝患作。追尋來歷。多坐前日無事甲裏。如前日妄起一念。此一念便下種子。前日誤讀一冊。此一冊便成附會。推此以往。不可勝數。故君子不以閒居而肆惡。不以造次而違仁。劉蕺山

延平敎人看喜怒哀樂未發時作何氣象。此學問第一義工夫。未發時有何氣象可觀。只是查檢自己病痛到極微密處。方知時雖未發而倚著之私隱隱已伏。纔有倚著。便易橫決。若於此處查考分明。如貫虱車輪。更無躱閃。則中體恍然在此。而已發之後。不待言矣。此之謂善觀氣象者。劉蕺山

甚矣事心之難也。閒嘗求之一覺之頃。而得湛然之道心焉。然未可爲據也。俄而恍惚焉。俄而紛紜焉。俄而雜揉焉。向之湛然覺者有時而迷矣。請以覺覺之。於是喚醒法。朱子所謂略綽提撕是也。然已不勝其勞矣。必也求之本覺乎。本覺之覺無所緣而覺。無所起而自覺。要之不離獨位者近是。故曰闇然而日章。闇則通微。通微則達性。達性則誠。誠則眞。眞則常。故君子愼獨。由知覺有心之名。心本不諱言覺。但一忌莽蕩。一忌儱侗。儱侗則無體。莽蕩則無一。斯二者皆求覺於覺而未嘗好學以誠之。容有或失之似者。仍歸之不覺而已。學以明理而去其蔽。則體物不遺。物各付物。物物得所。有何二者之病。故曰好智不好學。其蔽也賊。劉蕺山

凡事之須逐日檢點者一日姑待後來補救則難矣況進德修業之事乎曾滌生

每日臨睡須默數本日勞力者幾件勞心者幾件曾滌生

啓超謹案以上所鈔皆先儒言省察之說略區分之當爲二種一曰普通的省察法二曰特別的省察法普通省察中復分爲二種一曰根本的省察法二曰枝葉的省察法枝葉的省察法復分二種一曰隨時省察法二曰定期省察法普通的省察法者居常日用時外境界未嘗有何等之變象以攖吾心而綿綿密密以用省察之功是也於其時根本的省察與枝葉的省察當並用根本的省察者羅念菴所謂以此心微微覺處爲主王塘南所謂以覺性照察習氣是也此正是致良知之作用恃源以往則邪感自無從攖其以視頭痛灸頭脚痛灸脚者事半功倍矣然工夫未純難保頭脚之無痛時也既痛則又不可不灸之則枝葉的省察其亦烏可已枝葉的省察者每一動念一發言一應事皆必以良知一自鏡之其有爲良知所不許者卽立予銷除是也而其功以省及動念爲最眞是曰隨時省察法既隨時致力矣而每日復於入燕息之時或其他時指定數大節目而省察之或統計本日之意念云爲而省察之是名定期省察法曾子所謂三省朱子所謂計此心幾箇時在內幾箇時在外曾文正所謂數本日勞力者幾件勞心者幾件卽此法也景教教規每臨睡必祈禱禱時以一日言語行事告諸上帝亦是此意吾嘗謂景教之有裨於德育無過祈禱蓋謂是也特別的省察法者外境界忽有異動驟加吾以偉碩之刺戟力無論爲可喜可懼可怒可欲可悲凡此現象皆足以驟移吾之定力平日存養之功至此往往忽掃地以盡能從此處捱得過去則不徒可以適道而更可以立矣苟能省察則多受一次刺戟多增一分能力諺所謂吃一塹長一智也若其不能則能力之遞減亦適成反比例此等境界每日

不能多逢。苟其遇之。則是天贊我。予我以一鍊心最適之學校。我輩所宜深謝而祇受者也。卽當趁勢下火鐵工夫。其機一逸。欲追難矣。如勇士赴敵。勝敗間不容髮也。故善學者於特別的省察法。最不肯放過。

啓超又案。籀嘗以治國譬治心。良知其猶憲法也。奉之爲萬事之標準。毋得有違。大本立矣。存養工夫。則猶官吏人民各盡其義務以擁護憲法也。省察工夫。則猶警察也。居常無事。置警察以維持治安。稍遇有違憲舉動者。則糾正之。此普通的省察也。或一時一地遇有大故。則益增加警察。厚集其力以爲坊。此特別的省察也。克治工夫。則刑事也。違憲舉動。爲警察所發見者。則懲艾之。必不使其容留以爲社會蠹。其有微過隱惡。搜之必盡。其猶繁難之案用偵探也。知此義也。可以淸心矣。

學至氣質變。方是有功。程明道

仁者先難而後獲。先難。克己也。程明道

舍己從人。最爲難事。己者我之所有。雖痛舍之。猶懼守己者固而從人者輕也。程明道

程伯子少好獵。既見周茂叔。自謂已無此好矣。茂叔曰。何言之易也。但此心潛隱未發耳。後十二年。偶自外暮歸。途中見獵者。不覺心喜。乃知前此果未也。

治怒爲難。治懼亦難。克己可以治怒。明理可以治懼。程伊川

只爲病根不去。隨所居所接而長。人須一事事消了。病則常勝。故須克己。張橫渠

知得如此是病。却便不如此。是藥。朱晦翁

人固有終身爲善而自欺者。不特外而有心中欲爲善。而常有箇不肯底意思。便是自欺也。須打疊得盡。朱晦翁

人必從克己上做工夫。方知自朝至暮。自頂至踵。無非過失。而改過之爲難。所以言欲寡過而未能。呂東萊

人所以陷於小人者。多因要實前言。實前言最是入小人之徑路。呂東萊

凡爲學最當於矯揉氣質上做工夫。如懦者當强。急者當緩。視其偏而用力。呂東萊

人之病痛。不知則已。知而克治不勇。使其勢日甚。可乎哉。志之不立。古人之深戒也。吳康齋

二十年治一怒字。尚未銷磨得盡。以是知克己最難。薛敬軒

人心皆有所安。有所不安。安者義理也。不安者人欲也。然私意勝不能自克。則以不安者爲安矣。薛敬軒

須是盡去舊習。從新做起。張子曰。濯去舊見以來新意。余在辰州府。五更忽念己德所以不大進者。正爲舊習纏繞。未能掉脫。故爲善而善未純。去惡而惡未盡。自今當一刮舊習。一言一行。求合於道。否則匪人矣。薛敬軒

問愼獨工夫。曰。此只在於心上做。如心有偏處。如好欲處。如好勝處。但凡念慮不在天理處。人不能知而已所獨知。此處當要知謹自省。卽便克去。若從此漸漸積累。至於極處。自能勃然上進。雖博厚高明。皆是此積。呂涇野柟

問欲根在心。何法可以一時拔得去。先生曰。這也難說。一時要拔去得。須要積久工夫。才得就。且聖如孔子。猶且十五志學。必至三十方能立。前此不免小出入時有之。學者今日且於一言一行差處。心中卽便檢制。不可復使這等。如或他日又有一言一行差處。心中卽又便如是檢制。此等處人皆不知。已獨知之。檢制不復萌。便是愼獨工夫。積久熟後。動靜自與理俱。而人欲不覺自消。欲以一時一念的工夫。望病根全去。却難也。呂涇野

聖學工夫。只在無隱上就可做得。學者但於己身有是不是處。就說出來。無所隱匿。使吾心事常如靑天白日。纔好。不然。久之積下種子。便陷於有心了。故司馬溫公謂平生無不可對人說得的言語。就是到建諸天地不悖質

之鬼神無疑也都從這裏起。呂涇野

黄惟因問白沙在山中十年作何事。先生曰。用功不必山林。市朝也做得。昔終南僧用功三十年。儘禪定也有。僧曰。汝習靜久矣。同去長安柳街一行。及到。見了妖麗之物。粉白黛綠。心遂動了。一旦廢了前三十年工夫。可見亦要於繁華波蕩中學。故於動處用功。佛家謂之消磨。吾儒謂之克治。呂涇野

聖人之心。纖翳自無所容。自不消磨刮。若常人之心。如斑垢駁雜之鏡。須痛加刮磨一番。盡去其駁蝕。然後纖塵卽見。纔拂便去。亦自不消費力。到此已是識得仁體矣。若駁雜未去。其間固亦有一點明處。塵埃之落。固亦見得。亦纔拂便去。至於堆積於駁蝕之上。終弗之能見也。此學利困勉之所由異。幸弗以爲煩難而疑之也。凡人情好易而惡難。其間亦自有私意氣習纏蔽。在識破後。自然不見其難矣。王陽明

必欲此心純乎天理而無一毫人欲之私。此作聖之功也。必欲此心純乎天理而無一毫人欲之私。非防於未萌之先而克於方萌之際。不能也。防於未萌之先而克於方萌之際。此正中庸戒愼恐懼大學致知格物之功。舍此之外。無別功矣。王陽明

凡人言語正到快意時。便截然能忍默得。意氣正到發揚時。便翕然能收歛得。憤怒嗜欲正到騰沸時。便廓然能消化得。此非天下之大勇不能也。然見得良知親切時。其工夫又自不難。王陽明

澄於中字之義尚未明。曰。此須自心體認出來。非言語所能喻。中只是天理。曰。天理何以謂之中。曰。無所偏倚。曰。無所偏倚何等氣象。曰。如明鏡全體瑩徹。無纖塵點染。曰。當其已發。或着在好色好利好名上。方見偏倚。若未發時。何以知其有所偏倚。曰。平日美色名利之心。原未嘗無。病根不除。則暫時潛伏。偏倚仍在。須是平日私心蕩除

潔淨廓然。純乎天理。方可謂中。王陽明

問知行合一。曰此須識我立言宗旨。今人學問。只因知行分作兩件。故有一念發動。雖是不善。然却未曾行。便不去禁止。我今說個知行合一。正要人曉得一念發動處便卽是行了。發動處有不善。就將這不善的念克倒了。須要徹根徹底。不使那一念不善潛伏在胸中。此是我立言宗旨。王陽明

人有過多於過上用功。就是補甑。其流必歸於文過。王陽明

諸君工夫最不可助長。上智絕少。學者無超入聖人之理。一起一伏。一進一退。自是工夫節次。不可以我前日曾用工夫。今却不濟。便要矯强做出一個沒破綻的模樣。這便是助長。連前些子工夫都壞了。只要常常懷個遁世無悶不見是而無悶之心。依此良知忍耐做去。不管毀譽榮辱。久久自然有得力處。王陽明

問知至然後可以言意誠。今天理人欲知之未盡。如何用得克己工夫。曰人若眞實切己用工不已。則於此心天理之精微日見一日。私欲之細微亦日見一日。若不用克己工夫。天理私欲終不自見。如走路一般。走得一段。方認得一段。走到歧路處有疑便問。問了又走。方纔能到。今於已知之天理不肯存。已知之人欲不肯去。只管愁不能盡知。閒講何益。且待克得自己無私可克。方愁不能盡知亦未遲在。王陽明

予始學於先生。惟循跡而行。久而大疑且駭。然不敢遽非。必反而思之。思之稍通。復驗之身心。旣乃恍若有見。已而大悟。不知手之舞足之蹈。曰此道體也。此心也。此學也。人性本善也。而邪惡者客感也。感之在於一念。去之在於一念。無難事。無多術。且自恃稟性柔。未能爲大惡。則以爲如是可以終身矣。而坦坦然而蕩蕩然樂也。孰知久則私與憂復作也。通世之痼疾有二。文字也。功名也。予始以爲姑毋攻焉。不以累於心可矣。絕之無之不已甚乎。

孰知二者之賊。素奪其宮。姑之云者。是假之也。是故必絶之無之而後可以進於道。否則終不免於虛見。且自誣也。徐横山愛

人要爲惡。只可言自欺。良知本來無惡。錢緒山

學者初入手時。良知不能無間斷。善惡念頭雜發難制。或防之於未發之前。或制之於臨發之際。或悔改於既發之後。皆實功也。錢緒山

學者功夫不得伶利直截。只爲一虞字作祟耳。良知是非從違何嘗不明。但不能一時決斷。如自虞度曰此或無害於理否。或可苟同於俗否。或可欺人於不知否。或可因循一時以圖遷改否。只此一虞便是致吝之端。錢緒山

吾人一生學問。只在改過。須常立於無過之地。不覺有過。方是改過眞工夫。所謂復者。復於無過者也。王龍谿

忿不止於憤怒。凡嫉妒褊淺不能容物。念中悻悻一些子放不過。皆忿也。慾不止於淫邪。凡染溺蔽累。念中轉轉貪戀不肯舍却。皆慾也。懲窒之功有難易。有在事上用功者。有在念上用功者。有在心上用功者。事上是遏於已然。念上是制於將然。心上是防於未然。懲心忿。窒心慾。方是本原易簡功夫。在意與事上遏制。雖極力掃除。終無淸廓之期。王龍谿

凡人所爲不善。本體之靈自然能覺。覺而少有容留。便屬自欺。乃於人所見聞處。揜不善而著其善。雖點檢於言行之間。一一合度。不遐有愆。亦屬作僞。皆爲自蔽其知也。季彭山本

人之爲小人。豈其性哉。其初亦起於乍弄機智。漸習漸熟。至流於惡而不自知。徐魯源

大抵功夫未下手。卽不知自己何病。又事未涉境。卽病亦未甚害事。稍涉人事。乃知爲病。又未知去病之方。蓋方

任已便欲回互有回互則病乃是痛心處豈肯割去譬之浮躁起於快意有快意爲之根則浮躁之標末自現欲去標末當去其根其根爲吾之所回互安能克哉此其所以難也羅念菴

吾人當自立身放在天地間公共地步一毫私已著不得方是立志只爲平日有慣習處軟熟滑瀏易於因仍今當一切斬然只是不容放過時時刻刻須此物出頭作主更無纖微舊習在身方是功夫方是立命羅念菴

學須靜中入手然亦未可偏向此中躲閃過凡難處與不欲之念皆須察問從何來若此間有承當不起便是畏火之金必是銅鉛錫鐵攙和不得回互姑容任其暫時云爾也除此無下手誅責處平日却只是陪奉一種清閒自在終非有根之樹冒雪披風幹柯折矣羅念菴

處處從小利害克治便是克已實事便是處生死成敗之根羅念菴

其已發或着在好色好利好名上方見偏倚若未發時何以知其有所偏倚曰平日美色名利之心原未嘗無病根不除則暫時潛伏偏倚仍在須是平日私心蕩除潔淨廓然純乎天理方可謂中王陽明

問知行合一曰此須識我立言宗旨今人學問只因知行分作兩件故有一念發動雖是不善然却未曾行便不去禁止我今說個知行合一正要人曉得一念發動處便卽是行了發動處有不善就將這不善的念克倒了須要徹根徹底不使那一念不善潛伏在胸中此是我立言宗旨王陽明

人有過多於過上用功就是補甑其流必歸於文過王陽明

諸君工夫最不可助長上智絕少學者無超入聖人之理一起一伏一進一退自是工夫節次不可以我前日曾用工夫今却不濟便要矯强做出一個沒破綻的模樣這便是助長連前些子工夫都壞了只要常常懷個遁世

無悶不見是而無悶之心。依此良知。忍耐做去。不管毀譽榮辱。久久自然有得力處。王陽明

問知至然後可以言意誠。今天理人欲知之未盡。如何用得克己工夫。曰。人若眞實切己用工不已。則於此心天理之精微。日見一日。私欲之細微。亦日見一日。若不用克己工夫。天理私欲終不自見。如走路一般。走得一段。方認得一段。走到歧路處。有疑便問。問了又走。方纔能到。今於已知之天理不肯存。已知之人欲不肯去。只管愁不能盡知。閒講何益。且待克得自己無私可克。方愁不能盡知。亦未遲在。王陽明

予始學於先生。惟循跡而行。久而大疑且駭。然不敢遽非。必反而思之。思之稍通。復驗之身心。既乃恍若有見。已而大悟。不知手之舞足之蹈。曰。此道體也。此心也。此學也。人性本善也。而邪惡者客感也。感之在於一念。去之在於一念。無難事。無多術。且自恃稟性柔。未能爲大惡。則以爲如是可以終身矣。而坦坦然而蕩蕩然樂也。孰知久則私與憂復作也。通世之痼疾有二。文字也。功名也。予始以爲姑毋攻焉。不以累於心可矣。絕之無之。不已甚乎。孰知二者之賊。素奪其宮。姑之云者。是假之也。是故必絕之無之。而後可以進於道。否則終不免於虛見且自誣也。徐橫山愛

人要爲惡。只可言自欺。良知本來無惡。錢緒山

學者初入手時。良知不能無間斷。善惡念頭雜發難制。或防之於未發之前。或制之於臨發之際。或悔改於既發之後。皆實功也。錢緒山

學者功夫不得伶利直截。只爲一虞字作祟耳。良知是非從違。何嘗不明。但不能一時決斷。如自虞度曰。此或無害於理否。或可苟同於俗否。或可欺人於不知否。或可因循一時以圖遷改否。只此一虞。便是致吝之端。錢緒山

吾人一生學問。只在改過。須常立於無過之地。不覺有過。方是改過眞工夫。所謂復者復於無過者也。王龍谿

忿不止於憤怒。凡嫉妒褊淺。不能容物。念中悻悻。一些子放不過。皆忿也。慾不止於淫邪。凡染溺蔽累。念中轉轉貪戀不肯舍却。皆慾也。懲窒之功有難易。有在事上用功者。有在念上用功者。有在心上用功者。事上是遏於已然。念上是制於將然。心上是防於未然。懲心忿窒心慾。方是本原易簡功夫。在意與事上遏制。雖極力掃除。終無清廓之期。王龍谿

凡人所爲不善。本體之靈。自然能覺。覺而少有容留。便屬自欺。乃於人所見聞處。揜不善而著其善。雖點檢於言行之間。一一合度。不遐有愆。亦屬作僞。皆爲自蔽其知也。季彭山本

人之爲小人。豈其性哉。其初亦起於乍弄機智。漸習漸熟。至流於惡而不自知。徐魯源

大抵功夫未下手。即不知自己何病。又事未涉境。即病亦未甚害事。稍涉人事。乃知爲病。又未知去病之方。蓋方任已便欲回互。有回互則病乃是痛心處。豈肯割去。譬之浮躁起於快意。有快意爲之根。則浮躁之標末自現。欲去標末。當去其根。其根爲吾之所回互。安能克哉。此其所以難也。羅念菴

吾人當自立身放在天地間公共地步。一毫私己著不得。方是立志。只爲平日有慣習處。軟熟滑瀏。易於因仍。今當一切斬然。只是不容放過。時時刻刻。須此物出頭作主。更無纖微舊習在身。方是功夫。方是立命。羅念菴

學須靜中入手。然亦未可偏向此中躱閃過。凡難處與不欲之念。皆須察問從何來。若此間有承當不起。便是畏火之金。必是銅鉛錫鐵攙和。不得回互姑容。任其暫時云爾也。除此無下手誅責處。平日却只是陪奉一種清閒自在。終非有根之樹。冒雪披風。幹柯折矣。羅念菴

處處從小利害克治便是克己實事便是處生死成敗之根（羅念菴）

遷善改過之功無事可已若謂吾性一見病症自知如太陽一出魍魎自消此則玩光景逐影響欲速助長之爲害也須力究而精辨之始可（劉兩峯文敏）

功利之習淪肌浹髓苟非鞭辟近裏之學常見無動之過則一時感發之明不足以勝隱微滚痼之蔽故雖高明率喜頓悟而厭積漸任超脫而畏檢束談元妙而鄙淺近肆然無忌而猶以爲無可無不可任情恣意遂以去病爲第二義不知自家身心尚蕩然無所歸也（劉兩峯）

自責自修學之至要今人詳於責人只爲見其有不是處不知爲子而見父母不是子職必不共爲臣而見君上不是臣識必不盡他如處兄弟交朋友畜妻子苟徒見其不是則自治已疎動氣作疑自生障礙幾何不同歸於不是哉有志於爲已者一切不見人之不是然後能成就一個自家是（王一菴棟）

自生身以來通髓徹骨都是習心運用俗人有俗人之習學者有學者之習古今有世習四方有土習眞與習化機成天作每向自已方便中竊頓凡日用覩記討論只培漑得此習中間有新得奇悟闊趨峻立總不脫此習上發基方且是認從學術起家誤矣（唐一菴樞）

日用之間念慮初發或善或惡或公或私豈不自知之知其不當爲而猶爲之者私欲之心重而恕己之心昏也苟能於一起之時察其爲惡也則猛省而力去之去一惡念則生一善念矣念念去惡爲善則意之所發心之所存皆天理是之謂知行合一知之非難而行之爲難今曰聖人之學致良知而已矣人人皆聖人也吾心中自有一聖人自能孝自能弟而於念慮之微取舍之際則未之講任其意向而爲之曰是吾之良知也知行合一者固

如是乎。顧箬溪應祥

象山先生每令學者戒勝心。最切病痛。鵝湖之辨。勝心又不知不覺發見出來。後來每嘆鵝湖之失。因思天下學者種種病痛。各各自明。只從知見得及工夫未懇到處罅縫中不知不覺而發。平居既自知。發後又能悔。何故正當其時。忽然發露。若用功懇到。雖未渾化。念頭動處。自如紅爐點雪。象山勝心之戒。及發而復悔。學者俱宜細看。庶有得力工夫。蓋象山當時。想亦如此用功也。蔡白石汝楠

習氣用事。從有生來已慣。拂意則怒。順意則喜。志得則揚。志阻則餒。七情交逞。此心何時安寧。須猛力斡轉習氣。勿任自便。機括只在念頭上挽回。假如怒時。覺心爲怒動。卽返觀自性。覓取未怒時景象。須臾性現。怒氣自平。喜時覺心爲喜動。卽返觀自性。覓取未喜時景象。須臾性現。喜氣自平。七情之發。皆以此制之。雖不如愼之未萌省力。然既到急流中。只得如此挽回。鄒楚望敬

士之處世。須振拔特立。把持得定。方能有爲。見得義理。必直前爲之。不爲利害所怵。不爲流俗所惑。可也。如子思辭鼎肉。孟子却齊王之召。剛毅氣象。今可想見。眞可爲獨立不懼者。若曰事姑委曲。我心自別。卽自欺也。始或以小善放過。且不可爲。小惡放過。且可爲之。日漸月磨。墮落俗坑。必至變剛爲柔。刻方爲圓。大善或亦不爲。大惡或亦爲之。因循苟且。可賤可恥。卒以惡終。而不知矣。此由辯之不早。持之不固也。書以自戒。楊斛山

磨礱細一番。乃見得一番。前日不認得是過處。今日却認得是過。蔣道林信

天下難降伏難管攝的。古今人都做得來。不爲難事。惟有降伏管攝自家難。聖賢做工夫。只在這裏。呂心吾

凡人之爲不善。其初皆不忍也。其後忍不忍半。其後忍之。其後安之。其後樂之。至於樂爲不善。而後良心死矣。呂心

吾

凡人一言過則終日言皆婉轉而文此一言之過一行過則終日行皆婉轉而文此一行之過蓋人情文過之態如此幾何而不墮禽獸也劉蕺山

先生儆諸生曰吾輩習俗既深平日所爲皆惡也非過也學者只有去惡可言改過工夫且用不著又曰爲不善卻自恕爲無害不知宇宙儘寬萬物可容容我一人不得劉蕺山

吾輩偶呈一過人以爲無傷不知從此過而勘之先尚有幾十層從此過而究之後尚有幾十層故過而不已必惡謂其出有源其流無窮也苟志於仁矣無惡也然後有改過工夫可言劉蕺山

學者立身不可自放一毫出路劉蕺山

問改過先改心過否曰心安得有過心有過便是惡也劉蕺山

吾人只率初念去便是孟子所以言本心也初念如此當轉念時復轉一念仍與初念合是非之心仍在也若轉轉不已必至遂其私而後已便不可救藥劉蕺山

纔認已無不是處愈流愈下終成凡夫纔認已有不是處愈達愈上便是聖人劉蕺山

心是鑒察官謂之良知最有權觸着便碎人但隨俗習非因而行有不慊此時鑒察仍是井井卻已做主不得鑒察無主則血氣用事何所不至一事不做主事事不做主隱隱一竅托在恍惚間擁虛器而已劉蕺山

天命流行物與无妄人得之以爲心是爲本心人心無一妄而已忽焉有妄希乎微乎其不得而端倪乎是謂微過獨知主之有微過是以有隱過七情主之有隱過是以有顯過九容主之有顯過是以有大過五倫主之有大

過是以有叢過。百行主之。總之妄也。譬之木。自本而根而榦而標。水自源而後及于流。盈科而至於放海。故曰。涓涓不息。將成江河。綿綿不絕。將尋斧柯。是以君子貴防之早也。其惟愼獨乎。愼獨則時時知改。俄而授之隱過矣。當念過便從當念改。又授之顯過矣。當身過便從當身改。又授之大過矣。當境過當境改。又授之叢過矣。隨事過隨事改。改之則復於無過。可喜也。不改成過。且得無改乎。總之皆祛妄還眞之學。而工夫次第如此。譬之擒賊者。擒之於室甚善。不於室而於堂。不於堂而於外門。於衢。於境上。必成擒而後已。子絕四。毋意毋必毋固毋我。眞能愼獨者也。其次則克伐怨欲不行焉爾。巷人之言曰。獨行不愧影。獨寢不愧衾。獨而顯矣。司馬溫公則云。某平生無甚過人處。但無一事不可對人言者。庶幾免於大過乎。若邢恕之一日三檢點。則叢過對治法也。眞能愼獨者。無之非獨。卽邢恕學問。孔子亦用得着。故曰不爲酒困。不然則原憲而下。總是個閒居小人爲不善而已。善學者。須學孔子之學。只於意根上止截一下。便千了百當。若到必固我。已漸成決裂。幸於我處止截得。猶不失爲顏子克己。過此無可商量矣。落一格粗一格。工夫轉愈難一格。故曰可以爲難矣。學者須是學孔子之學。劉蕺山

人之言曰。有心爲惡。無心爲過。則過容有不及知者。因有不及改。是大不然。夫心不愛過者也。纔有一點過。便屬礙膺之物。必一決之而後快。故人未有有過而不自知者。只不肯自認爲知爾。然則過又安從生。曰。只不肯自認爲知處。其受蔽處良多。以此造過遂多。仍做過不知而已。孟子言君子之過。如日月之食。可見人心只是一團靈明。而不能不受暗於過。明處是心。暗處是過。明中有暗。暗中有明。明中之暗卽是過。暗中之明卽是改。手勢如此親切。但常人之心。忽明忽暗。展轉出沒。終不能還得明明之體。不歸薄蝕何疑。君子則以暗中之明。用個致曲工夫。漸次與它恢擴去。在論語則曰訟過。如兩造當庭。抵死仇對。不至十分明白不已。纔明白便無事。如一事有過。

直勘到事前之心。果是如何。一念有過。直勘到念後之事。更當如何。如此反覆推勘。更無躲閃。雖一塵亦駐足不得此所謂致曲工夫也。大易則言補過。謂此心一經缺陷。便立刻與之圓滿。那靈明爾若只是小小補綴。頭痛救頭。脚痛救脚。敗缺難掩。而彌縫日甚。謂之文過而已。雖然。人猶有有過而不自知者。子路人告之以有過則喜。子曰。丘也幸。苟有過。人必知之。然則學者虛心遜志。時務察言觀色。以輔所不逮。有不容緩者。劉蕺山

憶自辛卯年改號滌生。滌者。取滌其舊染之汚也。生者。取明袁了凡之言。從前種種。譬如昨日死。從後種種。譬如今日生也。曾滌生

窒慾常念男兒淚。懲忿當思屬纊時。曾滌生

孟子曰。口之於味也。目之於色也。耳之於聲也。鼻之於臭也。四肢之於安佚也。性也。有命焉。君子不謂性也。人性本善。自爲氣稟所拘。物欲所蔽。則本性日失。故須學焉而後復之。失又甚者。須勉强而後復之。喪之哀也。不可以僞爲者也。然衰麻苦塊。覩物而痛。創自至。躄踊號呼。變節而涕洟隨之。是亦可勉强而致哀也。祭之敬也。不可以僞爲者也。然自盥至薦。將之以盛心。自朝至昃。勝之以强力。是亦可以勉强而致敬也。與人之和也。不可以僞爲者也。然揖讓拜跪。人不得而已則下之。筐篚豆籩。意不足而文則先之。是亦可以勉强而致和也。凡有血氣。必有爭心。人之好勝。誰不如我。施諸己而不願。亦勿施於人。此强恕之事也。一日强恕。日日强恕。一事强恕。事事强恕。久之則漸近自然。以之修身則順而安。以之涉世則諧而祥。孔子之告子貢仲弓。孟子之言求仁。皆無先於此者。若不能勉强而聽其自至。以頑鈍之質而希生安之效。見人之氣類與己不合。則隔膜棄置。甚或加之以不能堪。不復能勉强自抑。舍己從人。傲惰彰於身。乖戾著於外。鮮不及矣。曾滌生

强毅之氣。決不可無。古語曰。自勝之謂强。曰强制。曰强恕。曰强爲善。皆自勝之義也。如不慣早起。而强之未明卽起。不慣莊敬。曰强之立尸坐齋。不慣勞苦。而强之與士卒同甘苦。强之勤勞不倦。是卽强也。不慣有恆。而强之貞恆。是卽毅也。（曾滌生）

魏安釐王問天下之高士於子順。子順以魯仲連對。王曰。魯仲連强作之者。非體自然也。子順曰。人皆作之。作之不止。乃成君子。作之不變。習與體成。則自然也。余觀自古聖賢豪傑。多由彊作而臻絕詣。淮南子曰。功可彊成。名可彊立。中庸曰。或勉强而行之。及其成功一也。近世論人者。或曰某也向之所爲不如是。今强作如是。是不可信。沮自新之途。而長偷惰之風。莫大乎此。吾之觀人。亦嘗有因此而失賢才者。追書以志吾過。（曾滌生）

啓超謹案以上所鈔。皆先儒言克治之學說也。侯官嚴氏譯赫胥黎之天演論曰。人治有功。在反天行。又曰。人力既施之後。是天行者時時在在欲毀其成功。務使復還舊觀而後已。倘不能常目存之。則歷久之餘。其成績必歸於烏有。此言也。近世稍涉獵新學者。所誦爲口頭禪也。吾以爲治心治身之道。盡於是矣。先儒示學者以用力最重克己。己者天行也。克之者人治也。以社會論。苟任天行之肆虐。而不加人治。則必反於野蠻。以人身論。苟任天行之橫流。而不加人治。則必近於禽獸。然人治者。又非一施而遂奏全勝也。彼天行者。有萬鈞之力。日夜壓迫於吾旁。非刻刻如臨大敵。則不足以禦之。左氏傳曰。如二君。故曰克。克也者。甚難之辭也。用功之法。自仍以致良知爲一大頭腦。白沙所謂才覺病便是藥。朱子所謂此欲去之心便是能去之藥也。然一覺之後。究竟能已此病否。則全視其決心與其勇氣。錢緒山「虞字作祟」一條最可體驗。其謂『自虞度曰。此或無害於理否。或可苟同於俗否。或可欺人於不知否。或可因循一時以圖遷改否』此等虞度往往與省察之功因緣而生。吾輩試自勘度。未有一人不犯此者。而因循一時之念。爲毒最甚。孟子月攘一雞以待來年之譬是也。實由勇氣不足以任之也。於此時也。學者則當自思維曰此過之必須改與否。且勿論今日不改明日能改與否。又勿論。但嚮者我之良知。不嘗命我以改乎。我最初之發心。不嘗謂一遵良知之命乎。而今何爲若此。是明明我不自爲主人而爲奴隸也。他惡猶小。而爲奴之惡莫大。以此自鞫。必有蹙然一刻不能自安者。又克治大過。固不易。克治小過尤獨難。大過者以全力赴之。或恐莫能勝。小過者則吾玩視焉。而不以全力赴。謂此區區者不足爲吾累也。此則蕺山之言最博深切明矣。曰『從此過而勘之。先尚有幾十層。從此過而究之。後尚有幾十層』。此眞深明因果律原理之言也。故以客觀論。則有比較之可言。曰彼大過而此小過也。以主觀論。則兩極端絕對而無比較。非善卽惡。非惡卽善。吏而臧者。臧巨萬臧也。臧一錢亦臧也。其臧之數不同。而其忍於臧之心則同也。故以法律範圍論之。則過惡有大小之可言。以道德範圍論之。則過惡無大小之可言也。師子搏虎用全力。其搏兎亦用全力。學者自治之功。當若是也。

啓超又案曾文正常自言以困勉之功。志大人之學。故一生最提倡勉強之義。其事業亦多從此二字得來。此一般學者最適之下手法門也。習染困人。中材什九。非經一番火鐵鍛練。萬難自拔。劉蕺山所謂心貴樂而行惟苦。學問中人無不從苦中打出。蓋謂此也。昔人常稱吳康齋之學。多從五更枕上淚流汗下得來。學者苟常取康齋及曾文正之日記讀之。未有不怵然自振者。此亦一種之興奮劑也。

應用第六

今之君子。即未敢公然仇道德。然贅旒視之也久矣。叩其說則曰。善矣而無用也。吾謂天下無善而無用之物。既無用矣。即不得謂之善。述應用第六。

啓超謹案前五篇所述學說及所附案語。其發明道德之應用者。既不少。無取重出於本篇。今剌取前篇所未及者。聊申一二云爾。

或曰。講學人多迂闊無才。不知眞才從講學中出。性根靈透。遇大事如湛盧刈薪。鄒南皋

有問錢緒山曰。陽明先生擇才。始終得其用。何術而能然。緒山曰。吾師用人。不專取其才。而先信其心。其心可托。其才自爲我用。世人喜用人之才。而不察其心。其才只足以自利其身已矣。故無成功。愚謂此言是用才之訣也。然人之心地不明。如何察得人心術。人不患無才。識進則才進。不患無量。見大則量大。皆得之於學也。高景逸

啓超謹案此言用才之訣與鑑心之術。最爲博深切明。

學者靜中既得力。又有一段讀書之功。自然遇事能應。若靜中不得力。所讀之書。又只是章句而已。則且教之就事上磨練去。自尋常衣食以外。感應酬酢。莫非事也。其間千萬變化。不可端倪。而一一取裁於心。如權度之待物。然權度雖在我。而輕重長短之形。仍聽之於物。我無與焉。所以情順萬事而無情也。故事無大小。皆有理存。劈頭判個是與非。見得是處。斷然如此。雖鬼神不避。見得非處。斷然不如此。雖千駟萬鍾不回。又於其中條分縷析。銖銖兩兩。辨個是中之非。非中之是。似是之非。似非之是。從此下手。沛然不疑。所行動有成績。又凡事有先着。當圖難於易。爲大於細。有要着。一着勝人千萬着。失此不着。滿盤敗局。又有先後着。如低棋以後着爲先着。多是見小欲速之病。又有了着。恐事至八九分。便放手。終成決裂也。蓋見得是非後。又當計成敗。如此方是有用學問。世有

學人居恆談道理井井。纔與言世務便疎。試之以事。或一籌莫展。這疎與拙正是此心受病處。非關才具。諺云。經一跌長一識。且須熟察此心受病之原果在何處。因痛與之克治去。從此再不犯跌。庶有長進。學者遇事不能應。只有練心法。更無練事法。練心之法。大要只是胸中無一事而已。無一事乃能事事。便是主靜工夫得力處。（劉蕺山）

啓超謹案。陽明先生教學者。每多言事上磨練工夫。蕺山此文即其解釋也。董子曰。正其誼不謀其利。明其道不計其功。此語每爲近世功利派所詬病。得此文救止之。庶可以無貽口實矣。凡任事之成功者。莫要於自信之力與鑑別之識。無自信之力。則主見游移。雖有十分才具。不能得五分之用。若能於良知之教受用得親切。則如蕺山所云。見得是處。斷然如此。見得非處。斷然不如此。外境界一切小小利害風吹草動。曾不足以芥蔕於其胸。則自信力之强。莫與京矣。無鑑別之識。則其所以自信者。或非其所可信。然此識決非能於應事之際得之。而必須應事之前養之。世之論者每謂閱歷多則識見必增。此固然也。然知其一而未知其二也。如鏡然。其所以照物而無遁形者。非恃其所照物之多而已。必其有本體之明以爲之原。若昏霾之鏡。雖日照百物。其形相之不確實如故也。蕺山所謂遇事不能應。只有練心法。更無練事法。可謂一針見血之言也。此義於前存養篇中既詳言之。今不再贅。（參觀第五十二葉）

或謂聖賢學問從自己起見。豪傑建立事業則從勳名起見。無名心恐事業亦不成。先生曰。不要錯看了豪傑。古人一言一動。凡可信之當時傳之後世者。莫不有一段眞至精神在內。此一段精神所謂誠也。惟誠故能建立。故足不朽。稍涉名心便是虛假。便是不誠。不誠則無物。何從生出事業來。（劉蕺山）

案語見前。（參觀第十三葉）

蕺山見思宗上曰國家敗壞已極如何整頓先生對近來持論者但論才望不論操守不知天下眞才望出於天下眞操守自古未有操守不謹而遇事敢前者亦未有操守不謹而軍士畏威者上曰濟變之日先才而後守先生對以濟變言愈宜先守卽如范志完操守不謹用賄補官所以三軍解體莫肯用命由此觀之豈不信以操守爲主乎上始色解（明儒學案蕺山傳）

啓超謹案孔子思狂狷狷者有所不爲白沙言學者須有廉隅牆壁方能任得天下事今日所謂才智之士正患在破棄廉隅牆壁無所不爲蕺山之藥用以濟今日之變其尤適也

動靜二字不能打合如何言學陽明在軍中一面講學一面應酬軍務纖毫不亂此時動靜是一是二（劉蕺山）

人惡多事或人憫之世事雖多盡是人事事事不教人做更責誰做（程伊川）

見一學者忙迫先生問其故曰欲了幾處人事曰某非不欲周旋人事者曷嘗似賢忙迫（程伊川）

啓超謹案高景逸云靜有定力則我能制事毋令事制我伊川所以能應事不忙迫陽明所以能一面講學一面治軍者皆能不見制於事而已

處大事者必以至公血誠相期乃能有濟若不能察人之情而輕受事任或雖知其非誠而將就借以集事到得結局其敝不可勝言（呂東萊）

啓超謹案近今新黨共事多不能久者敝率坐是

後生可畏就中收拾得一二人殊非小補要須帥之以正開之以漸先惇厚篤實而後辯慧敏給則歲晏刈穫必有倍收（呂東萊）

風俗之厚薄奚自乎。自乎一二人之心之所向而已。民之生。庸弱者戢戢皆是也。有一二賢且智者。則衆人君之而受命焉。尤智者所君尤衆焉。此一二人者之心向義。則衆人與之赴義。一二人者之心向利。則衆人與之赴利。衆人所趨。勢之所歸。雖有大力。莫之敢逆。故曰撓萬物者莫疾乎風。風俗之於人之心。始乎微而終乎不可禦者也。先王之治天下。使賢者皆當路在勢。其風民也皆以義。故道一而俗同。世教既衰。所謂一二人者不盡在位。彼其心之所向。勢不能不騰爲口說而播爲聲氣。而衆人者勢不能不聽命而蒸爲習尚。於是乎徒黨蔚起。而一時之人才出焉。有以仁義倡者。其徒黨亦死仁義而不顧。有以功利倡者。其徒黨亦死功利而不返。水流溼。火就燥。無感不讎。所從來久矣。今之君子之在勢者。每曰天下無才。彼自尸於高明之地。不克以己之所嚮轉移習俗。而陶鑄一世之人。而翻謝曰無才。謂之不誣可乎。否也。十室之邑。有好義之士。其智足以移十人者。必能拔十人中之尤者而材之。其智足以移百人者。必能拔百人中之尤者而材之。然則轉移習俗而陶鑄一世之人。非特處高明之地者然也。凡一命以上。皆與有責焉者也。有國家者得吾說而存之。則將慎擇與共天位之人。士大夫得吾說而存之。則將惴惴乎謹其心之所嚮。恐一不當而壞風俗而賊人才。循是爲之。數十年之後。萬有一收其效者乎。非所逆覩已。曾滌生原才篇

啓超謹案。道學之應用。全在有志之士。以身爲教。因以養成一世之風尚。造出所謂時代的精神者。王陽明與聶雙江書參觀第十四葉及曾文正此文。言之無餘蘊矣。顧亭林之論世風也。曰觀哀平之可以變而爲東京。五代之可以變而爲宋。則知天下無不可變之風俗。而以歸功於光武明章藝祖真仁之提倡。其論當矣。然猶未盡也。風俗之變。其左右於時主者不過什之一二。其左右於士大夫者乃什之八九。夫以明太祖成祖之狠鷙。其

所以摧鋤民氣束縛民德者可謂至矣。而晚明氣節之盛。邁東京而軼兩宋。豈非姚江遺澤使然哉。即曾文正生雍乾後。舉國風習之壞。幾達極點。而與羅羅山諸子。獨能講舉世不講之學。以道自任。卒乃排萬險冒萬難以成功名。而其澤且至今未斬。今日數踸踔敦篤之士。必首屈指三湘。則曾羅諸先輩之感化力安可誣也。由是言之。則曾文正所謂轉移習俗而陶鑄一世之人者。必非不可至之業。雖當舉世混濁之極點。而其效未始不可覩。抑正惟舉世混濁之極。而志士之立於此旋渦中者。其卓立而澍拔之。乃益不可以已也。